Marion von Gratkowski

Erziehungstipps für Zwillingseltern

von Trotz bis Pubertät

Verlag von Gratkowski ◆ Landsberg am Lech

Copyright by
Marion von Gratkowski
Verlag von Gratkowski
Postfach 40 11 11
D-86890 Landsberg
Tel. 0049-8191-966 739
info@twins.de
www.twins.de
Illustrationen: Uta Knyrim
Titelfoto: Familie Frank
Fotos: Privat
Druck: Sowa Druck, Warschau
2. Auflage September 2007
3. Auflage komplett überarbeitet Juli 2012
ISBN 978-3-927058-03-9

Über dieses Buch

Seit April 1984 bin ich Zwillingsmutter. Meine Zwillinge Maximilian und Constantin wurden sieben Wochen zu früh geboren. Im Dezember 1989 kam noch Nicolai, der kleine, inzwischen 1,94-Meter-große Bruder dazu.

Seit März 1988 gebe ich die Zeitschrift ZWILLINGE heraus, die auch heute noch fast 25 Jahre nach ihrem Start monatlich erscheint und viele Leser und Leserinnen hat. Diese Leser haben sich immer wieder auch Gedanken darüber gemacht, ob es bestimmte Erziehungsthemen gibt, die man bei Zwillingen besonders beachten muss. In diesen 25 Jahren gab es selten Zwillingseltern, die nicht fanden, dass Zwillinge in gewisser Weise etwas Besonderes sind. In diesem Buch fließen deshalb nicht nur meine Erfahrungen ein, die ja auch nicht für jede Situation typisch sind, sondern die vieler Leserinnen und Leser, die meine Arbeit seit 25 Jahren begleitet haben.

Was ganz neu hinzugekommen ist, ist mein Wissen darum, dass meine eigenen Zwillinge inzwischen völlig getrennte Wege gehen, dass jeder der beiden auf seine Weise glücklich ist, dass sie eine gute Beziehung zueinander haben, wenn sie sich sehen, dass es Konkurrenz, Streit oder Neid unter ihnen überhaupt nicht mehr gibt - mithin mein Erziehungsstil ganz gut gefruchtet, beziehungsweise manches Problem sich einfach ausgewachsen hat.

Vielleicht kann Ihnen dieses Buch auch ein bisschen dabei helfen, Ihren Zwillingen ein eigene Identität und eine geglückte Entwicklung zu geben. Und wenn nicht: Manches kommt von ganz allein.

In diesem Sinne
Ihre Marion von Gratkowski

So jung kommen wir nie mehr zusammen - Maximilian (von links), Nicolai & Constantin am 27. Geburtstag der Zwillnge.

Erziehungstipps für Zwillingseltern
- von Trotz bis Pubertät

Warum brauchen Zwillingseltern ein Extra-Erziehungsbuch?

Spezielle Probleme bei der Erziehung von Zwillingen

So werden aus dem Zwillingspaar eigenständige Menschen

Allgemeine Erziehungsprobleme und was sie für Zwillingseltern bedeuten können

Kindergarten und Schule

Wenn Zwillinge älter werden

Zwillinge - Probleme und kein Ende?

Anhang

Brauchen Eltern einen Extra-Ratgeber für Zwillinge?

Ja und nein. Ja, weil doch viele Situationen mit Zwillingen ganz anders sind, als mit einzeln geborenen Kindern. Nein, weil viele Situationen überhaupt nicht anders sind. Immerhin wird mein ehemaliger Verlag, der mein Manuskript vor vielen Jahren ablehnte, jetzt nachgelegen und selbst einen Ratgeber zum Thema »Erziehung von Zwillingen« herausbringen. Was rechtfertig also einen Erziehungsratgeber für Zwillinge? Inwieweit unterscheiden sich Zwillinge von einzeln geborenen Geschwisterkindern in ihrer Entwicklung, bei der Identitätsfindung und im Erziehungsalltag? Glücklicherweise kann ich bei der Beantwortung dieser Fragen nicht nur auf eigene Erfahrungen, sondern auch auf die unserer Leser/Innen der Zeitschrift ZWILLINGE zurückgreifen.

Sind Zwillinge anders als andere Kinder?

Eine Frage, die so einfach nicht zu beantworten ist. Einerseits sind sie anders, vor allem, wenn sie eineiige Zwillinge sind, andererseits sind sie in vielen Dingen eben doch ganz genauso wie »normale«, einzeln geborene Kinder.

Hier in Kürze die wichtigsten Unterschiede in verschiedenen Situationen.

Schwangerschaft und Geburt

Zwillingsschwangerschaften verlaufen nicht zwangsläufig ganz anders als Einlingsschwangerschaften. Der gravierendste Unterschied: Es gibt zu wenig Platz. Zwillinge wachsen in recht beengten Verhältnissen im Mutterleib auf. Das kann auch dazu führen, dass sie wesentlich früher als »normale« Einlinge geboren werden. Doch auch mancher Einling kommt zu früh auf die Welt. (Und nicht alle Zwillinge werden vorzeitig geboren!) Risiken, die jedoch auch in allen »normalen« Schwangerschaften auftreten können (Gestose, Plazentainsuffizienz, vorzeitiger Blasensprung), sind bei Zwillingsschwangerschaften erhöht. Auch die Belastungen für die schwangere Mutter können stärker sein - es wird häufiger zu Rückenschmerzen, zu Verdauungsproblemen, zu Schlafproblemen etc. kommen. Es gibt aber auch Zwillingsschwangerschaften, die nicht wesentlich anders als Einlingsschwangerschaften verlaufen.

Das Gleiche gilt für die Geburt, wenn man mal davon absieht, dass die Austreibungsphase zweimal durchgestanden werden muss. Natürlich sind auch bei der Geburt Zwillinge und ihre Mütter stärker gefährdet. Es werden häufiger Kaiserschnitte gemacht, Risiken wie Geburtsstillstand, Abfallen der Herztöne bei den Kindern usw. können aber auch bei Einlingsgeburten auftreten.

Vielleicht kann man es so sagen: Bei Zwillingen sind die Risiken in der Schwangerschaft und auch während der Geburt erhöht. Wirklich anders als bei Einlingen ist nur die enge Bindung der Kinder zueinander schon während der Schwangerschaft und die Gefühle der Mütter (Eltern), die sich nicht nur auf ein Kind, sondern bereits in diesem frühen Stadium auf zwei konzentrieren müssen. Vielleicht sind auch die Ängste größer - immerhin finden werdende Zwillingseltern auch heute nur selten richtig gut informierte Ärzte, geschweige denn das nötige Verständnis für ihre Sorgen.

Pflege und »Aufzucht« der Zwillinge

Hier gibt es zunächst einmal den gravierenden Unterschied, dass es einfach anstrengender ist, zwei Kinder gleichzeitig zu versorgen. Bei Zwillingen klappt das so bequeme (abgesehen von anderen Vorteilen) Stillen trotz viel guten Willens seitens der Mütter oft nicht und auch das Füttern mit der Flasche und später mit dem Löffel unterscheidet sich von der Einlingssituation vor allem dadurch, dass alles doppelt - und was manchmal sehr nervenaufreibend sein kann: gleichzeitig - gemacht werden muss. Probleme für die Eltern wiegen oft nur deshalb schwerer, weil zwei gleichaltrige Kinder da sind. So ist auch die Phase, in der die Kinder noch nicht durchschlafen, eben doppelt stressig. Ob sich Zwillinge in ihren Schlafproblemen von Einlingen unterscheiden, wird in einem späteren Kapitel ausführlicher behandelt.

Ob es sich ums Wickeln, Baden oder Ausfahren, später ums Spielen etc. handelt - für Zwillingseltern besteht der Hauptunterschied zur Situation von Einlingseltern vor allem darin, dass alles doppelt anfällt, bzw. beim Spaziergang mit dem überbreiten Zwillingswagen mehr Probleme - wie zum Beispiel das Passieren von Engstellen - auftreten.

Auch zur Situation von Eltern, deren Kinder nur wenige Monate auseinander sind, finden sich Unterschiede. Der geringe Altersunterschied von einem Jahr oder wenig mehr führt dazu, dass die Bedürfnisse der Kinder eben doch unterschiedlich sind. Und das ist ganz einfach eine andere Situation als die von Zwillingen, wo die Kinder gleich alt sind und zur gleichen Zeit gleiche Bedürfnisse haben.

Natürlich kann die Situation mit Zwillingen auch Vorteile haben. Denken Sie daran, wie praktisch es sein kann, wenn sich die zwei schon früh miteinander beschäftigen und Sie nicht immer als Spielpartner zur Verfügung stehen müssen. Dennoch - wie's Außenstehende gern sehen - »Zwillinge = ein Aufwasch« - das ist wohl ziemlich pauschal gesehen und trifft nicht wirklich zu.

Auch aus Sicht der Zwillinge selbst, ist das Zwillingsdasein schon in diesem frühen Stadium anders, als wären die Kinder einzeln geboren. Schon früh müssen sie sich zwangsweise damit abfinden, dass immer einer warten, also zurückstehen muss. Und dass sie teilen müssen - die Aufmerksamkeit der Eltern, die Liebe, später das Spielzeug und die von Bekannten mitgebrachte Schokolade ...

Unterschied zwischen Einling und Zwillingen ist enorm

Unsere eineiigen Zwillinge Philip und Maximilian sind mittlerweile sechseinhalb Jahre alt und unser Nachkömmling, ein Mädchen namens Henriette, ist 17 Monate. Wir haben festgestellt, dass der Unterschied zwischen Zwillingen und Einling doch enorm ist. Wenn auch alle Arbeit und Sorgen bei Zwillingen doppelt anfallen, so hat man doch den Vorteil, dass die Kinder immer zu zweit sind. Sie haben immer einen Spielkameraden, ständig Körperkontakt und sind nie allein. Das Wort Langeweile kennen unsere Jungs nicht. Schon im Kleinkindalter verbrachten sie den ganzen Morgen mit Spielen (natürlich haben sie auch Chaos angestellt) und brauchten mich kaum. Bei unserer Tochter ist das anders. Sie ist viel anhänglicher und verliert nach kurzer

Zeit das Interesse am Spiel. Allein Spielen ist ja auch langweilig.
Nur die Anfangsphase konnten wir mit Henriette mehr genießen wie bei den Zwillingen. Das Stillen war viel problemloser.
(Tanja König)

Die Erziehung von Zwillingen

Hier gibt es einige Unterschiede - denken Sie einmal an die Persönlichkeitsentwicklung von Zwillingen. Bei anderen Erziehungsaspekten wie zum Beispiel bei der Sauberkeitserziehung oder dem Bemühen um Disziplin etc. sind Unterschiede zu Einlingen oder Gemeinsamkeiten mit einzeln geborenen Kindern nicht so eindeutig festzustellen.

In Kindergarten und Schule wird die Situation von Zwillingen dagegen eher anders sein, als die von einzeln geborenen Kindern. Denn die wenigsten einzeln geborenen Kinder besuchen Kindergartengruppen und Schulklassen gemeinsam mit ihren Geschwistern.

Und wie sieht es in den für alle Eltern so schwierigen Phasen der Pubertät aus? Da kommt es darauf an, in wieweit die Zwillinge in der Lage waren und sind, sich als eigenständige Persönlichkeiten zu begreifen oder auch nicht.

Also - wie ist das nun - sind sie anders oder nicht?

Schwierig zu sagen. Als Mutter kenne ich beides: Zwillinge und ein einzeln geborenes Kind. Und ich möchte die Frage für mich selbst wie folgt beantworten.

Maximilian und Constantin, unsere derzeit 28jährigen zweieiigen Zwillinge, haben keine übermäßige Bindung untereinander. Sie sind eher wie zwei »normale« Geschwister aufgewachsen und erzogen worden. Sie hatten stets den großen Vorteil, einen gleichaltrigen Kameraden zu haben. Sie standen allerdings zeitweise in großer Konkurrenz zueinander. Sie konkurrierten stärker miteinander, als dies Geschwister unterschiedlichen Alters tun. Ich weiß das aus meiner eigenen Erfahrung mit einer nur zweieinhalb Jahre jüngeren Schwester (und weiteren Schwestern).

Schwangerschaft und Geburt unserer Zwillinge waren anders als bei unserem dritten Kind. Die Schwangerschaft war angstbeladener, die Geburt furchtbar, weil unsere Zwillinge sieben Wochen zu früh geboren wurden. Die Schwangerschaft bei unserem dritten Kind war - allerdings aus ganz anderen Gründen - ebenfalls nicht ganz sorgenlos. Die Geburt war ein wunderschönes Erlebnis, ganz ohne Stress und Angst.

Die Pflege und Aufzucht unserer ersten Kinder war in den ersten Jahren eine Katastrophe und ist teilweise als schlimme Zeit im Gedächtnis geblieben. Sicher habe ich noch viele ungute Situationen so präsent, weil ich seit fast 25 Jahren die Zeitschrift ZWILLINGE herausgebe und somit immer wieder und immer noch mit den Anfangsschwierigkeiten anderer Zwillingseltern konfrontiert bin.

Was die Erziehung der Zwillinge anbelangt, so finde ich, dass sie sich in ihrer Problematik nicht total von der Erziehung unseres dritten Kindes unterschieden hat. Es war mehr Stress, weil alles doppelt kam, aber es gab in unserer Familie nur wenig wirklich zwillingstypische Aspekte (zum Beispiel diese starke Konkurrenz).

Probleme der Identitätsfindung kannten unsere Zwillinge nicht. Andere Probleme in der Erziehung - wie Trotz, Sauberwerden etc. - haben wir nie als besonders zwillingstypisch empfunden. Nur das doppelte Auftreten manch' unguter Phase ist vielleicht zwillingsbedingt und wegen des Doppeltseins einfach stressiger als mit nur einem Kind.

Unser drittes Kind ist von Anfang an mit großer Liebe von seinen Brüdern aufgenommen worden. Nicolai hat ihnen voraus, dass er immer unsere (relativ) ungeteilte Aufmerksamkeit bekommen hatte, während wir uns doch bei seinen Brüdern vor allem in der Anfangszeit immer hin und her gerissen fühlten. Nicolai hat deshalb ein ganz großes Plus.

Nicolai machte dieselben Probleme, wenn es ums Schlafen ging (also ist das kein typisches Zwillingsproblem), er stellte sich beim Essenlernen noch »dämlicher« an als seine Zwillingsbrüder (also auch das kein typisches Zwillingsproblem), er brauchte etwas länger, um »sauber« zu werden (bei Maximilian und Constantin überhaupt kein Problem) und was den Trotz anbelangt, so hatten vor allem Maximilian und Nicolai ein besonderes Trotzköpfchen. Der anpassungsbereitere Constantin hatte so gut wie keine Trotzanfälle und wenn, dann ahmte er seinen Zwillingsbruder Maximilian nach.

Welche Arten von Zwillingen gibt es?

Erst, wenn man Eltern von Zwillingen wird, interessiert es einen, welche Arten von Zwillingen es gibt. Klar - eineiig und zweieiig - von dieser Unterscheidung hatte man schon mal gehört. Mehr auch nicht. Darüber nachgedacht? Nein, wieso?

Zwillinge - das bedeutet für die meisten Menschen, da sind zwei, die sich sehr ähnlich sehen, die gleich angezogen sind, die gleich sind.

Ich kam neulich mit einem kleinen Mädchen ins Gespräch, als ich vor einem Getränkemarkt im Auto sitzen blieb. Sie erzählte mir, dass sie keine Geschwister hätte. Ich erzählte ihr, dass Nicolai, der mit mir im Auto wartete, noch zwei Brüder - Zwillinge - hätte. Ich fragte sie, ob sie

Eiigkeitstest bringt Gewissheit

Wer genau wissen möchte, ob seine Zwillinge ein- oder zweieiig sind, kann ein Testset (bestehend aus Tupfer und Reagenzgläsern) bei Prof. Dr. Michael Klintschar bestellen. Der Arzt ist nicht nur Zwillingsvater, er arbeitet auch an der Medizinischen Hochschule Hannover und führt dort u.a. Eiigkeitstests durch. E-mail:

Klintschar.Michael@mh-hannover.de

wüsste, was Zwillinge sind. Sie antwortete: »Ja, die sind immer gleich angezogen.«

Tatsächlich sind nur etwa ein Drittel bis ein Viertel aller Zwillinge »gleich«, besser ausgedrückt eineiig. Denn auch eineiige Zwillinge sind nicht völlig identisch.

Die Mehrzahl der Zwillinge entsteht aus zwei befruchteten Eizellen. Neuerdings scheint es auch Anzeichen dafür zu geben, dass es eine dritte Gruppe von Zwillingen gibt, nämlich die, die aus einer geteilten Eizelle und zwei Samen bestehen. Also irgendwie so ein Mittelding zwischen ein- und zweieiigen Zwillingen.

Wie stellt man fest, ob Zwillinge ein- oder zweieiig sind?

Um festzustellen, ob Zwillinge ein- oder zweieiig sind, gibt es mehrere Methoden. Am sichersten wäre ein Chromosomenvergleich, denn eineiige Zwillinge müssen identische Chromosomen haben. Solche Untersuchungen sind nicht so teuer wie Sie vielleicht denken. Schon für 250 Euro kann man seine Zwillinge im Labor testen lassen.

Lorenz und Alex finden sich nicht gleich ...

Für das Buch »Zwillinge in Krippe, Kindergarte und Schule« standen die eineiigen Zwillinge Lorenz (links auf dem Foto) und Alex Rede und Antwort: »Eine Frage die uns aber wirklich nervt ist: 'Wie kann man euch unterscheiden?', denn für uns sehen wir uns ja nicht ähnlich, darum können wir darauf jeweils nicht antworten.«

Trotzdem experimentieren die beiden Bauzeichner mit ihrem gleichen Aussehen und fotografieren ihr Spiegelbild.

Lorenz und Alex Zahler sind gerade 20 Jahre geworden. Die eineiigen Zwillinge kommen aus der Schweiz - Kanton Schaffhausen.

Früher war es Beweis genug, wenn Zwillinge zwei Plazenten hatten und/ oder, wenn sie in zwei verschiedenen Fruchtblasen untergebracht waren, dass sie zweieiig sind. Doch eine große Plazenta kann auch aussehen wie zweigeteilt, zwei Plazenten können zu einer zusammenwachsen. Und Zwillinge sind bis auf wenige Ausnahmen immer in getrennten inneren Fruchthüllen untergebracht. In nur einer Fruchtblase wäre die Gefahr der Verwicklung der Nabelschnüre viel zu groß. Kommt aber auch vor, nämlich dann, wenn sich das befruchtete Ei sehr spät geteilt hat.

Ein Indiz für die Eiigkeit ist vor allem die Ähnlichkeit der Zwillinge. Doch das sieht man nicht unbedingt von Anfang an. Es gibt auch bei eineiigen Zwillingen Gewichtsunterschiede zum Zeitpunkt der Geburt von mehr als 1.000 Gramm, die die Zwillinge sehr unterschiedlich aussehen lassen. Also heißt es, erst einmal abwarten, ob sich die Kinder eines Tages wirklich frappierend ähnlich sehen oder nicht. Eine gute Methode, die Eiigkeit relativ zweifelsfrei festzustellen, ist eine Blutgruppenuntersuchung bis in alle Untergruppen. Sind die Blutgruppen bis in alle Untergruppen identisch, kann man relativ sicher davon ausgehen, dass die Zwillinge identisch sind.

Am besten ist es immer noch, mehrere Faktoren gleichzeitig zu Rate zu ziehen. Sehen sich die Zwillinge sehr ähnlich (auch da gibt es natürlich recht eindeutige Untersuchungsmethoden, die ganz bestimmte äußerliche Merkmale miteinander vergleichen), haben sie gleiche Blutgruppen, wurden sie (anscheinend) mit nur einer Plazenta geboren, dann ist es ziemlich sicher, dass sie eineiig sind.

Eineiige Zwillinge

Sind eineiige Zwillinge also völlig gleich? Zwei Menschen mit völlig gleichen Erbanlagen müssten doch eigentlich gleich sein, oder?
Nein, natürlich nicht. Denn zu den ererbten Anlagen kommt die Umwelt. Es beginnt schon im Mutterleib. Einer der Zwillinge hat möglicherweise schlechtere Chancen, weil er beengter liegt oder an einer schlechter durchbluteten Stelle der gemeinsamen Plazenta. Oder es tritt das bei eineiigen Zwillingen so gefürchtete Fetofetale Transfusionssyndrom auf, das bedeutet, der Blutkreislauf der Zwillinge ist gekoppelt, das heißt, einem Zwilling fließt immer mehr Blut zu, dem anderen wird es entzogen. Auch die Bedingungen bei der Geburt (zum Beispiel die Versorgung mit Sauerstoff) können für Zwillinge sehr unterschiedlich sein.

Auf jeden Fall kann es für einen der beiden angeblich gleichen Menschen schon von Anfang an schlechtere Startbedingungen geben. Die Kinder können mit eklatanten Gewichtsunterschieden zur Welt kommen, die sich unter Umständen ein Leben lang nicht ausgleichen.

Selbst bei eineiigen Zwillingen sind Fingerabdrücke nicht identisch. Viele eineiige Zwillinge haben zudem irgendwelche anderen Unterscheidungsmerkmale - ein Muttermal, eine winzig kleine, andere Ausbuchtung am Ohr etc. Also - von total identischen Menschen kann nicht die Rede sein. Eineiige Zwillinge haben in der Regel ein stärkeres Band untereinander als andere Zwillinge und auch als andere Geschwister. In vielen Fällen hat ihre Verbindung geradezu etwas Übernatürliches (irgendwelche »telepathischen« Fähigkeiten sind jedoch eher die Ausnahme) an sich - eineiige Zwillinge verstehen sich oft durch bloße Gesten, Blicke - also ohne Worte. Ihre Seele ist ganz anders miteinander verbunden.

Was aber nicht heißt, dass eineiige Zwillinge völlig wesensgleich wären. Im Gegenteil - gerade Eltern von eineiigen Zwillingen entdecken oft ganz verschiedene Charaktereigenschaften bei ihren Kindern. Ist der eine auf-geschlossen und kontaktfreudig, scheint der andere mehr in sich gekehrt, ruhiger zu sein. Die Wissenschaft spricht vom »Innen- und Außenmini-ster« - einem Zwilling, der das Innenverhältnis untereinander regelt und dem anderen, der den Kontakt zur Außenwelt pflegt.

Was sagen Zwillingseltern dazu? »Tilman Constantin und Philip Emanuel sind eineiig, aber dennoch gut zu unterscheiden, da Philip immer etwas dicker ist als Tilman.

Sie sind im Wesen unterschiedlich. Philip ist der Stärkere; er zieht sofort alle Aufmerksamkeit auf sich. Er hat ein ausgeprägtes Durchsetzungsver-mögen, ist gleichzeitig gefühlsbetont und sehr schmusebedürftig. Er holt

sich alles, was er braucht. Tilman hält sich eher im Hintergrund und wirkt kühler, gefühlsmäßig unbeteiligter. Seine Art, Aufmerksamkeit zu gewinnen, ist die Rolle des Clowns, die er schon mit wenigen Monaten spielte und bis heute beibehalten hat. Seit wir gemerkt haben, dass er meist hinter seinem dominanten Bruder zurücksteht, versuchen wir, durch vermehrte Zuwendung sein Rückgrat zu stärken, und das klappt. Er lernt zur Zeit endlich, sich gegen Philip durchzusetzen. Auf unbekanntem Terrain ist Tilman wagemutiger als Philip und geht auch aufgeschlossener auf fremde Personen zu.« (»Zwillingsmütter berichten«, 3. Auflage 2006, S. 231)

Was bei Tilman und Philip noch unbewusst geschieht, verstärkt sich bei älteren eineiigen Zwillingen nicht selten. Denn sie erkennen irgendwann natürlich auch, dass sie eigenständige Menschen sind. Sie möchten sich gern voneinander abheben und so übernimmt einer die eine Rolle, der andere den Gegenpart.

Die Minnesota Twin Studie, die getrennt aufgewachsene Zwillinge untersucht hat und die immer wieder gern zitiert wird, hat festgestellt, dass getrennt aufgewachsene Zwillinge oft mit erstaunlich gleichen »Macken« behaftet sind. Auf den ersten Blick verwundert das und scheint das Mysterium, das Zwillinge umgibt, zu bestätigen. Die Tatsache ist aber auch schnell erklärt und bestätigt auch nur das vorher gesagte. Getrennt aufgewachsene Zwillinge haben nicht das Bedürfnis, sich von einem »Spiegelbild« abzuheben. Sie brauchen sich nicht von diesem Spiegelbild wegzuentwickeln, um Eigenständigkeit zu demonstrieren, denn der Zwilling wächst irgendwoanders auf, stört also nicht die Entwicklung der eigenen Individualität.

Eineiige Zwillinge werden wie alle Zwillinge - sehr zu ihrem Leidwesen - immer wieder miteinander verglichen. Dabei entdecken Eltern und Außenstehende - je nach Sichtweise - Unterschiede oder Ähnlichkeiten. Klar, dass dabei anfangs vor allem die Entwicklungsschritte der beiden genauestens beobachtet und kommentiert werden. Während bei zweieiigen Zwillingen oft große Unterschiede in der Entwicklung anzutreffen sind, entwickeln sich die meisten eineiigen Zwillingskinder ziemlich gleich. Lernt die (oder der) eine sitzen, lernt es die andere (der andere) einen Tag später, krabbelt die (oder der) eine los, krabbelt die (oder der) andere gleich hinterher. Die Zähne kommen am gleichen Tag oder fast innerhalb der gleichen Zeitspanne usw.

Natürlich gibt es auch hier Ausnahmen, vielleicht, weil die Startbedingungen (und Bedingungen im Mutterleib) unterschiedlich waren oder weil eine schwere Erkrankung ein Kind in der Entwicklung gebremst hat. Eltern eineiiger Zwillinge stellen auch immer wieder fest, dass das Tempo der Entwicklung mal vom einen, dann wieder vom anderen Kind bestimmt wird. Damit auch die Dominanz. Mal scheint ein Kind das Paar zu dominieren, mal das andere. »Antonia und Diana sind möglicherweise eineiig. Von den beiden ersten Zähnchen, zum Laufen oder Sprechenkönnen oder den Gang zum Pipitopf machen sie alle Entwicklungsstufen ziemlich gleichzeitig durch. Sie sind beide gleich stark, die Führungsposition wechselt ständig.« (»Zwillingsmütter berichten«)

Von eineiigen Zwillingen wird oft erzählt, dass sie eine Zwillingssprache, eine Art Geheimsprache entwickeln. Diese Sprache scheint unsere normalen Wörter zu verändern, neue dazu zu erfinden und sie besteht zu einem großen Teil auch aus bloßen Gesten und Blicken.

Diese Sprache wird oft auch von älteren Geschwistern der Zwillinge verstanden, manchmal auch von der Mutter, also von Personen, die viel mit den Zwillingen zu tun haben. Sie verliert sich normalerweise bis zum Eintritt in die Schule, muss also nicht irgendwie besonders behandelt werden.

Josef Echle, Erzieher in der Schweiz und Zwillingsvater, hat in seiner Diplomarbeit über die Sprachverweigerung von Zwillingen ein anderes Problem zu ergründen versucht. Seine Zwillinge weigerten sich einfach, mit ihrer Umwelt über die Sprache Kontakt aufzunehmen. Die Echlekinder schwiegen beharrlich und das auch noch in einem Alter, in dem andere Kinder ganze Sätze plappern.

Was bei vielen eineiigen Zwillingen auch später noch erhalten bleibt, ist die Möglichkeit, sich über bloße Gesten zu verständigen.

Zwillinge heiraten Zwillinge

Das scheint die ideale Lösung zu sein: eineiige Zwillinge heiraten eineiige Zwillinge. Und tatsächlich kommt das immer wieder vor. So trafen wir auf dem Zwillingstreffen in Berlin zwei Pärchen, die sich gesucht (und gefunden) hatten. Hier Anja und Susi aus Niederbayern mit ihren Zwillingsfreunden. Solche Treffen für (erwachsene) Zwillinge finden

in ganz Deutschland und natürlich auch im Ausland statt. Eine sehr gute Möglichkeit für Zwillinge, sich auszutauschen und auch kennenzulernen.

Zwillingstreffen in Berlin 2010 - am Neptunbrunnen.

»Als wir klein waren, fing es an mit unserer Zwillingssprache - voller Abkürzungen, der andere wusste ja schon ...! Unsere besorgte Mutter schleppte uns mit etwa vier Jahren zu einer Logopädin. Wir, nicht auf den Kopf gefallen, beantworteten und erzählten alles in wohlgeformten Sätzen. Meine Mutter sollte nur darauf Wert legen, dass wir die Worte ganz aussprachen. Mit der Zeit legte sich unsere 'Zwillingssprache'«. (Gabriele in »Zwillinge erzählen ...«, S. 171)

»Wenn man die andere anstupfte oder fest drückte, hieß das zum Beispiel: 'Mensch, wie der schmatzt!' Der Gegendruck sagte dann: 'Kann man wohl sagen!' Dieses heimliche Drücken ließ sich in allen Situationen anwenden. Wir haben es nie abgesprochen, aber immer gewusst, was gemeint war.« (Sandra in »Zwillinge erzählen ...«, S. 113)

Die einander »verwandten« Seelen kennen einander so gut, dass eben nur ein kurzer Blick genügt und schon weiß der eine, was der andere gerade denkt und fühlt. Diese Konstellation findet sich aber auch bei Ehepaaren, die sich gut verstehen und die ein Leben lang zusammen sind. »Ich vergleiche meine Söhne manchmal mit einem alten Ehepaar, die beiden verstehen sich ohne viel Worte«, sagte auch eine Lübecker Zwillingsmutter, deren eineiige Söhne sich ohne viel Worte zu verstehen schienen.

Dass einer genau weiß, was der andere sagen will, erklärt auch die Manie vieler eineiiger Zwillinge, die angefangenen Sätze des jeweils anderen zu vollenden. Zum Beispiel in »Zwillinge erzählen ...«, auf Seite 175. Katharina und Barbara berichten da in Interviewform aus ihrem Leben. Katharina sagt: »Das hat uns irgendwann mal schon gestört, vor allem, weil dann die anderen Leute ...« Barbara vollendet den Satz: »gemeint haben, dass wir uns extra gleich anziehen, obwohl wir das ja überhaupt nicht wollten.«

Einer der schwierigsten Meilensteine in der Entwicklung von eineiigen Zwillingen ist die Pubertät. Spätestens dann wird auch bei einander sehr verbundenen Zwillingen das Thema Trennung und der Wunsch nach mehr Eigenständigkeit akut.

»Als wir ins Jugendalter kamen, war für uns ein Schreckensbild, wenn wir an eine eventuelle Trennung dachten und die Tränen konnten beim reinen Gedanken daran nicht festgehalten werden. Auch war uns unklar, ob wir überhaupt 'normal' sind, da wir alles gemeinsam bewältigen und genießen wollten. Als wir aber erfahren haben, dass es auch geht, getrennt zu leben, waren wir beide ganz froh über diesen gekonnten Schritt.« (Angela in »Zwillinge erzählen ...«, S. 36)

Oft lässt sich diese Trennung nur mit »Gewalt« durchsetzen, vielfach geht der Wunsch nach mehr Eigenständigkeit von nur einem Zwilling aus. Eine nicht ganz einfache Situation.

»Als ich mit 21 Jahren heiratete, war ich froh, mein eigenes Leben leben zu dürfen. Ich zog in eine andere Stadt und habe meine Schwester ein halbes Jahr lang nicht gesehen. Es war herrlich, frei zu sein.« (Hildegard in »Zwillinge erzählen ...«, S. 66)

Logisch - bei soviel Verbundenheit ist es für manchen Zwilling schwer, eine Partnerschaft mit einem anderen Menschen einzugehen. Und es ist schwer für denjenigen, der »zurückbleibt«, weil er noch keinen Partner gefunden hat.

»Als Martina ihren jetzigen Mann kennenlernte, waren wir 17. Kurz danach bin ich von zu Hause ausgezogen. Das war eine sehr problematische Zeit. Am Wochenende kam ich nach Hause und habe erwartet, dass meine Zwillingsschwester Zeit für mich hatte, weil wir uns so selten sahen. Aber ihr Freund wollte, dass sie für ihn da war. Teilweise haben wir was zu dritt gemacht, aber Martina war ganz anders, wenn ihr Freund dabei war. Das Vertraute von früher wurde dann nicht so ausgelebt. Da entstand langsam Eifersucht. Was sie früher alles mit mir unternommen hatte, unternahm sie jetzt mit ihrem Freund. Ich war nicht mehr so wichtig und stand ein bisschen allein da.« (Sabine in »Zwillinge erzählen ...«, S. 151)

Ehepartner von Zwillingen, gerade eineiigen Zwillingen, haben es oft nicht leicht. Sie fühlen sich aus dieser starken Zweisamkeit ausgeschlossen. Und Zwillinge, die nie gelernt haben, sich mit Worten auseinanderzusetzen - einerseits, weil es nicht nötig war, wegen der großen Harmonie zum Zwilling, andererseits, weil sich Zwillinge ja auch oft wortlos verstehen - haben es oft nicht leicht, in der Ehe (oder einer anderen Partnerschaft) ihrem Partner gegenüber Wünsche zu äußern, sich mit ihm - mit Worten - auseinanderzusetzen.

Die grausamste und endgültige Trennung für alle Zwillinge ist der Tod. Für eineiige Zwillinge kommt zu der Trauer um einen innig verbundenen Lebensgefährten die makabre Vision, sie müssten wegen der gleichen Gene nun auch sterben. Darüber hat es in USA beispielsweise Untersuchungen gegeben.

»Bei eineiigen Zwillingen liegt die Vermutung nahe (wenn sie eines natürlich Todes sterben), dass ihre Lebensuhr etwa zur gleichen Zeit abläuft. 1949 wurden solche Untersuchungen in den USA unter 1.602 Zwillingen durchgeführt. Bei 58 ausgesuchten Paaren betrug die durchschnittliche Überlebensspanne 36,9 Monate (eineiige Zwillinge) und 78,3 Monate (zweieiige Zwillinge). In einem Fall starben zwei 86jährige eineiige Zwillinge am gleichen Tag und an der gleichen Todesursache. Zwei andere

Einfacher Trick: Zwillinge sind zwei Menschen

In vielen Situationen hilft es Eltern und anderen, die mit Zwillingen zu tun haben, sich einfach daran zu erinnern, dass sie es mit zwei verschiedenen Menschen zu tun haben. Nie würde man es komisch finden, wenn zwei verschiedene Kinder verschiedene Vorlieben haben.

Paare starben innerhalb von 5, beziehungsweise 25 Tagen, 85 und 69 Jahre alt. Bei zweieiigen Zwillingen betrug der »geringste Todesabstand« zwischen beiden drei Monate.« (TWINS Magazine)

Zweieiige Zwillinge - zwei Jungen

Zweieiige Zwillinge müssen nicht gleichgeschlechtlich sein. Es gibt da alle denkbaren Konstellationen, die ziemlich - statistisch gesehen - gleich verteilt sind, das heißt, die Chancen, zum Beispiel zwei Jungen zu bekommen, sind ähnlich hoch, wie die, dass das Zwillingspaar aus zwei Mädchen oder einem gemischten Paar besteht.

In der Literatur wird oft gesagt, dass vor allem die Konstellation »zweieiige Zwillinge, zwei Jungen« problematisch ist - vor allem für die (harmoniebedürftigen) Eltern, die unter der oft großen Konkurrenz zwischen den beiden leiden. Jungen wird ja von vornherein attestiert, durchsetzungswilliger zu sein - also etwas weniger anpassungsfähig als Mädchen. Und dann kommt es zum Streit.

Aus eigener Erfahrung kann ich das bestätigen. Unsere Kinder, Maximilian und Constantin, haben - solange sie klein waren und keine getrennten Wege gehen konnten - stark miteinander konkurriert. Sobald der erste krabbeln konnte, bewegte er sich hin zum Bruder, um ihm Spielzeug zu entwinden. Die schlimmsten Phasen hatten die beiden im Alter zwischen anderthalb und drei Jahren, in einer Zeit also, als sie sich verbal noch nicht ausreichend auseinandersetzen konnten und ihre Konflikte über Tätlichkeiten wie Hauen und noch mehr Beißen ausgetragen werden mussten. Phasen besonders großer Konkurrenz und etwas gemäßigteren Verhaltens wechselten damals ständig. Immer, wenn die beiden zu wenig Abstand von einander hatten (zum Beispiel in einer gemeinsamen Kindergartengruppe, später in der Eishockeymannschaft), wurde sehr viel gestritten. Und solange sie Kinder waren, ging es auch in gemäßigteren Zeiten immer ums höher, besser, weiter ...

Das Kräftemessen zwischen Maximilian und Constantin ließ in dem Moment nach, als Constantin bedingt durch seine andere schulische Karriere (Hauptschule) und seine anschließende Lehre als Koch in Murnauvon zu Hause auszog und tatsächlich mit nur 16 Jahren anfing, sein eigenes Leben zu leben. Constantin blieb seiner Familie natürlich verbunden und hat bis heute viele Freunde, die auch im Freundeskreis seines Bruders Max integriert sind.

Dass es nicht nur bei uns so geht, beweisen Aussagen älterer Zwillinge, die wir im Buch »Zwillinge erzählen ...« zusammengetragen haben. Nur zufällig sind es Zitate von weiblichen Zwillingen, die ja durchaus auch miteinander konkurrieren können. »Meine Schwester war hübscher und menschenzugänglicher. Das war für mich manchmal sehr deprimierend. Ich fühlte mich ins Abseits gestellt ...« (Ursula in »Zwillinge erzählen ...«,

S. 41) oder »Konkurrenzsituationen gibt es immer dann, wenn wir mit anderen Leuten zusammen sind. Meine Zwillingsschwester versucht, meine Schwächen herauszustellen, um sich aufzuwerten. Das tut mir besonders weh.« (Hildegard in »Zwillinge erzählen ...«, S. 69) oder »Man ist ständig (nicht durch andere, sondern durch sein eigens Denken) einem Konkurrenzempfinden ausgesetzt, weil man eben gleich alt ist und also alles gleich gut, gleich schnell machen möchte.« (Ulrike in »Zwillinge erzählen ...«, S. 99)

Doch was ist außer dem möglichen Auftreten großer Konkurrenz über zweieiige Zwillinge zu sagen? Zweieiige Zwillinge sehen sich nicht ähnlicher als Geschwister, die zu unterschiedlichen Zeitpunkten geboren wurden. Manche sehen sich zum Verwechseln ähnlich, andere sind so unterschiedlich, dass ihnen selbst jene sprichwörtliche Familienähnlichkeit abgeht. Unsere Zwillinge sind zum Beispiel so: Max kommt ganz nach mir, Constantin ähnelt mehr der Familie seines Vaters.

So verschieden wie sie aussehen, so verschieden kann auch die Entwicklung zweieiiger Zwillinge verlaufen. Eltern berichten immer wieder von Zwillingen, deren motorische Entwicklung beispielsweise um mehrere Wochen differiert. Constantin konnte mit neun Monaten krabbeln, Maximilian mit elf Monaten. Constantin konnte mit elf Monaten stehen, Maximilian mit dreizehn Monaten. Gelaufen sind beide witzigerweise am gleichen Tag! Und warum das wohl? Weil keiner hinter dem anderen zurückstehen wollte.

Besonders krass war der Unterschied zwischen Maximilian und Constantin im Alter von 14 Jahren. Max hatte schon einen großen Schub gemacht, Constantin noch nicht. Aus modischen Gründen hatte er sich die Haare blondiert. Hier sind die beiden mit ihrer Oma in New York unterwegs.

Auch die Sprachentwicklung der zweieiigen Zwillinge kann ganz unterschiedlich verlaufen. Constantin hat bestimmt ein halbes Jahr später als Maximilian zu sprechen angefangen.

Für Eltern ist die unterschiedliche Entwicklung ihrer Zwillinge oft besorgniserregend, zumal wenn die Kinder zu früh geboren wurden. Doch wenn Sie sich vor Augen halten, dass zweieiige Zwillinge (natürlich auch die eineiigen) zwei unterschiedliche Menschen sind, dann ist eigentlich nicht einzusehen, warum sie unbedingt alles am gleichen Tag erlernen sollten.

Diese Erkenntnis - dass es sich auch bei Zwillingen um zwei unterschiedliche Menschen handelt - hilft Ihnen auch später (beim Sauberwerden, im Kindergarten, in der Schule) immer wieder, Ihre Kinder ganz einfach so zu akzeptieren wie sie sind.

Wenn man zweieiigen Zwillingen die Chance gibt, sich so zu entwickeln, wie es jedem Kind angemessen ist, dann werden sich die beiden in der Regel gut verstehen und sogar oft ein engeres Verhältnis zueinander entwickeln als das »normale« Geschwister tun.

Auch zweieiige Zwillinge profitieren in gewisser Weise davon, stets einen gleichaltrigen, vertrauten Partner zur Seite zu haben. In ungewohnten Situationen (zum Beispiel beim Kindergartenstart) empfinden das die Kinder als angenehm. Auch zweieiige Zwillinge leiden darunter, wenn sie plötzlich von einander getrennt werden, doch diese Verbundenheit, wie sie eineiige Zwillinge haben, besteht eigentlich nicht zwischen ihnen.

Trennungs-Probleme in der Pubertät kennen auch zweieiige Zwillinge. Denn auch sie wachsen in der Regel sehr eng zusammen auf, haben nur selten Gelegenheit, allein - ohne Zwilling - etwas zu unternehmen. Und auch bei den zweieiigen Zwillingen kann es einen dominierenden und einen anhänglicheren, unselbständigeren Zwilling geben.

»Als Kind empfand ich diese Bindung zu stark, da eine eigene Entwicklung für mich nicht in Frage kam. Ich bin die ältere (zehn Minuten) und ruhigere und dadurch fühlte ich mich für meine Zwillingsschwester verantwortlich.« (Elke, zweieiiger Zwilling, in »Zwillinge erzählen ...«, Seite 60.)

Wenn dann einer »mehr Luft« braucht, Abstand möchte, sich allein weiterentwickeln möchte, bleibt der andere traurig zurück und auch der forschere Zwilling fühlt sich nicht so wohl, weil er sich für sein »Anhängsel« in gewisser Weise verantwortlich fühlt.

Natürlich können solche Phasen auch ganz unproblematisch vor sich gehen. Sicher kommt es dabei nicht nur auf die Zwillinge selbst an, sondern auch auf den Erziehungsstil. Zwillinge, deren Eltern immer sehr auf Gleichheit und Zusammengehörigkeit gepocht haben, werden sich schwerer tun, im späteren Leben einen eigenen Weg zu gehen.

Genau beobachtet hat Zwillingsvater Volker Eichener seine zweieiigen Jungs, die schon im Alter von nur einem halben Jahr erstaunliche Unterschiede zeigten: »Esra und Elis - derzeit sechs Monate - sind nicht nur vom Äußeren, das heißt Gesicht, Kopfform, Körperbau oder Stimme völlig unterschiedlich, sondern auch von der gesamten Persönlichkeit her. Elis zeichnete sich schon früh durch geschickte, fein gesteuerte Bewegungen aus, Esra durch eine fast athletisch zu nennende Kraft. Esra bevorzugt dementsprechend auch Rasseln und alles, was Lärm macht; Elis liebt dagegen Plüschtiere, die er sorgfältig befingert und betastet.

Esra hat einen unruhigen Schlaf; Elis schläft tief und fest, braucht aber lange zum Einschlafen. Interessant ist, dass die Schlafgewohnheiten von den ersten Wochen an anders waren: Esra kroch immer in die Ecke seines 50 mal 100-Bettchens; Elis dagegen wurde es schon mit vier Wochen in der Wiege zu eng, er brauchte die weite Perspektive eines 70 mal 140-Bettchens. Dies ist wohl darauf zurückzuführen, dass sich Esra im Mutterleib vom vierten Monat an unverändert in der Schädellage befand und deshalb versuchte, seinen Kopf so zu schützen wie im mütterlichen Becken, während Elis alle paar Tage seine Lage geändert hatte.

Esra zeigt alle Stimmungen, ob Missfallen oder Freude, sehr heftig und direkt. Elis ist dagegen ausgeglichener, aber schwieriger zu beruhigen, wenn er einmal schreit. Esra ist Schmusen und Küssen höchst unangenehm; er schaukelt sich dafür mit einer Affengeschwindigkeit in seinem Maxi-Cosi, während Elis gar nichts vom Wiegen und Schaukeln hält, aber dafür ganz gerne schmust. Nur Elis nahm eine Zeitlang den Schnuller, der Esra überhaupt nicht interessierte. Esra nimmt dafür sein Däumchen, während sich Elis wiederum überhaupt nicht für seinen Daumen interessiert, auch nachdem er den Schnuller aufgegeben hat. Esra will nicht darauf verzichten, seinen Milchbrei aus der Flasche zu saugen; Elis nimmt ihn dagegen nur vom Löffel. Überhaupt unterscheiden sich die Essgewohnheiten von Anfang an: Esra mag zum Beispiel Karotten, aber keinen Fisch; bei Elis ist es genau umgekehrt.

Wir wissen nicht, ob all diese Unterschiede bleiben werden. Einige Anzeichen sprechen dafür, dass die Zwillinge schon jetzt voneinander lernen und ihr Verhalten in manchen Dingen angleichen (dies lässt sich in jedem Falle an ihrer 'sprachlichen' Kommunikation beobachten).«

Zweieiige Zwillinge - zwei Mädchen

Natürlich gibt es auch unter Mädchen Konkurrenz, allerdings bestätigen Zwillingseltern oft, dass Mädchen weniger streiten. Ganz allgemein scheint zu gelten, dass Mädchen ein größeres Harmoniebedürfnis haben, als Jungen. Und dass sie von daher kompromissbereiter sind.

Was vorher über die unterschiedliche Entwicklung von zweieiigen Jungen-Zwillingen gesagt wurde, gilt auch für zweieiige Mädchen-Zwillinge.

Etwas stärker ausgeprägt scheint das Zusammengehörigkeitsgefühl mit den damit möglicherweise verbundenen Problemen bei Mädchen zu sein.

»Mein größtes zwillingstypisches Problem war, dass ich eigentlich immer die Verantwortung für zwei Personen tragen musste, obwohl ich mich nicht danach gedrängt hatte. Dieses Problem hatte ich schon früh als Kind und dann auch später als Jugendliche. Meine Schwester war meist die Zurückhaltende und körperlich Schwächere.« (Erika in »Zwillinge erzählen ...«, S. 44)

Aber auch hier gilt wieder: Je weniger die Eltern versuchen, die Mädchen zu einer festen Einheit zusammenzuschweißen, je unkomplizierter jedes Zwillingskind seinen Weg gehen darf, desto problemloser der Schritt in die Unabhängigkeit von Elternhaus und Familie und letztlich auch von der Zwillingsschwester.

Zweieiige Zwillinge - ein Pärchen

Eine besondere »Sorte« Zwillingspaar sind Pärchenzwillinge. Ihre unterschiedliche Entwicklung verblüfft Eltern nicht so sehr. Ganz klar, Mädchen und Junge weisen deutlich sichtbare Unterschiede auf.

Mädchen entwickeln sich in manchen Phasen schneller als Jungen, die dann in der Pubertät aufholen. Vor allem die motorische Entwicklung verläuft bei Mädchen nachweislich schneller.

Betrachtet man Pärchenzwillinge, fällt einem auch gleich auch die Frage ein: »Sind Mädchen und Jungen wirklich unterschiedlich oder werden sie durch unsere Erziehung unterschiedlich gemacht, in althergebrachte Rollenklischees gezwungen?« Tatsache ist, dass Mädchen in Zwillingspaaren dazu tendieren, ihre Brüder zu bemuttern. Sie spielen eher mit Mädchenspielzeug (obwohl auch das Angebot an Jungenspielsachen reichlich vorhanden ist) und setzen sich ihrem Zwillingsbruder gegenüber bereits im Kleinkindalter mit allerhand (weiblicher?) List und Tücke durch. Ulrike schreibt dazu in »Zwillinge erzählen ...« (S. 103): »Eben besprach ich mich mit meinem Bruder, der mir zu meinem Erstaunen erzählte, dass er zur Frage des dominierenden Teils geschrieben habe, ich sei der stärkere unseres Paares gewesen.« André, der Zwillingsbruder, schrieb nämlich Folgendes: »Ich habe in der Kindheit durchaus unter der Dominanz meiner Schwester gelitten, heute jedoch nicht mehr. Ich fühlte mich damals durchaus auch des öfteren von ihr abhängig ...«

Rita Haberkorn stellt zum Thema Pärchenzwillinge folgendes fest: »Sie haben es in vielem leichter als gleichgeschlechtliche Zwillinge. Ihnen wird das Anderssein am ehesten abgenommen. Oft sind sie erst auf den zweiten Blick als Zwillinge auszumachen. Ihre geschlechtsspezifische Ausprägung hat auch damit zu tun, wie positiv sie ihre elterlichen Vorbilder erleben, wie Männlichkeit und Weiblichkeit in der Familie gewollt, gewünscht und akzeptiert sind, wie sie gelebt werden dürfen. Während beide in dem gleichgeschlechtlichen Elternteil die Identifikationsfigur finden, finden oftmals die emotionalen Vorlieben zumindest phasenweise überkreuz statt.

Wir wissen aus der Zwillingsforschung, dass sich gerade die Jungen oft einer doppelten »Bemutterung« erwehren müssen. Neben der Mutter findet die Schwester punktuell eine parallele Rolle im Verhältnis zu ihrem Bruder, denn zumindest in weiten Phasen der Kindheit sind die Mädchen in ihrer Reife den Jungen voraus. Die Rolle der mitversorgenden Schwester kann eine Verführung sein, die, fühlen sie sich darauf festgelegt, keinem guttut. Dies weder dem Jungen, der damit eher klein gehalten wird, noch dem Mädchen, das schnell durch die positive Verstärkung erlebter 'fürsorgerischer' Anteile zu einseitiger Anpassung an bestehende Verhaltensmuster animiert wird.

Es scheint die Versuchung groß, in dem Gegenüber von Junge und Mädchen in der Zwillingsbeziehung traditionelle Polarisierungen von typisch weiblich und typisch männlich zu suchen. Können beide den Anteil des jeweils anderen Geschlechts in sich kennenlernen, was ja durch die unmittelbare Nähe leicht möglich ist, können beide das eigene Rollenbild erweitern und abrunden. Ist dies nicht die besondere Gelegenheit in einer nicht-hierarchischen, von Zuneigung und Verständnis geprägten Beziehung dies zu lernen und zu entwickeln? Dazu gehört auch Rücksichtnahme, Einfühlungsvermögen und die Abgrenzung im akzeptierten Rahmen. Wie sehr müssen wir Erwachsenen oft und immer wieder selbst daran arbeiten.« (Vgl. auch Haberkorn: »Daniel und Rebekka und andere Pärchenzwillinge« in Rita Haberkorn Hrsg: »Als Zwilling geboren«, München 1990)

Mädchen sagen ihren Zwillingsbrüdern oft, wo's langgeht ... hier Fabian mit Nora Schumacher.

Pärchenzwillinge - Erfahrungen einer Mutter

Rita Haberkorn ist aber nicht nur Autorin, sondern auch selbst Mutter von Pärchenzwillingen. Sie hat folgende Erinnerungen und Erfahrungen für die Zeitschrift ZWILLINGE zu Papier gebracht.

»Sie streiten um Gerechtigkeit - wenn auch selten. Und natürlich gibt es mal bei dem einen oder anderen mehr Interesse und Zuneigung zu dem vier Jahre älteren Bruder als zu dem gleichaltrigen Geschwister. Vor allem die Tochter hegt eine besondere Vorliebe zu den großen Freunden, die zu uns nach Hause kommen.

In dem direkten Gegenüber von Junge und Mädchen sind wir Eltern unmittelbar mit unseren geschlechtesspezifischen Orientierungen und Erwartungen konfrontiert. Und wenn wir ehrlich sind, wissen wir, dass wir Jungen anders behandeln als Mädchen, dass wir auch Unterschiedliches erwarten, vielleicht auch zulassen, auch wenn wir es nicht aussprechen oder bewusst erkennen.

Aus unserem Alltag mit den heute 12 Jahre alten Zwillingen Hannah und Jonathan: Es geht um das gewünschte eigene Zimmer, das wir aus unterschiedlichen Gründen bislang leider noch nicht realisieren konnten. Jonathan wünscht es, um ungestört zu sein, profitiert aber von den Gestaltungsideen und der Kreativität der Schwester in Sachen Raumgestaltung. Hannah nennt spontan einen anderen Grund: 'Spätestens wenn ich 14 Jahre alt bin, brauche ich mein eigenes Zimmer. Meinst Du, ich will dann meinen Freund mit nach Hause bringen, wenn Jonathan im Zimmer sitzt?' - Verständlich und sicher ein allgemeines Geschwisterargument.

Obwohl sie in unterschiedlichen Schulen sind, lernen sie nach dem gleichen Englischbuch, hören sie sich gegenseitig Vokabeln ab. In den 30 Minuten Plauderzeit am Abend im Bett erfahren sie viel voneinander. Es ist beiden wichtig, dabei unter sich zu sein. Sie kennen nicht nur die Klasse des anderen sehr genau, vieles mehr teilen sie sich mit, als wir anderen Familienmitglieder erfahren. So wusste Hannah auch längst vor uns, dass Jonathan in Biologie jetzt Sexualkundeunterricht hat und womit sie sich dabei beschäftigen. Es war wohl eines ihrer Abendthemen.

Während Jonathan zu seiner letzten Geburtstagsfeier 6 Jungen eingeladen hat, lud seine Schwester zu ihrem Fest 5 Jungen und 6 Mädchen aus der Klasse ein. Darunter war auch Mario, mit dem sie geht, wie man in ihren Kreisen zu sagen pflegt. Solche Freundschaften werden hier aber im Gruppenverband 'gelebt', noch fern jeder Heimlichkeit und Intimität. Jonathan resümierte am Abend: 'Hannah, ich habe mich länger mit Mario unterhalten, er ist richtig nett.' Auch Mario gab Hannah positive Rückmeldung über das Gespräch mit Jonathan: 'Mit Deinem Bruder kann man sich richtig gut unterhalten.' Es schien, als seien diese Rückmeldungen für die beiden Knaben von Bedeutung. Wären im späteren 'Ernstfall' Freund und Bruder Rivalen? Oder geht es später eher um gegenseitiges Wohlwollen, um auf dieser Basis die je eigene und eigenständige Beziehung mit Partnerin und/oder Zwillingsschwester leben zu können? Ist es heute schon eine kleine Vorahnung?

Wir wissen aus Erfahrungen erwachsener Zwillinge, dass die Beziehung zwischen Partner und Zwillingsbruder von Eifersucht oder besonderer Freundschaft geprägt sein kann - eine besondere Facette erwachsener Pärchenzwillinge.

Hannah zeigt großes Interesse an Jonathans Freunden. Und ihre Freundinnen stoßen in der Regel auf viel Sympathie bei ihm. Noch verbringen sie so zu mehreren oft die Nächte in einem Zimmer. Noch wird der andere eher selbstverständlich einbezogen. Gerade sind sie sich eher interessant, gehen eher tolerant miteinander um. Aber es gab Phasen, da gingen sie sich schnell auf die Nerven.

Für Hannah gibt es Bereiche, die nur ihr gehören, andere, an denen nur wenige Freundinnen teilhaben. Aber weitgehend teilt sie ihm ihre Gedanken, Erfahrungen mit, erwidert sie seine Offenheit und Neugierde, gibt es wenige Geheimnisse. Auch lernt er auch früh Songs kennen, Schauspieler etc., für die er sich ohne Hannah nie interessieren würde.

Und Hannah hat durch ihren Zwillingsbruder Interesse an Tennis und Fußball gefunden, erfährt in den Abendgesprächen darüber viel Neues und kann am nächsten Tag bei den Gesprächen mit Freunden in der Schule ganz gut mithalten. Es ist ein interessiertes Hineinfragen in die Welt des anderen. Und wie oft versuchen sie, den anderen mit einer kleinen Überraschung aus dessen Interessengebiet zu erfreuen.

Früher waren Barbies und Autos oder der Bauernhof von Playmobil Themen aus der eher geschlechtsspezifischen Kinderwelt, an der der jeweils andere teilnahm. Die Themen haben sich gewandelt. Aber ich erlebe das gleiche Interesse an der Welt des anderen, sie lernen voneinander, profitieren von der Sicht und anderen Denkweise des anderen.

Es scheint, als würden auf der Basis relativer Unabhängigkeit das Heranreifen von Männlichkeit und Weiblichkeit aus unmittelbarer Nähe und viel Zuneigung erlebt. Welche positiven Voraussetzungen werden damit für künftige Partnerbeziehungen geschaffen?

Hannah ist mitten in der Pubertät. Jonathan weiß sehr genau, dass die biologische Entwicklung der Dame den Vorsprung gibt. So kann er es auch gut verschmerzen, dass Hannah ihm gerade 'über den Kopf gewachsen ist'. Die wenigen Zentimeter, die er immer größer war als sie, ist sie ihm gerade voraus. Von seinem Bruder kennt er den Entwicklungsverlauf des Jungen. Vor wenigen Wochen hat er sich seine fast unbekleidete Schwester sehr genau aus dezenter Distanz betrachtet. So, als wüsste er jetzt, wie sie sich verändert hat, war seine Neugierde gestillt. Derzeit zeigen sie sich dem anderen selten bis nie nackt, bewegen sich dennoch ungezwungen miteinander.

Noch vor ein bis zwei Jahren standen beide immer dann im inneren Konflikt, wenn es in Spielgruppen zu Polarisierungen kam zwischen Jungen und Mädchen. Einerseits wollten sie sich ihren Geschlechtsgenosseninnen anschließen, andererseits konnten sie meist nur halbherzig mitwirken, wenn es dabei gegen das andere Geschlecht und damit gegen den eigenen Zwilling ging.«

Eiigkeit nicht immer eindeutig

Gudrun Schimm hat nicht feststellen können, ob ihre Zwillinge ein- oder zweieiig sind: »Von Anfang an konnten wir die Kinder sehr gut unterscheiden. Denn bei der Zweitgeborenen wurde beinahe eine Bluttransfusion notwendig, da ihr ihre Schwester - so sagte man uns - zuviel Blut 'genommen' hätte. (Anm. d. Red.: FFTS?)

Abgesehen davon, dass die eine käseweiß und die andere krebsrot in ihrem Bettchen lag, gab es noch einen gravierenden Unterschied, was die Kopfform betraf. Das erstgeborene Kind lag in den letzten Wochen ausschließlich mit dem Kopf nach unten und hatte nach der Geburt einen ziemlich verdrückten, langen Kopf. Das hat sich zwar schon in den ersten Lebensmonaten gegeben, doch sie hat auch heute noch ein für uns deutlich schmäleres Gesicht als ihre Schwester.«

Vor der Geburt ihrer Kinder hatten die Schimms über die Eiigkeit nie nachgedacht. Zwar wussten sie, dass es eineiige und zweieiige Zwillinge gab, dachten jedoch, gleichgeschlechtliche Zwillinge wären immer auch eineiig. Der Frauenarzt meinte, aufgrund der getrennten Fruchtblasen könne man von der Zweieiigkeit der Kinder ausgehen, in der Kinderklinik wurde den Zwillingseltern erklärt, die Zwillinge hätten identische Blutgruppen und wären deshalb eineiige Zwillinge.

»Nachdem wir uns eingehend mit sämtlicher Zwillingsliteratur beschäftigt hatten, wussten wir dann aber wenigstens soviel: Weder bestätigen getrennte Fruchtblasen Zweieiigkeit, noch belegen identische Blutgruppen (ohne dass dabei auch die Untergruppen festgestellt worden sind), dass die Zwillinge eineiig sind. Da wir nicht wussten, wie genau die Blutuntersuchungen in der Kinderklinik vorgenommen wurden, waren wir also wieder genauso klug wie zuvor. Nun sollte man zwar meinen, im Laufe der Zeit (immerhin schon fast drei Jahre) hätte sich entweder die eine oder die andere Möglichkeit als wahrscheinlicher herausgestellt, aber obwohl wir die beiden jeden Tag um uns haben (oder gerade deswegen) kommen wir zu keinem Ergebnis. An manchen Tagen sind sich die beiden sehr ähnlich, an anderen wiederum nicht. Was die körperliche Entwicklung betrifft, zogen unsere Jessica und Jennifer bisher immer gleich. Sie fingen zur gleichen Zeit an zu krabbeln, bekamen jeden (!) Zahn am gleichen Tag und machten sogar ihre ersten Schritte zusammen. Sie waren seit ihrer Geburt immer gleich groß und gleich schwer. Sie besitzen beide dieselbe Haar- und Augenfarbe und eine mächtige Zahnlücke zwischen den Vorderzähnen. Auch Hand-, Fuß- und Ohrmuschelform ist bei beiden genau gleich. Charakterlich sind die Zwillingsmädchen natürlich verschieden. Sie sind beide sehr temperamentvoll, jedoch hat jede ihre ganz persönlichen Eigenheiten und Vorlieben.«

Sind nur eineiige Zwillinge »echte« Zwillinge?

»Für mich sind das alles keine Zwillinge«, sagte eine Frau auf einem

Gerade Pärchen-Zwillinge ergänzen sich wunderbar

Ich bin Mutter von Pärchenzwillingen, Chiara und Paolo. Und ich bin der Meinung, dass es wohl kaum etwas Schöneres geben kann. Als Kind war ich großer Hanni-und-Nanni-Fan, wohl vor allem wegen der tollen Möglichkeiten, die man mit einer Doppelgängerin haben kann, finde nun aber gerade die Kombination zweier völlig unterschiedlicher Kinder im selben Alter einfach toll. Auch aus meiner Sicht ist es bedauerlich, dass auf Zwillingstreffen die (fast) identischen Zwillinge doch sehr im Vordergrund stehen, wenn dies aus rein optischen Gründen auch irgendwie verständlich ist. Deswegen verliert sich für mich der Reiz, ein solches Treffen mit meinen beiden auch einmal zu besuchen.

Die Kindergartenzeit verbrachten beide in einer Gruppe, was ich mir auch nicht anders vorstellen konnte. Diesen Sommer wurden sie dann in getrennte Klassen eingeschult. Den Übergang schafften sie ohne spürbare Probleme und fanden schnell Anschluss. Vielleicht war es hier von Vorteil, dass sie aufgrund unterschiedlicher Interessen auch bisher nicht immer alles gemeinsam gemacht haben. Nun sind sie mehr auf sich selbst gestellt. So kann jeder seinen eigenen Weg gehen, ohne die ständigen Vergleiche, die es zweifelsohne immer wieder gibt. Der vermeintlich Schwächere kann in seinem Selbstbewusstsein wachsen und in seinem Tempo lernen, ohne die schnelleren Fortschritte des anderen immer vor die Nase gehalten zu bekommen. In den Pausen spielen sie häufiger miteinander und mit den gemeinsamen Freunden aus der anderen Klasse, zu Hause gibt es den üblichen Wechsel aus großer Einigkeit und kleinen Kabbeleien. (Rita Acampora)

Frankfurter Zwillingstreffen, das der Zwillingsforscher Dr. Tobias Angert ausgerichtet hatte, zu mir. Die Frau, vielleicht Anfang 40, hatte eine (eineiige) Zwillingsschwester und auch im weiteren Gespräch ließ sie sich nicht davon überzeugen, dass es jedenfalls für die Zwillingseltern zunächst einmal nicht darauf ankommt, ob die Kinder ein- oder zweieiig sind. Der Stress und die Sorgen sind erst einmal dieselben.

Dass nur eineiige Zwillinge »echt« und damit von Interesse sind, vermitteln uns auch immer wieder Werbung und Presse. Journalisten stürzen sich mit Vorliebe auf gleiche Zwillinge. »Die interessieren sich überhaupt nicht für unsere Zwillinge!« beklagten sich auch mehrere Zwillingsmütter bei einem Zwillingstreffen in Hattingen im Mai 1993. Und der Initiatorin dieser Veranstaltung wollte ein SAT1-Redakteur gar fremde Zwillinge auf den Schoß setzen, da »Ihre zweieiigen Zwillinge überhaupt nicht ins Bild passen«.

Diese Sensationsgier von Außenstehenden nach völlig gleichen Zwillingen hat bis heute nicht nachgelassen - egal ob es sich um die Zwillingstreffen der Pharmafirma ratiopharm handelte oder um ein erstes großes Zwillingstreffen 2006 in Wolfsburg (Schirmherr der Bürgermeister, selbst Zwillingsvater).

Der Arzneimittelhersteller ratiopharm stellte einige Jahre lang seine Werbung ganz auf Zwillinge ab. Gecastet wurden die eineiigen »echten« Zwillinge auf großen Veranstaltungen. Insgesamt haben vier solche Zwillingstreffen (Teilnehmerzahl jeweils um die 800 Zwillinge) stattgefunden. Wichtig und niedlich stets nur die eineiigen Zwillinge.

Nachdem die ratiopharm-Werbung eine zeitlang andere Schwerpunkte gesetzt hatte (»world in balance«), werden derzeit aktuell wieder Zwillinge für eine neue Werbekampagne gesucht.

Für uns Eltern aber sind Zwillinge Zwillinge und müssen nicht unbedingt gleich sein, um uns Probleme, aber auch Glück zu bescheren. Den Eltern macht es dann gerade Spaß, die Entwicklung der sehr unterschiedlichen Kinder zu beobachten. So zum Beispiel den Eltern von Robin und Marlon. »Robin und Marlon sind nun genau 17 Monate alt. Die Zweieiigkeit unserer Zwillinge ist so interessant und markant, dass ich oft glaube, sie sind wie Geschwister, die eben durch einen Zufall der Natur am gleichen Tag geboren wurden.

Der Gedanke, ob ein- oder zweieiig hatte für uns beide bis zur Geburt keine Bedeutung. Bei der Geburt unserer Jungs, die kerngesund und voller Energie waren (Abstand 14 Minuten, Gewicht 2.500 und 2.650 Gramm), erfasste uns eine tiefe Bewegung, als wir sahen, dass der Erstgeborene meinem Mann ähnlich sah und Robin von Anfang an mehr mir glich. Die ganze Familie war davon angetan, und auch wir fanden es toll, zweieiige, erbungleiche Zwillinge zu haben.

So ist es bis heute geblieben. Die beiden Buben sind wie Feuer und Wasser, wie Mond und Sonne - dermaßen verschieden.

Eigentlich möchte ich sie nicht in ein bestimmtes Schema pressen - sie sollen sich ja beide möglichst individuell entwickeln, doch um beide einzeln zu charakterisieren, liste ich ihre Merkmale hier einmal auf: Marlon ist kleiner, schlanker und drahtiger, hat blondes Haar und blaue Augen. Seine Haut ist blasser, empfindlicher. Er ist etwas unstet, nicht so ausdauernd wie sein Bruder. Marlon bemüht sich sehr um Robin, liebt ihn abgöttisch, ist sehr besorgt um ihn und teilt fast alles mit ihm. Er herzt und küsst ihn auch oft. Er spielt den großen Bruder, zeigt bei allen Verwandten seine positiven Gefühle und ist der Sonnenschein bei den Großeltern. Er ist in Belastungssituationen durchhaltefähiger.

Robin ist größer, kräftiger, aber auch tapsiger und etwas schwerfälliger. Sein dunkles Haar sowie die braunen Augen geben ihm eher einen südländischen Ausdruck. In seiner Psyche ist er sehr sensibel, anhänglich und sehr auf mich als Mutter und Bezugsperson fixiert. Er ist Freunden sowie Fremden gegenüber abweisender. Er teilt auch gerne mit seinem Bruder, bei dem er sich gut durchsetzt. Robin ist hartnäckiger, weniger zu Kompromissen bereit. Man kann schon sagen sehr eigen - eben kein Kind, das sich in ein Schema pressen ließe. Er lacht sehr viel, weint aber auch schnell.

Beide mögen sich sehr! Und darüber freuen wir uns am meisten. Sie wollen alles gemeinsam tun: essen, schlafen, lachen, ausgehen, spielen. Außenstehende glauben oft, dass sich die beiden Kinder ähneln, sagen aber, Marlon sei charmanter, lebhafter und Robin zurückhaltender, ruhiger. Wir selbst glauben, dass Marlon einerseits extrovertierter, andererseits angepasster als sein Bruder ist, der schon mal spüren lässt, wenn er jemanden nicht mag.

Uns gefällt es, zu sehen, wie die beiden gänzlich verschiedenen Individuen sich entfalten - ohne Zwänge heranwachsen dürfen. Und die Beobachtungen, die man endlos fortsetzen könnte, scheinen uns faszinierender als bei Einzelkindern.«

Für die Erziehung von Zwillingen allerdings, und darum geht es vorrangig in diesem Buch ist es mitunter sehr wichtig, ob Zwillinge ein- oder zweieiig sind. Eineiige Zwillinge können größere Schwierigkeiten in der Identitätsfindung haben, zweieiige haben häufig Probleme durch ihre ausgeprägte Konkurrenz.

Spezielle Erziehungssituationen bei Zwillingen

Das Besondere bei der Erziehung von Zwillingen

Wer das Aufwachsen von Zwillingen selbst erlebt hat, weiß, welcher Balanceakt von uns Zwillingseltern gefordert wird, wenn es um die Erziehung von Zwillingen geht.

Zwei gleichaltrige, die (scheinbar) stets die gleichen Bedürfnisse haben, zwei, die sich gegenseitig zu allerlei Blödsinn animieren, die sich auch gegenüber Mutter und Vater verbünden, zwei, die gleich, auf jeden Fall aber gerecht behandelt werden wollen, zwei, die sich trotz der sehr engen Bindung zu eigenen Persönlichkeiten entwickeln sollen ... Keine leichte Aufgabe, doch auf jeden Fall eine lösbare!

Absolute Gerechtigkeit ist gefordert

Zwillinge haben ein sehr ausgeprägtes Gefühl dafür, ob sie gerecht behandelt werden oder nicht. Mehr als andere - einzeln geborene - Kinder achten sie darauf, dass sie von Eltern und anderen Personen ganz gerecht behandelt werden. Das geht soweit, dass Zwillinge heulen, nur weil der eine den ersten Zahn einige Tage früher verliert als der andere. Zwillinge wollen immer das haben, was der andere hat. Kinder, die als Zwillinge aufwachsen und dieses Gefühl nicht so ausgeprägt zeigen, sind eher selten. Schwierigkeiten, diesen Anspruch nach totaler Gerechtigkeit zu erfüllen, werden Eltern haben, wenn sie Kleidung kaufen, Geschenke aussuchen und natürlich auch beim ganz normalen täglichen Umgang mit Zwillingen. Zwillinge wollen gleich, ganz bestimmt aber gerecht behandelt werden. Ein Beispiel: Constantin musste für die Schule üben. Sein Zeugnis war danach. Maximilian glänzte als einer der Klassenbesten. Constantin bestand trotzdem darauf, dass auch sein Zwillingsbruder Maximilian in den Ferien zu lernen hätte. Ein noch unsinnigeres Beispiel: »Was die eine hatte, wollte die andere auch haben. In meine Suppe war eine Fliege gefallen. Elisabeth fing furchtbar zu schreien an: 'Ich will auch 'ne Fliege haben!'« (Gerhild in »Zwillinge erzählen ...«, S. 29)

Dieses Gleich-Behandelt-Werden-Wollen macht auch eine »effektive« Bestrafung von Zwillingen so schwierig. Sie verbünden sich gegen die Eltern (meist gegen die Mutter, die als wichtigste Erzieherin meist präsenter ist als der Vater). Es ist so schwierig, diese starke Gruppe gegen sich zu haben und die Kinder erfolgreich - ihres Verhaltens angemessen - zu behandeln.

Wenn ein Zwilling etwas anstellt

Zwillinge sind oft schwieriger zu hüten als ein Sack Flöhe. Es fängt damit an, dass sie krabbelnd ihre Welt entdecken, einer dem anderen folgt oder beide in verschiedene Richtungen streben.

Ich kann mich an Zeiten erinnern, da konnte ich nicht allein mit meinen Kindern vor die Tür gehen, weil es so schwierig war, sie unter Kontrolle zu halten. Es war das eingetreten, was mir andere schon früh prophezeit hatten: Maximilian und Constantin strebten in verschiedene Richtungen, sobald sie laufen gelernt hatten. Ich konnte sie kaum beide gleichzeitig aus irgendwelchen Gefahren retten. So blieb ich lieber zu Hause, bis mein Mann Lutz Zeit hatte, mitzukommen. Auf dem Land mag die Situation anders sein, aber wir lebten zu dieser Zeit mitten in München.

Von einer anderen Zwillingsmutter hörte ich damals, dass deren beiden (damals anderthalbjährigen) enorm erfinderisch waren, wenn es darum ging, die Wohnung zu erobern. Sie stellten - gemeinsam - Stühle auf Tische, Stühle auf noch mehr Stühle, um bis zur begehrten Wohnzimmerlampe vorzudringen.

Eine weitere Zwillingsmutter berichtete mir, dass das eine Zwillingsmädchen, die Hand der Schwester ergriff, wenn es darum ging, etwas Verbotenes anzufassen. Für sie war es verboten, also sollte die Schwester das Verbotene tun ...

Zwillinge sind äußerst erfinderisch, wenn es darum geht, Streiche auszuhecken oder gar Strafe voneinander abzuwenden ...

Dass auch bei Drillingen auf diesem Sektor besondere Probleme entstehen, wusste ich bisher nicht. Drillinge sind ja nie so eine gefestigte Zweierkonstellation wie Zwillinge. Doch was lese ich in einer Ausgabe des »Doppeldecker«, Juli 2007 (Vereinszeitung des Nürnberger Vereins Engelchen & Bengelchen e.V.): Beate Görlich, eine Mutter heute erwachsener Drillinge antwortete auf die Frage, was sie am meisten an ihren Drillingen genervt hätte: »Dass immer jeder alles einzeln verboten haben wollte.« Und das sah dann so aus: Wenn einer der Drillinge Tobias, Janine und

Marcel den Fuß auf die Tischplatte des Hochstuhls legte und Beate Görlich das Kind ermahnte, den Fuß wieder runter zu tun, legten die beiden anderen ebenfalls nacheinander ihre Füße auf das Tischchen und warteten ab, ob die Mama ihnen das auch verbieten würde.

Strafen von Zwillingen beinahe erfolglos

Maximilian und Constantin entwickelten ihre eigene Taktik, wenn es darum ging, sich aus einer Verantwortung für eine Missetat zu winden. Sie beschuldigten sich solange gegenseitig, bis wir Eltern überhaupt nicht mehr wussten, wer denn nun zur Rechenschaft gezogen werden sollte. Dieses Verhalten ist eher ungewöhnlich. Normalerweise neigen Zwillinge dazu, sich schützend voreinander zu stellen. Nicht so unsere beiden. Mich verblüfft es auch heute noch, wie gern beide (!) bereit waren, den eigenen Bruder zu opfern, wenn es galt, die eigene Haut zu retten.

Also »normale« Zwillinge stellen sich vor den Zwilling, wenn jemand - auch wenn es eigentlich gerecht wäre - diesen bestrafen möchte. Sogar, wenn die Mutter eingreift, um Streitigkeiten zwischen den Zwillingen zu ahnden - gegen einen Dritten verbünden sich die Zwillinge meist und begraben das Kriegsbeil sofort.

Da steht man dann da und versucht, gerecht zu sein und die beiden halten so zusammen, dass sie einem einen glatten Strich durch die Rechnung machen.

Andererseits ergaben meine Recherchen für das Buch »Zwillinge erzählen aus Kindheit, Jugend und ihrem Leben«, dass es in einigen Zwillingsfamilien üblich war (ist), gar nicht groß nach dem »Missetäter« zu fragen, sondern gleich mal im großen Rundumschlag beide zu bestrafen. Einige erwachsene Zwillinge beklagten sich bitter, dass sie sich vor allem, wenn es um Bestrafungen ging, ungerecht behandelt fühlten. Elke, 31, hat eine

Zwillingsschwester. Sie erinnert sich: »Wir sind fünf Kinder. Alle Strafen wurden auf uns verteilt, auch wenn die 'Missetat' nur von einem begangen worden war.« (aus »Zwillinge erzählen ...«, S. 60) So war es auch bei Hildegard, die eine eineiige Zwillingsschwester hat: »Wenn einer etwas gut oder schlecht gemacht hat - beide werden gelobt oder getadelt.« (aus »Zwillinge erzählen ...«, S. 67)

»Meine Eltern waren einerseits stolz auf ihre Zwillinge, waren andererseits jedoch von der 'Macht', die von ihnen ausging, zeitweise recht strapaziert. Aus diesem Grunde wurde die ältere Schwester geschützt, das heißt, bevorzugt. Für uns Zwillinge bedeutete dies Ungerechtigkeit von

Strafen fast immer erfolglos

»Nicht nur in Streitsituationen stoßen Zwillingseltern oft an ihre erzieherischen Grenzen. Es ist auch sehr schwer, Zwillinge 'gerecht' zu bestrafen, da sich die Kinder oft gegenseitig Rückendeckung geben. Unsere erste Situation dieser Art hatten wir, als wir Marc zur Strafe in den Laufstall setzten, da er beim Essen nicht im Hochstuhl sitzen bleiben, sondern lieber auf den Tisch klettern wollte. Während ich etwas aus der Küche holte, stand Zwillingsbruder Domenik auf und fütterte Marc durch die Gitterstäbe. Und wir hörten, wie Marc immer wieder voller Verzückung 'Danke' rief. Die Strafe war sinnlos und trotzdem war die Situation auch so lustig, dass man sich kaum das Lachen verkneifen

konnte. Eigentlich wäre es sinnvoll gewesen, den anderen Zwilling wegen seiner Hilfsbereitschaft zu loben. Stattdessen kehrte Marc an den Esstisch zurück und wir hatten es nicht geschafft, konsequent zu sein. Mit zunehmendem Alter werden die Zwillinge in diesem Punkt sehr erfinderisch.« (aus Natalie Schmitz, »Zwillinge spielend fördern«, S. 185)

Natalie Schmitz - hier mit Marc und Domenic - ist Erzieherin ... und auch sie stößt manchmal an ihre Grenzen.

seiten der Eltern uns gegenüber, was uns beiden offensichtlich schwer zu schaffen machte: Bettnässen und Nägelkauen über viele Jahre hinweg waren wohl die Folge ...« (Erika in »Zwillinge erzählen ...«, S. 46)

Und auch wir, obwohl wir uns so sehr mit diesem Thema - zwangsläufig - befasst haben, waren und sind nicht gegen Ungerechtigkeit gefeit. Meist wurden unsere Zwillinge gleichzeitig »abgekanzelt«. In der ersten Wut fragten Eltern eben nicht immer danach, wer der wirklich Schuldige ist. Und auch als Max und Conny erwachsene 23 Jahre alt waren, hieß es meist: »Überall lasst *Ihr Euren* Mist liegen ...« oder »*Eure* Autos sehen sowas von vermüllt aus! «

Interessant für mich auch immer wieder, wie auch Außenstehende sofort den Zwillingsbruder als den Mitschuldigen ausmachen. Zweimal wurde Maximilian in der Grundschulzeit von anderen Eltern beschuldigt, er hätte Mädchen geärgert und geschubst. Fragte ich die Mädchen: »Waren da nicht noch andere Kinder dabei?« hieß es jedesmal »Der andere heißt Conny!«, obwohl Constantin nachweislich nicht beteiligt, in einem Fall nicht einmal in der Nähe seines Bruders war.

Doch zurück dazu, wie heute in vielen Zwillingsfamilien verfahren wird. Zwillingsmütter berichten, dass die Kinder sogar solche Strafen unterlaufen wie »Du bekommst keinen Keks mehr« - dann wird einfach »brüderlich/schwesterlich« geteilt. Wenn »Zimmerarrest« ausgesprochen wird, ziehen sich die beiden Zwillinge - glücklich, den mütterlichen Aufpasser losgeworden zu sein, in ihr (meist gemeinsames) Zimmer zurück. Schwierig wird die Situation auch, wenn die Mutter droht: »Wenn Ihr nicht lieb seid, gehen wir nicht zum Spielplatz.« Je nachdem, was sich die Kinder in den Kopf gesetzt haben, kann's dann schon mal ein »Böckchen« und ein »braves Kind« geben.

Das Dilemma in dieser Situation: Was macht man jetzt, um Konsequenz zu demonstrieren? Soll man zu Hause bleiben? Oder zum Spielplatz gehen?

So könnten Sie sich verhalten:

○ Wenn Ihre Zwillinge etwas angestellt haben (oder nur einer davon) und die Befragung nicht ergibt, wer von beiden der wirkliche Übeltäter ist, sollten Sie auf Strafe ganz verzichten. Dass Eltern ihre Kinder im großen Rundumschlag, ohne vorheriges Nachfragen gemeinsam bestrafen, (weil es sowieso den richtigen trifft), halte ich für falsch.

○ Wenn ich hier von Strafen spreche, so meine ich nicht die »Prügelstrafe«. Verhauen bringt überhaupt nichts, die Eltern reagieren sich im Affekt höchstens selbst ab. Was bleibt, ist vor allem ein schlechtes Gewissen und Ihr Kind wird durch Prügel keineswegs zum besseren Menschen erzogen. Es gibt ja andere - effektivere - Strafen, die auch »wehtun« - Stubenarrest, Hausarrest, Fernsehverbot, Süßigkeitenverbot etc. Wichtig ist nur, dass man sich vor der Verhängung der Strafe darüber im Klaren ist, ob man sie auch konsequent durchziehen kann ... nichts ist schädlicher für die gelungene Erziehung als hier einen Rückzieher machen zu müssen.

○ Haben beide Zwillinge eine Strafe verdient, dann empfiehlt es sich, sie zu einer »Auszeit«, die ja auf wenige Minuten beschränkt sein kann, in getrennte Zimmer zu schicken.

○ Drohungen wie »wenn Du/Ihr nicht ... dann ...« sind gefährlich, denn in vielen Fällen ist es sehr schwierig, konsequent zu bleiben. Siehe oben. Versuchen Sie, solche müden Drohgebärden zu unterlassen ... Sie schneiden sich ja doch oft genug nur ins eigene Fleisch (wenn Du nicht brav bist, gehen wir nicht ins Schwimmbad ... und auch die Mama verdammt sich stattdessen lieber zu einem Hausarrest bei schönem Wetter...?!)

Dass auch Drillinge ihre Eltern vor manches Gerechtigkeitsproblem stellen, beweist auch hier wieder Beate Görlich, die folgende Episode schon vor vielen Jahren an ZWILLINGE, unsere Zeitschrift, schickte: »Einer meiner fünfjährigen Trabanten hat mal wieder eine angebissene Brezel auf dem Boden des Kinderzimmers liegenlassen. Auf meine Frage, wer es wohl war, beteuern sowohl Tobias als auch Janine: »Ich war's nicht!« Daraufhin meint Marcel: »Wenn ich jetzt auch noch sage, ich war's nicht, hat einer von uns gelogen!« Und so ging die Geschichte weiter: Ich: »Wer hätte dann gelogen?« Marcel: »Weiß ich nicht ...« Ich: »Janine?« Marcel: Achselzucken. Ich: »Tobias?« Marcel: Achselzucken. Ich: »Ja, hättest dann Du gelogen?« Marcel: Kopfnicken, Grinsen und »Hmmm ...«.

Auch Lob, Belohnungen und Geschenke sollen gerecht sein

Ebenso wie es schwierig ist, Zwillinge gerecht zu bestrafen, falls nötig, ist es schwierig, sie zu loben oder sie so zu beschenken, dass beide zufrieden sind. Bleiben wir beim Lob. Wie können Sie ein Zwillingskind loben, ohne dass sich das andere zurückgesetzt fühlt? Bei eineiigen Zwillingen ist es oft so, dass sich beide über ein Lob freuen, das nur einer erhält. »In der Sexta spielten wir öfters Theater. Die gewandte Gerta bekam meist die Hauptrolle, während ich mich mit kleineren Auftritten begnügen musste. Unsere Lehrerin beobachtete uns, ohne dass wir das wahrnahmen, und erzählte später unserer Mutter, es sei rührend gewesen, wie sehr ich mich mit meinem Zwilling gefreut hätte - ohne eine Spur von Eifersucht.« (Herta, die Zwillingsschwester von Gerta in »Zwillinge erzählen ...«, S. 18) Bei uns war das undenkbar, denn unsere Zwillinge konkurrierten in ihrer Kindheit sehr stark miteinander. Bekam der eine mit, dass ich den anderen wegen irgendetwas lobte, eine Bastelarbeit schön fand, ein fehlerfreies Diktat anerkennend würdigte, schon stand der andere da, und wollte auch gelobt werden oder schlimmer noch, machte das schöne Ergebnis schlecht. Jedes Lob für den einen wurde als Herabsetzung des anderen missverstanden.

Besonders schwierig wurde es in der Phase, als sich Maximilian auf das Gymnasium vorbereitete und Constantin »nur« die Hauptschule besuchen konnte. Wie sollte ich dem einen (Max) vermitteln, dass ich stolz auf ihn sein würde, wenn er aufs Gymnasium käme, und gleichzeitig Constantin spüren lassen, dass die Hauptschule für uns »auch o.k.« ist ...

Auch beim Schenken ist es sehr schwer, im Sinne der Kinder gerecht zu sein. Im Kleinkindalter müssen Sie abwägen, was Ihnen lieber ist: etwas mehr Frieden im Hause und alles gleich und doppelt oder auch mal verschiedene Geschenke, damit nicht immer alle Kinder das gleiche Spielzeug bekommen.

Später, wenn die Zwillinge erkennbar verschiedene Vorlieben entwickeln, ist es etwas leichter, entsprechend unterschiedliche Geschenke zu präsentieren. Allerdings haben Kinder stets eine sehr feine Antenne dafür, ob sich die verschiedenen Geschenke im »Wert« entsprechen.

Zwillinge sind ständigen Vergleichen ausgesetzt

Zwillinge werden ständig miteinander verglichen - deutlich mehr als »normale« Geschwister. Dahinter steckt sicher keine böse Absicht. Vor allem auch die Eltern können sich diesen Vergleichen kaum entziehen. Außenstehende machen sich sowieso keine Mühe, diese ständigen Vergleiche, die die Zwillinge spätestens in der Pubertät wirklich nerven, zu unterlassen. Nein, es ist - vor allem bei eineiigen - geradezu ein Sport, sie einer genauen Begutachtung zu unterziehen. »Wegen meiner Langsamkeit musste ich manche Rüge unserer Mutter einstecken. Manchmal wurde ich getadelt. Wenn bei Tisch etwas fehlte, und Gerta schon unterwegs

Fußballzwillinge Lars & Sven Bender

Die Zwillinge Lars und Sven Bender spielen beide in der Fußball-Bundesliga. Sven bei Dortmund, Lars bei Leverkusen. Beide spielten mit ihren Mannschaften schon in der Champions League und auch schon in der Deutschen Nationalmannschaft. Gefragt von einem Reporter der Süddeutschen Zeitung, ob es stimmt, dass sie sich gegenseitig immer den Erfolg gönnen, sagt Lars: »Das ist so - außer beim Tischtennis.« Beim Fußball allerdings freuen sie sich über gegenseitige Erfolge. Das Ding mit dem Tischtennis ist so ein kleiner privater Wettkampf. Im Fußballgeschehen allerdings, ist es ohnehin schwer genug, sich durchzusetzen, da gibt es nach eigener Aussage keinen Neid zwischen den Brüdern.

war, es zu holen, sagte meine Mutter in provozierendem Ton: 'Jetzt geht aber mal die Herta!' An meine ältere Schwester Renate dachte offenbar niemand. Da wurden meine Füße ganz schwer, wohl teilweise aus Widerspruch, aber auch, weil mir dieses Tempo, in dem der Auftrag ausgeführt werden sollte, einfach nicht entsprach. Als Folge einer unterschiedlichen Veranlagung blieb ich vergleichsweise unselbständig. Bei schwierigeren Unternehmungen, etwa Telefonanrufen, schickte ich Gerta vor.« (aus »Zwillinge erzählen ...«, S. 17)

»Natürlich kann man nicht die ganze Welt ändern, und es wird immer wieder vorkommen, dass Dana und Helen miteinander verglichen werden«, sagt Ute Baur, die Mutter eineiiger Mädchen. »Ich persönlich bemühe mich, jedes Kind für sein eigenes Verhalten oder Können zu loben, auch mal zu kritisieren, und ich habe den Kindern erklärt, dass es auch bei den Erwachsenen Unterschiede gibt, nicht alle alles gleich gut können. Der ewige Konkurrenzkampf ist nun wieder einer etwas entspannteren Lage gewichen, doch ganz aus der Welt ist das Problem wohl noch nicht.«

Doch selbst, wenn die Eltern sich dieser ständigen Vergleiche bewusst werden und versuchen, sie zu umgehen, die Kinder einfach einmal so lassen, wie sie eben sind und nicht immer das So-Sein des einen gegen das So-Sein des anderen aufrechnen, kann man Vergleiche nicht umgehen. Die Zwillinge selbst vergleichen sich miteinander.

Maximilian und Constantin beispielsweise. Obwohl sie in der Grundschulzeit in verschiedene Schulklassen gingen, weil wir ihnen die ständigen Vergleiche durch eine gemeinsame Lehrkraft ersparen wollten, trugen sie ihre Konkurrenz statt in der Schule zu Hause aus. Kein Tag verging, wo nicht ein schreckliches Gezeter um die Menge der Hausaufgaben anhob. Kein Tag, wo die Leistung des anderen nicht untersucht (und von beiden Seiten gleichermaßen) für schlechter befunden wurde.

Werden andere Geschwister weniger miteinander verglichen? Sind Zwillinge also auch in diesem Punkt anders als andere Geschwister? Ich möchte glauben »nein«, bei anderen Geschwistern wird genauso viel verglichen - ich weiß »ja« - in der Realität werden Zwillinge häufiger und eigentlich bei jedem Anlass miteinander verglichen.

Ich selbst bin zusammen mit drei jüngeren Schwestern aufgewachsen, von denen die zweite und die dritte jeweils im Abstand von zweieinhalb Jahren geboren wurden. Klar, unsere Eltern haben auch festgestellt, dass sich eine leichter in der Schule tat, als die andere. Aber der direkte Vergleich, wie er zwischen Zwillingen immer angestellt wird, ist nicht so allgegenwärtig. Durch den natürlichen Altersunterschied ist es ganz klar, dass der eine etwas noch nicht so kann wie der (manchmal nur etwas) ältere. Natürlich gab es auch bei uns Konkurrenz - wer besser skifährt, bei den Jungs besser ankommt, besser aussieht, die längeren Haare hat oder um Freundinnen usw.

Ist es denn verboten, Vergleiche anzustellen? Nein, natürlich nicht. Andererseits ist es für die Kinder einfach nicht schön, wenn ihre Eigenarten und Fähigkeiten *ständig* Wertungen unterzogen werden. Stellen Sie sich mal vor, Sie bekämen dauernd zu hören, dass Ihre Schwester (Ihr Bruder) aber aufgeschlossener und deshalb netter sei als Sie ... Es würde nicht lange dauern, und Sie reagierten richtig »bockig« auf diese Feststellung Außenstehender, die auch eine Wertung, nämlich eine negative, beinhaltet. Stellen Sie sich vor, Ihre Lehrerin fragt immer wieder: »Warum bist Du nicht so gut in Mathe wie Deine Schwester? Ihr seid doch Zwillinge?« Sie würden sich ärgern, weil diese Lehrerin sich gar nicht die Mühe macht, zu ergründen, dass Ihre Fähigkeiten eben auf anderen Gebieten liegen. Sie kämen sich bloß ewig schlechter vor als Ihre Zwillingsschwester.

»Das größte zwillingstypische Problem war für uns das ewige Verglichenwerden. Wer ist größer, wer schwimmt schneller, wer schreibt bessere Noten ... Die Argumente 'Du bist ja auch schon älter' oder 'wenn Du groß bist, kannst Du das auch' gab es bei uns nicht. Es musste also immer einen Sieger und einen Verlierer geben. Das ging soweit, dass ich eines Tages weinte, weil mein Zwillingsbruder schon zwei Schuhgrößen mehr hatte als ich.« (Ulrike in »Zwillinge erzählen ...«, S. 99)

Auch die Mutter von Jana und Nina, Marion Dörflinger, hatte bemerkt, dass sie ihre Töchter unwillkürlich miteinander verglich und nicht immer zum richtigen Ergebnis kam. Sie empfiehlt, auch mit Erzieherinnen und Lehrern Kontakt zu halten, da Eltern durch das viele Miteinandervergleichen ihre Kinder nicht immer richtig einschätzen.

»Hat man Zwillinge, vergleicht man die Kinder doch immer wieder miteinander, weil im täglichen Zusammenleben die Verschiedenheiten deutlich werden und man als Eltern immer das Kind stützen will, das gegenüber dem anderen scheinbar schlecht abschneidet.

Hier übe ich mich immer wieder darin, zu hinterfragen, ob der Unterschied überhaupt als 'schlechter' zu sehen ist, oder ob man dem scheinbaren Nachteil nicht auch andere Seiten abgewinnen kann. Es ist dann sehr gut, wenn man gute, kompetente Erzieher für seine Kinder hat. Ich meine die Kindergärtnerinnen, die Lehrer/innen und die Betreuer im Hort.

Wir, die Eltern, waren zum Beispiel schon immer bereit, die langsamere, verträumtere Art von Nina (im Vergleich zu Jana) hinzunehmen. (Wenn es natürlich auch nervt, dass Nina beim Anziehen ihren Strumpf ewig betrachtet und nach fünf oder zehn Minuten noch so dasitzt, wie man sie zuletzt sah! Auf die Aufforderung, sich doch jetzt mal zügig anzuziehen, kommt dann: 'Ich ziehe mich doch an!') Nina merkt scheinbar nicht, dass sie langsam ist, weil sie ja von sich aus gesehen 'etwas tut'. Als Mutter fühlt man dann (außer dem Ärger, dass es mit ihr manchmal nicht vorangeht) Trauer, weil das eine Kind gegenüber dem anderen schlechter abschneidet. Denn Jana ist fast immer die erste. Bei den Hausarbeiten ist Nina ebenfalls langsamer als Jana, die ganz fix ihre Sachen erledigt (wenn sie will). Aber ist Nina deshalb schon gleich eine schlechtere Schülerin?

Ein gutes Gespräch mit der Lehrerin brachte folgendes Ergebnis: Jana gehört im Klassenverband zu den schnellsten und arbeitet dabei auch relativ fehlerfrei. (Jana wirkte gerade im vergangenen Jahr hellwach in ihrer Intelligenz.) Nina arbeitet zwar langsamer, laut Lehrerin aber auch konzentrierter (sie sagte nichts von 'verträumt') und bringt auch gute Ergebnisse.

Fazit: Jana ist im Vergleich zu den Klassenkameraden sehr flott im Arbeiten. Und Nina ist durchaus nicht lahm, sondern normal im Tempo! Ich will mit dieser Erkenntnis anderen Zwillingseltern sagen, versuchen Sie immer mal wieder mit Erziehern über die Zwillinge zu sprechen und fragen Sie nach dem Stand beider Kinder im Klassenverband (Hort/Kindergartengruppe). Das hilft, den Blick zu weiten.«

Besonders lästig werden Vergleiche von jugendlichen Zwillingen empfunden.»Das größte zwillingstypische Problem war für uns das ewige Vergleichen miteinander. Bei Vergleichen wird man ständig zur Schau gestellt. Man musste sich nebeneinander stellen, damit die anderen (Verwandte hauptsächlich) einen genau betrachten konnten.

Bei den Vergleichen bedenken die Leute nicht, dass einer von beiden zwangsläufig schlechter wegkommen muss. Beispiel: 'Du hast dickere Backen als ...', 'Du bist dünner als ...', 'Du lachst mehr als ...'. Dadurch kränkt man nicht nur den Zwilling, der schlechter wegkommt, auch der andere Zwilling ist betroffen, obwohl der Vergleich zu seinen Gunsten ausgegangen ist.

Wie wir damit umgehen? Ganz einfach: Heute mit 23 Jahren weisen wir die Leute streng darauf hin, dass wir diese Vergleiche nicht wollen - aus oben genannten Gründen. Und dann sagen wir: 'Stellen Sie sich mal vor, wie Sie wohl dabei wegkommen würden, wenn es zwei von Ihrer Sorte gäbe!'« (Sandra in »Zwillinge erzählen ...«, S. 109)

Wie können Eltern mit Konkurrenzsituationen und Vergleichen umgehen?

Wie können Sie die Situation entschärfen? Es ist immer schwierig, in die Beziehung der Kinder - in diesem Fall der Zwillinge - einzugreifen. Oft führt Einmischung genau zum nicht erwünschten Gegeneffekt.

Und ein »normales« Maß an Konkurrenz und Sich-miteinander-Vergleichen sollte auch den Zwillingen erlaubt sein. (Abgesehen davon: Was ist »normal«? In Anbetracht meiner schwachen Nerven und der vieler anderer Zwillingseltern kann das als normal empfundene Niveau ganz niedrig sein.)

○ Sie können aber die gegebene Konkurrenzsituation insofern entschärfen, als Sie sie nicht noch durch ständige laut ausgesprochene Vergleiche anheizen.

〇 Sie können sich bemühen, einen ohne Nachzudenken dahingedachten Vergleich lieber »runterzuschlucken«, also gar nicht erst auszusprechen.

〇 Und Sie können andere - Außenstehende - auch darauf hinweisen, dass es den Zwillingen nicht gut tut, ständig miteinander verglichen zu werden. Das verschärft nicht nur die Konkurrenz der Kinder, sondern schreibt ihnen bestimmte Eigenschaften sehr fest zu, so fest, dass sie sich in ihrem weiteren Werden davon sogar (negativ) beeinflussen lassen.

〇 Sie können also mit der Erzieherin/dem Erzieher und später mit der Lehrerin/dem Lehrer Ihrer Zwillinge besprechen, dass Sie das ständige Vergleichen der Kinder nicht gutheißen. So angesprochene Menschen machen sich vielfach zum ersten Mal wirklich Gedanken um Zwillinge. Sie sind in der Regel nicht beleidigt, sondern reagieren dankbar für diesen Tipp zum Umgang mit ihnen anvertrauten Zwillingskindern.

〇 Sie können auch bei Verwandten (vor allem den Großeltern) darauf hinweisen oder bei engen Freunden. Wenn Sie erläutern, warum an diesen eigentlich so harmlos dahingesprochenen Feststellungen gerade für Zwillinge »eine ganze Menge« mehr dran ist, werden diese Menschen Sie verstehen.

〇 Manchmal jedoch lassen sich unerwünschte Vergleiche nicht verhindern, zum Beispiel bei ganz spontanen Kontakten auf der Straße, beim Einkaufen oder auf dem Spielplatz. Dann finde ich es wichtig, dass Sie nicht »ins selbe Horn blasen«, sondern ruhig auch mal Gegenposition beziehen.
Ein Beispiel: Sie werden daraufhin angesprochen, dass aber das eine Kind lebhafter als das andere sei. Dann entgegnen Sie vielleicht: »Das sieht nur jetzt so aus. Das andere Kind kann genauso aufdrehen. Die beiden wechseln sich ab.«
Oder wenn der Vergleich »negativ« ausfällt: »Ist die Kleine immer so still?« (nicht offen, nicht kontaktfreudig, schwer zugänglich, mürrisch), dann können Sie sagen: »Ja, aber es ist ja auch ganz angenehm, wenn nicht beide so temperamentvoll sind. Ich bin froh, dass sie sich so unterschiedlich entwickeln. Denn jedes Kind hat seine eigenen Qualitäten ...«

〇 Und schließlich: Haben Sie auch schon mal daran gedacht, dass jedes Verhalten, außer der vermeintlichen Schwäche, vielleicht auch eine kleine Stärke enthalten kann? Im Beispiel von Jana und Nina arbeitet das langsamere Kind nämlich konzentrierter

(Zu)viel Bewunderung, bloß weil es Zwillinge sind?

In einem Italienurlaub ist mir einmal ein Zwillingspaar aufgefallen, das - obwohl schon etwa drei Jahre alt - immer (jeden Tag) total gleich gekleidet war. Die beiden Buben sah ich auf der Ferieninsel Albarella. Ob am Strand, beim Einkaufen im Supermarkt oder im Lokal - immer waren die beiden total gleich, gleiche Hose, gleiches T-Shirt, gleiches Halstüchlein, gleiches Käppi etc.

Ach wie niedlich - viele andere Urlauber drehten sich nach den beiden um. Dabei wären sie ohne ihr gleiches Aussehen und ihre gleiche Kleidung ganz normale Kinder und eigentlich eher weniger niedlich. Sie hatten - auch beide gleich - einfach schreckliche »Rotznasen«.

Mit Zwillingen fällt man überall auf. Das haben Sie sicher schon bei Ihren ersten Ausfahrten mit dem meist überbreiten Kinderwagen festgestellt. Anfangs findet man die intensive Bewunderung vielleicht ein bisschen ungewohnt, aber ganz lustig, später nervt es einen oft, dass man an jeder Ecke dreimal angesprochen wird und am besten seine ganze Ehe- und Familiengeschichte vor wildfremden Menschen ausbreiten soll.

Wer am meisten unter dieser Zwillingsbewunderung leidet, sind zunächst aber auch die älteren Geschwister von Zwillingen. Sie fühlen sich, wenn sie noch klein sind, sowieso durch die Neuankömmlinge in die Ecke gestellt und vernachlässigt, und dann gucken noch alle naselang fremde Tanten mit entzücktem Gesichtsausdruck in den Zwillingswagen - mehr als sie dies bei einem neugeborenen Einling machen würden. Da soll ein älteres Geschwisterkind nicht eifersüchtig werden?

»Der Neugier und den nicht selten dummen Fragen der Passanten begegnen wir meistens mit Humor. Leid tut uns nur Juliane, die - neben dem Zwillingswagen stehend - meistens geflissentlich übersehen wird«, so eine Zwillingsmutter.

Eine andere: »Die Verwandten waren alle begeistert von den Zwillingen. Jeder brachte etwas für sie mit - nur nicht für den Großen. Ich habe ihm dafür öfter mal etwas geschenkt.« (in »Zwillingsmütter berichten«)

Später kriegen auch die Zwillinge selbst mit, wieviel offene Bewunderung ihnen zuteil wird. Vor allem Mädchen kokettieren gern mit dem ihnen entgegengebrachten Interesse fremder Leute. Sie sind nicht nur »süß«, sie fühlen sich auch ganz danach.

Gleiche Kleidung, von den Eltern oft favorisiert und gefördert, unterstreicht den hohen Aufmerksamkeitswert von Zwillingen auch noch.

Zwillinge, die im (Klein)Kindesalter der Bewunderung durch andere erliegen, tun sich manchmal schwer, auf den Boden der Tatsachen herunterzukommen. Zum Beispiel, wenn sie getrennt unterwegs sind (und keiner sie mehr bewundert) oder wenn sie eben ganz einfach aus dem niedlichen Alter raus sind und trotz gleichen Aussehens keiner mehr groß nach ihnen guckt.

»Das fetzt - immer einen Spielkameraden zu haben, gemeinsam viel mutiger zu sein und häufig im Rampenlicht zu stehen. Herzen zu erobern fiel uns beiden nicht schwer.« So positiv sahen Andrea und Gabriele ihre Wirkung als Zwillinge (»Zwillinge erzählen ...«, S. 168)

Manchmal empfinden auch Zwillinge selbst diese Bewunderung, die sie überall erregen, als äußerst lästig. »Meine Mutter sagt oft - aber nicht ganz ernst gemeint - 'ich habe sowieso alles falsch gemacht, was man falsch machen konnte'. Ich denke, das stimmt nicht. Aber sie hat uns gleich gekleidet und wenn sich mal ein Baby schmutzig gemacht hat, dann hat sie uns beide umgezogen.

Ich war vielleicht dreizehn Jahre alt, da wollte ich mal anders aussehen als Martina. Sie wollte das dann auch, und so fing es an, dass wir nicht mehr die gleichen Sachen trugen. Heute finde ich es ganz furchtbar, wenn ich Zwillinge sehe, die gleich gekleidet sind ...« (Sabine in »Zwillinge erzählen ...«, S. 153)

Ich persönlich bin sowieso gegen die Gleichmacherei mit gleicher Kleidung, sobald die Zwillinge den Windeln entwachsen sind und vielleicht auch schon selbst mal ein Wörtchen mitreden möchten. Es sieht einfach ab einem gewissen Alter lächerlich aus.

Anders natürlich, wenn Zwillinge ein Zwillingstreffen besuchen. Dann ist die gleiche Kleidung ja wirklich ein Muss.

Abschreckend: Jahrelang sah ich bei uns in Landsberg immer wieder einmal ein weibliches Zwillingspaar: Beide ziemlich dick, mit fettigen Haaren und auch sonst wenig ansehnlich ... und beide total gleich angezogen. Die beiden gibt es immer noch - obwohl die erste Auflage dieses

Auf einem Zwillingstreffen - hier bei ratiopharm in Ulm - ist gleiches Aussehen ein MUSS! Der Pharmakonzern sucht für seine Werbung ganz gezielt nach sehr gleichen Zwillingen.

Buches bereits mehr als zehn Jahre alt ist. Ich habe sie erst vor circa drei Wochen wieder gesehen ...

Und ich persönlich bin nicht dafür, Zwillinge wie possierliche Tierchen vorzuführen. Zwilling-Sein und Zwillinge-Haben ist eh' kein Verdienst - nicht der Kinder und nicht der Eltern.

Sind Zwillingseltern etwas Besonderes?

Wenn Sie die Frage, ob Zwillinge etwas Besonderes sind, bejahen, liegt der Verdacht nahe, dass Sie auch Zwillingseltern für etwas Besonderes halten. In gewisser Weise stimmt das natürlich. Zwillingseltern haben vor allem in der ersten Zeit eine wesentlich größere physische Belastung durch die Kinder zu meistern. Sie tun das oft wirklich mit Bravour und können dann nicht verstehen, dass Mütter, die nur ein Baby haben, jammern, sie kämen den ganzen Vormittag nicht aus dem Morgenmantel, weil das *eine* Baby sie ja so in Atem hält ...

Natürlich verbindet uns Zwillingseltern auch ein gewisses Gemeinschaftsgefühl - man kommt beim Spazierengehen ins Gespräch, oder man begegnet sich und winkt lachend nur ab ... wir wissen doch alle, wie das ist, Zwillinge zu haben. Und Einlingseltern - ach die, die können es doch gar nicht nachempfinden!

Stimmt. Aber sind wir deswegen etwas Besonderes? Ist es eine besondere Leistung, Zwillinge zu haben, die uns über andere hinaushebt? Wohl kaum. Es ist uns - mal abgesehen von Hormonbehandlungen oder künstlichen Befruchtungen, bei denen das Risiko Mehrfachnachwuchs zu bekommen, bewusst in Kauf genommen wird, einfach so passiert.

Ich gebe zu, ich habe mich zeitweise auch in der Bewunderung gesonnt, die mir wildfremde Passanten entgegenbrachten, wenn sie Max und Conny als Zwillinge (und mich als die »tolle« Zwillingsmutter dazu) identifiziert hatten.

Und heute noch fällt es mir schwer, nicht zusammenzuzucken, wenn ich Zwillinge auf der Straße treffe. Ich muss dann immer den inneren (und irgendwo unerklärlichen) Zwang unterdrücken, mich auch als Zwillingsmutter zu erkennen zu geben. Dass ich's dann doch meist nicht tue, liegt daran, dass ich bei solchen (früheren) Versuchen auch schon glatte Abfuhren kassiert habe! Es sind eben doch manche Zwillingsmütter total genervt, weil sie so oft angesprochen werden.

Rita Haberkorn hat dieses Phänomen »Wir haben auch Zwillinge« auch schon in ihrem Buch »Zwillinge« (S. 27, rororo TB) angesprochen. Das

Zwillinge sind nichts Besonderes ...

... weil sie Zwillinge sind. Jeder Mensch ist etwas Besonderes und zwar um seiner selbst willen.

Buch ist inzwischen leider vergriffen und wird nicht mehr neu aufgelegt. Schade. »Urlaubserlebnis während einer Führung für Kinder in einem Heimatmuseum. In der wartenden etwa zwanzigköpfigen Schar zwei Mädchen, etwa dreijährig, von der Haarspange bis zu den Schuhen absolut identisch gekleidet, wirklich 'goldig'. Die Museumspädagogin sieht die beiden, und ein Schwall Begeisterung regnet auf sie und die stolzen Eltern herab. Heinz und ich hielten unsere schon etwas müde gewordenen Zwillinge, die nicht gleich gekleidet waren, auf dem Arm. Während diese beiden Mädchen so im Mittelpunkt standen, dachte ich: Verdammt noch mal, wir haben auch Zwillinge.«

Ich bin froh, dass es auch anderen so geht. Rita Haberkorn schildert in ihrem Buch »Zwillinge gemeinsame und eigene Wege in der Paarbeziehung - Kindergarten und Schule stellen die Weichen« (siehe auch Literaturliste, inzwischen jedoch restlos vergriffen) eine andere Situation. Eine Zwillingsmutter träumte, eines ihrer Kinder wäre gestorben. Sie stand am

Grab und weinte. Weinte aus zweierlei Gründen: einmal natürlich über den Verlust des geliebten Kindes, aber auch um den Verlust der eigenen Identität, der Identität als Zwillingsmutter.

Der Verlust eines Zwillingskindes trifft Eltern immer in mehrfacher Hinsicht, hat auch Sheryl McInnes in einem Beitrag für die amerikanische Zeitschrift TWINS festgestellt: Nicht nur der Verlust des Kindes trifft die Eltern, sondern auch der Verlust ihres besonderen Status als Zwillingseltern. »Extreme Frühgeburtlichkeit ist eine der häufigsten Todesursachen von Zwillingskindern. Wenn eines der Kinder oder beide totgeboren werden oder kurz nach der Geburt stirbt/sterben, sterben auch alle Hoffnungen für die besondere Art der Elternschaft mit ihnen. Die Eltern trauern nicht nur um die verlorenen Kinder, sondern auch um ihren verlorenen Status als etwas Besonderes, als Zwillingseltern. Hatten sie vorher schon Kontakte zu Zwillingselterngruppen aufgebaut, so verlieren sie auch neue Freunde.

Dieser dreifache Verlust macht es Zwillingseltern so besonders schwer, mit der Situation umzugehen.«

Warum dieses Eltern-Kapitel in einem Ratgeber zur Erziehung von Zwillingskindern? Natürlich deshalb, weil das besondere Gefühl der Eltern auf die Kinder zurückfällt. Die Zwillinge spüren, dass die Eltern über die Maßen stolz auf sie sind. Sie fühlen sich schnell auch selbst als etwas Besonderes. Und es ist immer wieder ziemlich schmerzvoll, wenn sie eines Tages erfahren müssen, dass sie aufgrund ihres Zwillingseins eben doch keine Pluspunkte gegenüber anderen verbuchen können, sondern nur die eigene Leistung - zum Beispiel - zählt.

Sollen Sie also nicht stolz auf ihre Kinder sein? Doch, natürlich. Ich bin's ja auch. Wenn Maximilian in seiner langen Laufbahn als Eishockeyspieler in einem Spiel drei Tore schoß und somit den sicheren Abstieg der Mannschaft verhinderte, platzte mir der Anorak vor stolzer Mutterbrust. Heute spielt er immer noch - dritte Liga, Hamburg Crocodiles. Ich habe leider gar keine Gelegenheit mehr, zuzuschauen.

Wenn Constantin nach seiner Ausbildung zum Koch bei Heinz Winkler (ehemals drei, jetzt wohl nur noch zwei Michelinsterne) und später im Münchner Restaurant Käfer, dann auf Mallorca in einem Feinschmeckerrestaurant (Media Luna, Port d'Andratx) und jetzt im eigenen Lokal Restaurant Lindenallee in Bad Homburg kocht, auch dann bin ich stolz.

Aber ich bin nicht mehr einfach nur stolz, weil Maximilian und Constantin Zwillinge sind. Da sie kaum mehr zusammentreffen, also selten zusammen unterwegs sind (und dann nicht mit mir), geben sie mir auch selten Gelegenheit dazu ...

Hin- und Hergerissen zwischen zwei Kindern

Als ich noch mit Zwillingen schwanger war, fragte mich meine Schwägerin, die zur gleichen Zeit ein Kind erwartete, ob ich denn zwei Kinder gleichzeitig lieben könnte? Ob das denn nicht komisch wäre, gleich zu zwei neuen kleinen Menschlein, Kontakt aufzunehmen und zu finden. Ich fand eher ihre Gedanken komisch, warum sollte es ein Problem sein, zwei Kinder, *meine beiden* Kinder gleich lieb zu haben?

Als Maxi und Conny dann da waren, fühlte ich mich instinktiv zu Maximilian mehr hingezogen. Er war ein Baby, genau so wie ich es mir vorgestellt hatte. Er war zwar klein (1.650 Gramm), aber einfach süß. Constantin dagegen sah elend aus (er wog 1.800 Gramm) und es ging ihm anfangs sehr schlecht. Ich hielt mich - instinktiv - von ihm fern. Ich interpretiere es so, dass ich nicht zu viel Bindung aufkommen lassen wollte, weil es so unsicher war, ob Constantin es schaffen würde ... Eigentlich eine ganz schreckliche Einstellung, aber damals aus Selbstschutz nicht anders möglich. Zu meiner Ehrenrettung muss ich sagen, dass ich auch von den Kinderschwestern der Neonatologiestation aufgefordert wurde, ihn nicht zu viel anzufassen, weil er (nach einem medizinischen Eingriff) Ruhe brauchte und sich erholen sollte.

Ich habe - vor allem, als ich von meiner Freundin Irmi daraufhin angesprochen wurde - viel darüber nachgedacht, warum ich wider besseren Wissens (und Wollens), meine Zuneigung zu Max mehr auslebte. Einerseits war er fordernder, schrie einfach, wenn er meinte, mich zu brauchen, andererseits war er meinem Herzen auch wirklich näher, weil er mir - nicht nur äußerlich - so ähnlich ist.

Das soll nicht heißen, dass ich Constantin nicht liebte. Ich liebe ihn, aber *anders*. Als er klein war, war er »meine Rettung«, weil er genügsamer

als sein fordernder Zwillingsbruder war. In der Schulzeit machte er mir zwar mehr Probleme, aber er ist mit der Zeit sehr viel anschmiegsamer geworden. Heute bin ich vor allem mit Constantin gern zusammen. Er ist durch seine frühe Berufstätigkeit und den frühen Auszug von zu Hause so erwachsen geworden. Es ist angenehm, einmal ihn, den Koch, um Rat fragen zu können (»Soll ich das Fleisch noch mehr anbraten?«) als immer nur guten Rat zu erteilen, wie bei seinem Zwillingsbruder lange vielfach nötig. Dies alles schildere ich so intensiv, weil auch dieses Hin- und Hergerissensein zwischen zwei Kindern und das von Anfang an, die Erziehungssituation nicht gerade erleichtert.

Auch andere Eltern haben damit ihre Probleme. »Was mir von Anfang an sehr zu schaffen machte, war, dass ich zu meinem Sohn Nathan eine größere Zuneigung hatte als zu meiner Tochter Chantal, obwohl ich Nathan erst zwei Tage nach der Geburt bekam, da er noch überwacht werden sollte. Vielleicht lag es daran, dass er nicht so zerbrechlich aussah und auch gleich von Anfang an sehr einfach war. Chantal dagegen ist sehr zart, aber auch ein furchtbarer Quirl.« (Iris Collet in ZWILLINGE).

Andere Eltern spüren auch, dass sie eine gewisse Vorliebe für einen Zwilling entwickeln, gehen aber gelassener damit um. »Ich glaube, dass wir beide Kinder gleich lieb haben, aber 'den gewissen Draht' zu einem Kind. Da wir das aber wissen, belastet uns das nicht.« (Bettina Riehl in ZWILLINGE) »Aus verschiedenen Gründen (Lea war in der Klinik bei mir, Nicki musste 14 Tage lang in die Kinderklinik) habe ich nur Lea gestillt und habe wohl von Anfang an ein innigeres Verhältnis zu ihr gehabt. Das ist bis jetzt so geblieben. Ich habe insgeheim ein schlechtes Gewissen deswegen. Doch ich meine, dass es nicht ehrlich ist, zu behaupten, zwei Kinder völlig gleich zu lieben. Außerdem ist meine drei Jahre ältere Tochter auch noch da, so dass ich Schwierigkeiten habe, allen gerecht zu werden.« (Sonja in »Zwillinge erzählen ...«, S. 75)

Wie können Sie damit umgehen?

○ Lassen Sie unterschiedliche Gefühle zu. Setzen Sie sich nicht unter Druck, beide Kinder gleich liebhaben zu müssen. Was heißt »gleich liebhaben« überhaupt? Gleich oft knuddeln wollen?

○ Falls Sie sich so leichter tun: Suchen Sie die Eigenschaften an Ihren Kindern, um derentwillen Sie sie lieben. Das macht unterschiedliche Gefühle plausibler.

○ Zählen Sie Küsse und Streicheleinheiten nicht ab. Zärtlichkeiten sind nur wertvoll, wenn sie intuitiv, spontan ausgetauscht werden. Manche Kinder haben einfach auch weniger Bedürfnis nach körperlicher Nähe. Manche Eltern übrigens auch!

Was spüren die heimlichen Favoriten?

Manche Zwillingseltern haben also einen heimlichen Favoriten. Und die Zwillinge selbst? Spüren sie, dass ein Kind eventuell bevorzugt wird? Ich bekam eines Tages Post von einem erwachsenen Zwilling, der sich bitter darüber beklagte, als »unerwartete Draufgabe« zum zweieiigen Zwillingsbruder von seinen Eltern immer nur schlecht behandelt worden zu sein. Er litt darunter, ein »unerwünschtes« Kind gewesen zu sein und suchte nach Kontakten zu anderen Zwillingen, die sich ebenso fühlten. Nicht ganz so krass die Erfahrungen von Sonjas eineiiger Zwillingsschwester Petra. »Meine eigene Zwillingsschwester hat mir einige Male gesagt, dass unsere Mutter mich unbewusst vorgezogen hat. Das empfinde ich nicht so. Allerdings war auch ich von Anfang an bei meiner Mutter, meine Schwester dagegen sechs Wochen in der entfernt gelegenen Kinderklinik. Nach Hause gekommen, wurde sie hauptsächlich von unserer mit im

Wie kommt es, dass Eltern einen Favoriten haben?

Zwillingsmutter A. K. hat sich Gedanken gemacht. Warum kommt sie mit Daniel besser zurecht? Die Zwillinge sind doch eineiig:
»Schon von Anfang an hatte ich zu Daniel einen besseren Draht: Er war immer der (etwas) dickere und gemütlichere der beiden, meist zufriedener und kuscheliger. Ihn konnte ich als Baby eher mal Freunden in den Arm drücken zum Halten oder Füttern, während das Samuel nicht so gepasst hat.
Und heute kann Daniel besser und deutlicher sprechen und so hört man ihm eher zu. Samuel plappert so lange auf mich ein, bis es mir zuviel wird. Aus Umarmungen windet er sich schneller heraus, während Daniel oft freiwillig zum Schmusen kommt.

Ich versuche dann, die Sachen, die Samuel besser kann, sich zum Beispiel Strümpfe oder Hausschuhe unaufgefordert anzuziehen oder dass er beim Schwimmen so mutig ist, zu loben oder ihm mal extra ein Buch vorzulesen, bei dem dann nur er sagen darf, was passiert. Und natürlich, wenn er schmusen will, es auszukosten, wer weiß, wie lange sie noch dazu bereit sind, und sie sind doch so süß!« (A. K.)

Haus lebenden Tante versorgt.« (Sonja in »Zwillinge erzählen ...«, S. 75)
Auf den Punkt gebracht: Es sind sicher eher Ausnahmefälle, in denen Eltern ihre Zwillinge so unterschiedlich (und ungerecht) behandeln, dass diese die negativen Gefühle noch im Erwachsenenalter mit sich herum tragen.
Ganz wichtig ist immer wieder, dass Sie jedem Kind das Gefühl vermitteln, um seiner selbst willen angenommen und geliebt zu sein. Und wenn Zwillinge unterschiedlich sind, dann sind es auch unterschiedliche Eigenschaften, die man an ihnen schätzt.

Zwillinge im größeren Familienverband

Wachsen Zwillinge in einem größeren Familienverband auf so wie Gianluca und Laurin (oben), überwiegen die Vorteile und eine Diskussion über einen bestimmten Favoriten kommt gar nicht erst auf. Die beiden haben drei ältere Schwestern. »Gianluca und Laurin sind jetzt schon fünf Jahre alt und sie besuchen seit August 2008 den Kindergarten. Die Diskussion, ob wir die zwei zusammen oder getrennt in den Kindergarten schicken, blieb uns erspart, weil wir nur eine Kindergartenklasse im Dorf haben. Die beiden gehen sehr gern in den Kindergarten. Sie sind froh, dass sie zusammen gehen können, sind aber überhaupt nicht aufeinander fixiert. Jeder spielt dort, wo er möchte und jeder hat seine Freunde. Es reicht ihnen zu wissen, dass der Bruder anwesend ist. Ich empfinde es als großes Glück, Mutter von Zwillingen zu sein. Ein Einzelkind hätte sich viel mehr gelangweilt, und ich hätte viel mehr Zeit für ein Einzelkind aufbringen müssen. Zeit, die ich leider oftmals nicht habe.« (Marianne Walther, Mutter von insgesamt fünf Kindern - drei Mädchen und den Zwillingsjungs)

Vorsicht vor der »Gerechtigkeitsfalle«!

Erzieherin und Zwillingsmutter Marion Filter hat sich Gedanken über Gerechtigkeit im Erziehungs- und Familienalltag von Zwillingsfamilien gemacht: »In meiner Herkunftsfamilie war 'Gerechtigkeit' ein großer Glaubenssatz ... bei der klassischen Frage von meiner Schwester und mir an unsere Eltern 'Wen habt Ihr lieber?' hieß es unisono: 'Wir haben Euch beide gleich lieb.' Ich hatte meine Eltern nicht immer gleich lieb - zumeist mochte ich meinen friedlicheren Vater, der tagsüber auch nicht daheim war, ein Stückchen lieber, während meine Mutter mit uns die Alltagskämpfe ausfechten musste. Auch die Haltung meiner Eltern, die immer wieder betonten, sie würden meine Schwester und mich gleich behandeln, stimmte hier subjektiv erlebt so gar nicht ... dazu waren wir auch zu verschieden, als dass gleiche Behandlung für uns 'gerecht' gewesen wäre ... So lernte ich sehr schnell, dass zwar Gerechtigkeit ein hohes Ideal in meiner Familie zu sein schien, doch es ließ sich nicht annähernd so 'gerecht' im Alltag leben wie gepriesen.

Die 'Gerechtigkeitsfalle' stellt sich bei Zwillingen besonders verschärft. Schon ab der Geburt versucht man darauf zu achten, den Kindern gleichermaßen Zuwendung zukommen zu lassen, sie einander ähnlich anzuziehen, Spielzeug gibt es doppelt, nur farblich unterschiedlich.

Heißt also Gerechtigkeit gleichmachend behandeln? Kommt dies den jeweiligen Bedürfnissen der Kinder wirklich entgegen?

Nun hatten wir das Glück, dass unsere Kinder nach der Geburt keine Probleme hatten und somit keiner vom Schicksal her bereits 'benachteiligt' wurde ... doch wie oft passiert es bei Zwillingen, dass einer noch länger in der Klinik betreut werden muss, beispielsweise weil sie als Frühchen zur Welt kamen und einer von Haus aus der Schwächere war, der noch eine Weile im Brutkasten liegen musste?

Gerecht geht es also wirklich nicht auf der Welt zu (leider!), und das versuchte ich auch meinen Kindern zu vermitteln. Stattdessen kann man ihnen Fairness als Tugend mit auf den Weg geben. Und dafür haben Kinder bereits früh einen ausgeprägten Sinn.

Miteinander fair umgehen bestimmt unser gesamtes soziales Verhalten. In der Familie sind es Dinge wie Teilen lernen oder Regeln, dass jeder einmal dran ist mit kleinen Aufgaben im Haushalt wie Heraustragen des Mülls oder Geschirr abtrocknen. Dies sind die Dinge, die ein reibungsloses Familiengeschehen ermöglichen.

Mit Fairness und Gerechtigkeit und dem Gegenteil werden die Kinder auch außerhalb der Familie konfrontiert ... sei es in der Schule, wo sich einer von den Zwillingen in manchen Lernfächern leichter tut als der andere und gute Ergebnisse bringt, während der andere mit viel Lerneifer doch immer nur ein Mittelmaß geradeso schafft.

Und sie sehen bereits schon übers Fernsehen, dass es nicht immer gerecht auf der Welt zugeht. Die meisten Kinder lieben Helden wie Robin Hood, der sich auf die Seite der Benachteiligten stellt und ausgleicht, indem er von den Reichen und Mächtigen nimmt und an die Armen zurückgibt.

Kinder empfinden also früh, dass es eines Ausgleichs bedarf, um 'Gerechtigkeit' herzustellen. Und sie finden zumeist von selbst Möglichkeiten, ihn untereinander herzustellen. Hier sind Zwillinge dazu im stärkeren Maß gefordert als altersverschiedene Geschwister untereinander, wo sich oft der Älteste aufgrund des Alters mit Körpergröße, Kraft, Rhetorik gegen die Jüngeren durchsetzt.

Aber auch bei Zwillingen ist meist einer eher der Bestimmende. Doch im Laufe der Entwicklung können sich bei Zwillingspaaren diese Rollen auch immer wieder phasenweise vertauschen.

Es kommt zu Deals wie 'jetzt komme ich dran mit dem Schaukeln, Du warst jetzt schon so lange.' - 'Ich will aber noch. Dafür darfst Du nachher als erstes die neue Fernsehzeitung anschauen ...' Es wird also verhandelt.

Fairness hat mit Ausgleich und Wiedergutmachung zu tun. Auf dem niedrigsten Level geschieht das über Bestrafung. Wenn ich etwas Unrechtes mache, muss ich unangenehme Konsequenzen ertragen oder zumindest mit Unannehmlichkeiten für mich rechnen. Also lasse ich es, aus Angst vor den Folgen.

Die nächste Stufe ist die der Einsicht ... Wenn ich dem anderen etwas antue, dann verletze ich ihn. Ich kann mich emphatisch in die Lage seiner Situation hineinversetzen. Und es bleiben manchmal auch Schuldgefühle zurück. 'Was Du nicht willst, was man Dir tu, das füg´ auch keinem anderen zu', besagt eine Binsenweisheit. Jeder weiß, wie das zu verstehen ist!

Das Mitgefühl ist also ein starker Faktor für die Entwicklung des Bewusstseins für Fairness. Schon kleine Kinder wollen zum Beispiel die Mama trösten, wenn sie merken, dass sie gerade unglücklich ist.

Das Mitgefühl entwickelt sich unabhängig vom Alter unterschiedlich. Wenn sich zwei raufen, können zum Beispiel andere auch noch die Streithähne

Marion Filter mit ihren inzwischen erwachsenen Zwillingssöhnen Bastian und Daniel.

anfeuern, während wieder andere versuchen, schlichtend einzugreifen und zu trösten. Der Glaube an Fairness und Gerechtigkeit wird zumeist geprägt von den eigenen Erfahrungen. Die Entwicklungspsychologin Claudia Dalbert stellte hierzu fest: 'Wer darauf vertraut, dass seine Mitmenschen ihn anständig behandeln, ist von vornherein eher bereit, sich selbst aktiv für Gerechtigkeit und Fairness einzusetzen.'

Umgekehrt lässt sich daraus schließen: Wie ist´s dann bei Menschen, die sich immer benachteiligt fühlen? Eine fatale Schlussfolgerung ergibt sich dann hier von selbst.

So ist es also wieder an der Familie, den Urkern fürs Vertrauen zu setzen ... Erleben die Kinder ihre Eltern als streng und unnachgiebig? Lassen die Eltern ihre Launen an anderen, an den Kindern aus? Wird daheim viel gestritten? Aber noch wichtiger ist die Erfahrung von Geborgenheit und emotionaler Nähe. Nimmt man die Kinder ernst, hört man ihnen zu? Nimmt man seine Zwillinge als einzelne Individuen wahr, spricht man sie einzeln mit Namen an oder spricht man sie gemeinsam an mit 'Ihr' und 'Euch'? Das wichtigste bei Zwillingen ist sicher, dass Eltern sich überhaupt Gedanken machen. Dann ist schon viel gewonnen.« (Marion Filter)

So werden aus einem Zwillingspaar zwei eigenständige Menschen

Identitätsfindung und wie Sie sie unterstützen können

Kleine Kinder fangen an, sich selbst zu begreifen, wenn sie etwa anderthalb bis zwei Jahre alt sind. Bei Zwillingen ist das nicht anders. Viele Zwillinge deuten zwar auf ihr Spiegelbild und nennen dabei den Namen des anderen, doch das will nicht heißen, dass sie keine eigene Identität entwickeln könnten.

Viele Zwillinge bezeichnen sich auch beide mit dem gleichen Namen, vor allem dann, wenn sie ähnliche Namen haben oder einer einen schwer auszusprechenden Namen hat. Maximilian sprach als erster. Er sagte zu Conny »Nana«. Als Constantin ein paar Wochen später zu sprechen anfing, nannte er Max ebenfalls »Nana«. Und das hat sich dann eine ganze Weile gehalten. Max blieb »Nana«.

Sehr lustig finde ich es, dass es auch andere Zwillinge - fast zum gleichen Zeitpunkt geboren (also zu früh) und sogar mit fast identischem Geburtsgewicht nicht weiter als bis zum »Nana« gebracht haben. »Maximilian sagte bis vor acht Wochen noch Nana, obwohl ihm zwischendurch auch mal Anna entwischte. Also war es so herum sicher einfacher zu sprechen. Mittlerweile sagt er zu sich selber Masi.« (Tanja Niehaus in ZWILLINGE)

Dass sich beide Zwillinge mit dem gleichen Namen bezeichnen, ist an der Tagesordnung. »Mit dem Sprechen haben beide Probleme. Mit zwei Jahren sagten sie nur ein paar Worte (Jana nur das, was Melanie auch sagte. ... Wenn ich Jana etwas zu trinken gebe, sagt sie 'Jana auch'. Sie meint damit Melanie, schafft es aber nicht, ihren Namen auszusprechen. Melanie sagt zu sich selbst auch nichts, kann aber Janas Namen aussprechen. Für mich ist es manchmal ein Problem, wenn ich eine rufe, kommen alle beide.« (aus »Zwillingsmütter berichten ...«, S. 223)

Eine eigene Identität fängt zwar mit einem eigenen Namen an und doch gehört noch eine Menge mehr dazu, sich selbst zu begreifen. Eltern von Zwillingen können diesen Versuch ihrer Kinder, eine eigene Identität zu entwickeln, auf vielerlei Weise unterstützen oder auch torpedieren. Für Zwillinge ist der Prozess der Identitätsfindung vor allem deshalb schwierig, weil sie von der Umwelt - leider auch von den Eltern - so sehr als Einheit, als Paar, betrachtet werden, dass sie sich im Extremfall nur als Teil dieses Paares begreifen, nicht als eigenständiger Mensch.

Wie eng sollten Zwillinge aufwachsen?

Es geht schon damit los: Viele Zwillinge schlafen die erste Zeit in einem gemeinsamen Bett. Erst ab einem Alter von etwa sechs Monaten fangen die meisten Eltern an, die Kinder zu trennen. Dann sind sie nämlich zu

groß für ein gemeinsames Bett und wohl auch zu bewegungsfreudig. Sicher ist die Idee, dass die Kinder schließlich schon im Mutterleib zusammen waren und von daher die Nähe gewöhnt sind, richtig. Und es ist auch erwiesen, dass viele Zwillingskinder ruhiger schlafen, wenn sie sich gegenseitig spüren. Die Zwillinge Smietanka brauchten zum Beispiel lange Zeit nur ein Bett: »Wir haben zwei Betten und eine Wickelkommode gekauft. Die Kinder haben aber sieben Monate lang in einem Bett geschlafen. Das zweite stand so lange auf dem Dachboden.« Dass Zwillinge ruhiger in einem Bett schlafen, hat auch Familie Asbach festgestellt: »Zuerst legten wir zwar jedes Baby in sein eigenes Bett, doch beide Kinder schliefen sehr unruhig. Wir wunderten uns, hatten wir doch jedem Kind seinen eigenen geborgenen Bereich zugestehen wollen. Mein Mann meinte, es könne doch sein, dass Marlon und Robin einfach beieinander liegen möchten, wenn sie schon neun Monate gemeinsam im Mutterleib verbracht und sich im Schlaraffenland aneinander gewöhnt hatten. Vielleicht brauchten sie auch jetzt 'Tuchfühlung'. Na klar, das war's!«

Also wurde Marlon an das Kopfende und Robin an das sogenannte Fußende gelegt. Plötzlich war Ruhe und beide Kinder schliefen gut, auch nachts. Sie waren offensichtlich zufrieden.

Bis zum zweiten Lebensjahr ging das so gut. Auch der neuerliche Versuch, einen der beiden in ein anderes Bettchen zu legen, ging schief. Obwohl die Zwillinge mittlerweile 85 Zentimeter groß waren, sich mit den Füßchen störten, wollten sie zusammen schlafen.

Als Marlon und Robin eines nachts zu unruhig wurden, da sie wohl träumten oder Angst hatten, glaubten ihre Eltern, sie brauchten nun ein großes Bett. »Wieder kauften wir zwei Betten, falls sie sich doch für getrennte Schlafgelegenheiten entscheiden würden. Wir stellten je eines in je eine Ecke des Kinderzimmers. Wieder hatten wir danebengetippt. Jeder der kleinen Wichte ging zwar in je ein Bett, doch nach ein paar Minuten des miteinander Spielens und Herumtollens sagten sie: 'Wir wollen zusammen schlafen.' Also schoben wir beide Betten zusammen. Doch von wegen ... Sie meinten, sie hätten in einem Bett genug Platz.« Unsere eigenen Zwillinge Maximilian und Constantin konnten nicht zusammen liegen. Sie störten sich gegenseitig. Auch Spaziergänge mit dem einwannigen Zwillingswagen waren problematisch. Die beiden schliefen nicht ruhig im Kinderwagen, sondern störten sich gegenseitig mit ihrem Gefuchtel mit den Händen im Gesicht des jeweils anderen.

Fazit: Wenn sich die Zwillinge nachts brauchen, ist es sicher nicht verkehrt, sie in einem gemeinsamen Bett schlafen zu lassen. Und wenn sie sich gegenseitig stören, werden sie halt getrennt.

Gerade am Anfang sind auch verschiedene Kinderzimmer für die beiden nicht nötig und sogar unpraktisch. Wann aber ist es Zeit dafür?

Brauchen Zwillinge ein eigenes Zimmer?

Ich finde, dass ein eigenes Zimmer für Zwillinge ab einem gewissen Alter - zum Beispiel, wenn die Kinder in die Schule kommen - durchaus wünschenswert ist. Vorher oder sogar im Babyalter ist es oft unpraktisch und auch keineswegs nötig.

Gerade für Zwillinge ist es außerordentlich wichtig, einen eigenen kleinen Bereich für sich zu haben. So eine eigene Ecke erlaubt nämlich nicht nur, eigene Sachen für sich zu haben, sondern lehrt die Kinder auch, im eigenen Bereich Ordnung zu halten.

Ein Beispiel dazu: Bei uns gab es nur eine einzige Sporttasche für die Fußballsachen. Vor jedem Training (und danach auch), vor jedem Spiel (und natürlich danach) erhob sich nun ein großes Lamento darüber, wer die Tasche zuletzt getragen hat, wer dafür verantwortlich ist, schmutzige Schuhe auszuräumen etc. Keiner, Max nicht und Conny nicht, fühlte sich für die gemeinsame Tasche verantwortlich.

Gianluca und Laurin Walther - eineiige Zwillinge - schliefen gern zusammen. Andere Zwillinge stören sich eher, wenn sie sich ein Bett teilen.

Max und Conny haben dann mit etwa neun Jahren ein eigenes Zimmer bekommen. Bei uns scheiterte der Versuch, ihnen einen eigenen Bereich zu geben, nicht am Platz, sondern in erster Linie am fehlenden zweiten Cassettenrecorder, denn beide waren es gewohnt, zum Einschlafen noch eine Cassette anzuhören. Als sie zum neunten Geburtstag zwei neue Cassettenrecorder bekamen, klappte die Sache. Trotzdem war Conny damals auch gern nachts bei Max im Zimmer. Originalkommentar: »Da bin ich nicht so allein.«

Ganz wichtig erscheint Zwillingseltern die Frage eines eigenen Zimmers, wenn es sich um ein Pärchen handelt. Mädchen und Jungen in einem Zimmer - das geht doch wohl nicht auf Dauer?

Obwohl Eltern sicher nicht gleich an irgendwelche »verbotene Spielchen« glauben sollten, Mädchen und Jungen haben einfach andere Interessen und brauchen spätestens ab der Pubertät einen eigenen kleinen Bereich. Bei Pärchenzwillingen ist das Bedürfnis nach einem eigenen Bereich wie so oft einfach deutlicher zu sehen. Dennoch: auch gleichgeschlechtliche Kinder könnten das ganz dringende Bedürfnis haben, endlich einmal auf niemanden Rücksicht nehmen zu müssen.

Da deutsche »Norm«Kinderzimmer jedoch sehr klein sind und keineswegs alle Zwillingseltern eine Wohnung haben, die es erlaubt, jedem Kind ein eigenes Zimmer zu geben, hier ein paar Ideen, wie man jedem Kind einen eigenen kleinen Bereich geben kann, ohne gleich zwei Kinderzimmer einrichten zu müssen:

○ Wenn das Zimmer so klein ist, dass gar keine große Stellfläche für »trennende« Möbel vorhanden ist, so kann man versuchen, durch »Hochbetten« mehr Platz (untendrunter) zu schaffen. Solche Betten gibt es fertig zu kaufen, man kann sie aber auch selbst bauen. Und so ein Bett in luftiger Höhe ist besonders beliebt, wenn eine Rutschbahn dazugehört.

○ Familien, die nur über wenig Wohnraum und damit über geringere Möglichkeiten zur Trennung ihrer Zwillinge verfügen, können dennoch getrennte Räumlichkeiten schaffen. Etwa, in dem sie Betten, Regale und Schränke so geschickt stellen, dass eigene Gebiete (bei Max und Conny hießen sie »Grundstücke«) entstehen. In diesen Gebieten ist dann jedes Kind für seine Sachen (und die Ordnung!) verantwortlich.

○ Auf jeden Fall aber sollten die Zwillinge entweder ein eigenes Schränkchen oder ein eigenes Abteil im gemeinsamen (Kleider)Schrank haben. Ich zum Beispiel fand es sehr lästig, dass unsere Zwillinge Kleidungsstücke hatten, die man keinem Kind genau zuordnen konnte (weil sie gleich waren). Das schuf einen unnötigen Streitpunkt. Und ganz ehrlich - wer mag schon dauernd die Klamotten seines Bruders anziehen, bloß weil man sie nicht auseinanderhalten kann?

○ Oft schaffen Eltern den nötigen Raum für separate Ecken schon durch einen bloßen Zimmertausch. Denn immer noch wird dem Elternschlafzimmer oft mehr Platz eingeräumt, als dem Kinderzimmer. Da Schlafzimmer vor allem zum Schlafen genutzt werden, genügt es auch, wenn sie kleinere Dimensionen haben, und Eltern ihren Kindern das größere Zimmer überlassen.

Wie brisant das Thema anscheinend für manche Zwillingseltern ist, zeigt ein Vorfall von 2011, als eine Leserin der Zeitschrift ZWILLINGE erbost ihr Abonnement kündigte, weil andere Eltern ihr auf die offen gestellte Frage, ob man die Kleidungsstücke getrennt halten sollte, geraten hatten, die Kleidung mit den jeweiligen Namen zu versehen. Sofort fühlte sich diese Leserin persönlich angegriffen und wollte den Rat, nach dem sie gefragt hatte, gar nicht mehr zur Kenntnis nehmen.

Was sollen Zwillinge gemeinsam machen?

Im Nachhinein bin ich ganz froh, dass Maximilian und Constantin als Kinder und später als Jugendiche viele Dinge gemeinsam machen konnten. Ich fand es gut, dass sie sich damals zu zweit auf den Weg in die Schule machen konnten (zurück gings dann getrennt), ich schickte sie gern zusammen in die Stadt zum Einkaufen, weil ich nicht mochte, dass einer allein in der Gegend herumstrolcht.

Ganz normal: so lange Zwillinge klein sind, brauchen sie sich und es wäre auch unpraktisch, sie zu trennen. Hier die Betten von Katharina und Johann Schlicher.

Als sie anfingen, mit 16 Jahren auch abends auszugehen, war es mir eine gewisse Beruhigung, dass sie sich gegenseitig hatten. Die wirklich schlimmen Sachen passierten allerdings nur, wenn sie nicht aufeinander aufpassen konnten. Das fehlte mir bei meinem dritten Kind Nicolai. Und oft genug bereute ich, dass der heute 22jährige nicht gleich noch einen Bruder (oder eine Schwester) bekommen hat.

Als ich Karin von Schlieben-Troschke, Diplom-Psychologin, Zwilling und Autorin einer Diplomarbeit zum Thema Zwillinge, erzählte, wie praktisch es sei, dass ein Zwilling auf den anderen und umgekehrt aufpassen könne, wunderte sie sich erst. Warum sollen Zwillinge alles gemeinsam machen? Sie und ihr Bruder waren genauso aufgewachsen. Es wurde von ihnen erwartet, dass sie alles gemeinsam machten. Und sie hatte diese aufgezwungene Gemeinsamkeit nicht immer positiv empfunden.

So strikt habe ich es bei Maxi und Conny natürlich nicht gehandhabt, aber ich war manchmal sehr froh, dass einer auf den anderen aufpassen konnte. Vielleicht überforderte ich die beiden damit? Einige Antworten von Zwillingen, die an meiner Umfrage zum Buch »Zwillinge erzählen ...« teilgenommen haben, bringen mich dazu, die damalige Sicht der Dinge zu überdenken.

»Mein größtes zwillingstypisches Problem war, dass ich eigentlich immer die Verantwortung für zwei Personen tragen musste, obwohl ich mich nicht danach gedrängt hatte.« (Erika in »Zwillinge erzählen ...«, S. 44) »Unsere Erziehung war meiner Meinung nach nicht günstig für uns, da man uns nicht zu zwei selbständigen Menschen erzogen hat. Ich musste mich überall durchboxen und meine Schwester wurde wie ein rohes Ei behandelt. Ich musste alles das tun, was meine Schwester aus Bequemlichkeit oder Angst angeblich nicht konnte oder wollte.« (Hildegard in »Zwillinge erzählen ...«, S. 69).

Soll man Zwillinge in bestimmten Situationen trennen?

Ja, natürlich. Aber nicht krampfhaft. Wir haben damit angefangen, als Maxi und Conny anderthalb waren. Einer ging mit mir zum Spielplatz, der andere mit dem Vater noch ein paar Lebensmittel einkaufen. Für uns waren solche getrennten Aktivitäten immer sehr erholsam. Endlich mal nur einem Kind die volle Aufmerksamkeit widmen, toll! Endlich einmal Ruhe, endlich mal kein Streit!

Ich erinnere mich auch gern an einen Ausflug zum Tierpark Hellabrunn, der damals bei uns vor der Haustür lag. Nur Conny und ich. Maxi war krank und blieb mit seinem Vater zu Hause. Eine ganz ungewohnte Situation und zum ersten Mal dachte ich aber auch: »Was für ein Segen, dass es zwei sind. Mit einem Kind ist es eigentlich fast langweilig.« Später hatten Maximilian und Constantin ganz gezielt getrennte »Omatage«. Meine Mutter nahm immer mal wieder einen Zwilling übers

Wochenende zu sich. Dann wurde entweder mit Constantin gebacken oder mit Max etwas unternommen, und jedes Kind bekam einmal die volle Aufmerksamkeit durch die Oma. Meine Mutter stellte dabei immer wieder fest, dass die beiden unausstehlichen Streithammel sehr interessierte, liebe Enkelkinder sind.

Natürlich wollten Maxi und Conny auch gern einmal zusammen zur Oma (das durften sie auch), allerdings waren für unsere Kinder die Trennungen nie ein Problem. Sie fragten nicht einmal nach dem anderen. Das ist bei anderen Zwillingen anders.

»Ich habe probiert, Nino und Danny zu trennen, aber spätestens nach 15 Minuten fragen sie nur noch nach dem anderen und weinen solange, bis sie wieder zusammen sind und sich glücklich umarmen können.« (»Zwillingsmütter berichten ...«, S. 219)

»Ich trenne die Kinder fast nie. Anlässlich eines kurzen Krankenhausaufenthaltes von Carsten hat sich gezeigt, dass die Kinder sehr unglücklich sind, wenn der Bruder nicht da ist. Unseren Zwillingen tut es nicht gut, sie zu trennen. Obwohl bei uns im Zwillingstreff auch immer wieder das Gegenteil behauptet wird.«

»Wir waren nie in unserem Leben getrennt. Ich kann mich nur noch daran erinnern, dass uns ein Lehrer in der Grundschule einmal auseinandersetzte. Das war für uns damals gleichbedeutend mit einem Weltuntergang. Wir kamen heulend heim und wären auch nie wieder zur Schule gegangen, wenn wir weiterhin hätten getrennt sitzen müssen.« (Denise in »Zwillinge erzählen ...«, S. 58)

Zwillinge trennen - wie macht man es nun richtig?

○ Ganz wichtig ist, dass Sie Ihre Zwillinge nicht zwanghaft zu trennen versuchen. Manche Kinder kommen wirklich - vorerst - nicht damit zurecht.

○ Auf den richtigen Zeitpunkt kommt es an und darauf, dass Sie Ihren Zwillingen überhaupt die Möglichkeit zur individuellen Entfaltung anbieten.

○ Getrennte Unternehmungen anbieten kann man jedoch immer mal. Unter Umständen ist es auch eine Alterssache, wie Zwillinge mit einer kurzfristigen Trennung zurechtkommen.

○ Auf jeden Fall tut es den Kindern gut, einmal allein volle Aufmerksamkeit zu erhalten. Und die Eltern merken auch, wieviel entspannter so ein Zusammensein mit nur einem Kind sein kann. Auch ein Gutteil Streit fällt so nämlich weg.

○ Natürlich müssen sich die getrennten Aktivitäten schon irgendwie entsprechen: Wenn ein Zwilling etwas Spannendes vorhat und der andere nur zu Hause hocken soll, dann ist es klar, dass ein Kind enttäuscht ist.

Verschiedene Interessen - eine gute Gelegenheit, eigene Wege zu gehen

Wenn Zwillinge älter werden, ergibt sich oft von ganz allein, dass sie getrennte Wege gehen. Sie entwickeln eigene Fähigkeiten und Interessen. Wenn Eltern ihren Kindern dann ermöglichen, eigene, individuelle Erfahrungen zu machen, vollzieht sich der Weg in ein eigenes, unabhängiges Leben ganz problemlos.

»Was, Du schenkst Deinen Zwillingen gleiche Sachen?« fragte mich eine Freundin, Lehrerin von Beruf, ganz entsetzt, als Maximilian und Constantin zwei wurden. »Du musst sie doch gemäß ihren Neigungen und Fähigkeiten beschenken!« (Kein Witz, das hat sie lehrbuchmäßig echt so gesagt ...) Darauf wusste ich nichts zu entgegnen, nur, dass beide sich eben im Moment für Bagger interessieren.

Ich halte es auch für übertrieben, in diesem Alter wirklich schon so gravierende Interessensunterschiede ausmachen zu wollen. Klar, Conny war damals schon ein begeisterter und geduldiger Knöpfedreher und Maschinenbefummler. Maxi war immer schon ungeduldig, sofort genervt, wenn etwas nicht gleich klappte. Aber für Bagger und Sandkasten interessierten sie sich nun mal beide.

Auch später machen Zwillinge ihren Eltern manchen Strich durch die Rechnung, wenn diese versuchen, die zwei gemäß ihren angeblichen »Neigungen und Fähigkeiten« in verschiedene Richtungen zu drängen. Schon im Januar 1990 nervte mich Zwilling Maximilian, er wolle Eishockey spielen. Er hatte gerade Schlittschuhlaufen gelernt und das mit Schlittschuhen, die aussahen, als kämen sie aus dem 18. Jahrhundert. Ich hatte damals wenig Lust, noch zum Ende der Saison teure Investitionen zu tätigen und vertröstete meinen Erstgeborenen auf den nächsten Winter. Zwilling Constantin verspürte solche Gelüste nicht. Auch er hatte Schlittschuhlaufen gelernt, allerdings mit alten Schlittschuhen von mir - den verächtlich so genannten »Mädchenschlittschuhen«.

Als der nächste Winter kam, hatte Maximilian seinen dringendsten Wunsch nicht vergessen. Er wurde also beim EV Landsberg angemeldet. Constantin begleitete seinen Bruder zum ersten Training. Dass er seine »Mädchenschlittschuhe« mitgenommen hätte - das war überhaupt nicht in Frage gekommen. Von der Bande aus sahen wir beide beim Training zu. Ich fragte ihn: »Hast Du denn keine Lust mitzumachen?« »Nein«, sagte Conny, er hätte keine Lust, würde lieber eine andere Sportart betreiben. »Gut«, dachte ich, »besser geht's nicht, brauche ich meine Zwillinge nicht in zwei verschiedene Bahnen zu lenken, sie selbst haben ja unterschiedliche Interessen.«

Maximilian blieb beim Eishockey bis heute mit genau der gleichen Begei-

Trennung? Es kommt auf die Kinder an!

Aaron und Lucas (geboren am 3.8.2000) sind jetzt mittlerweile elf Jahre alt und gehen in die 5. Klasse einer gemeinsamen Orientierungsstufe. Zum Thema »Trennen« kann ich nur sagen, dass es wirklich auf die Kinder ankommt und dass das jeder für sich entscheiden muss. Bei uns war es besser, die beiden wegen des zu großen Konkurrenzkampfes zu trennen. Wir haben es keinesfalls bereut! Sie waren bereits im Kindergarten in verschieden Gruppen.

In der Grundschule mussten Sie in eine Klasse gehen, da unsere hiesige Grundschule nur einzügig war. Das hat aber eigentlich auch ganz gut geklappt. Wir hatten eine super Grundschullehrerin, die auch wirklich auf jeden einzelnen individuell eingegangen ist.

Im vierten Schuljahr wurde die Klasse wegen zu hoher Schülerzahl getrennt. Als wir die beiden fragten, ob sie in verschiedene Klassen wollen, kam ein lautes »Jaaaaaaa«!

Auch im 5. Schuljahr sind sie auf eigenen Wunsch in getrennten Klassen. Es gibt Gott sei Dank in der Jahrgangsstufe zwei »Sportklassen«, sonst wäre Streit vorprogrammiert.

Sie spielen - seit sie vier Jahre alt sind - Fußball in der gleichen Mannschaft. Dies war bis jetzt völlig unproblematisch, jeder hat seine Position und akzeptiert die Stärken des anderen. Auch die Trainer geben sich Mühe, beide zu unterscheiden.

Wir haben von Anfang an großen Wert auf die Individualität jedes einzelnen gelegt und die Jungs legen mittlerweile selbst großen Wert darauf. Gleiche Kleidungsstücke haben sie nur wenige und wenn, dann farblich unterschiedlich.

Anbei noch ein Foto auf dem bewiesen ist, dass Aaron und Lucas wirklich eineiig sind ... (Sylvia Ritter-Kuche)

sterung wie zu Beginn seiner ersten Saison. Nachdem er mit dem ESV Kaufbeuren Deutscher Jugend- und dann Juniorenmeister geworden war, spielt er heute in der dritten Liga bei den Hamburg Crocodiles, weil es das Studium und jetzt der Job nicht anders zulassen.

Für Constantin wurde nach einigem Nachdenken eine andere Sportart gefunden: Basketball.

Für mich als Mutter wurde es zwar dadurch etwas kompliziert, weil ich ja gar nichts anderes zu tun hatte, als meine Söhne in der Weltgeschichte herumzufahren. Und zwar damals am Dienstag zum Eishockey, am Mittwoch zum Fußball, am Donnerstag zum Eishockey und am Freitag zum Basketball.

Übrigens: Maximilian interessierte sich nicht besonders für Connys Aktivitäten beim Basketball. Constantin, der zunächst noch als Maximilians »Coach« aufgetreten war (und ihm beim Anziehen der komplizierten Ausrüstung geholfen hatte), kam nach anfänglichem Interesse auch immer seltener zum Eishockeytraining mit. »Wunderbar«, dachten wir, »ein voller Erziehungserfolg!« Wir schätzten uns glücklich, zwei so selbständige Jungs zu haben, die jeweils eigene Interessen hatten und mühelos eigene Wege gingen.

Es war irgendwann im späten Januar. Da regte Connys Trainerin (die einen Zwillingsbruder hat) an, dass doch auch Maxi mal zum Basketball kommen sollte. Gesagt getan und ... dabeigeblieben. Ja, unser Max machte dann auch beim Basketball mit.

Und auch folgende Episode trug sich irgendwann im späten Januar zu: Maximilian brachte bei seinem zweiten Spieleinsatz im Eishockey seiner Mannschaft durch zwei tolle Tore die Führung und den Sieg. Constantin äußerte den Wunsch, auch einmal beim Training mitmachen zu wollen. Auf jeden Fall aber wollte er endlich die längst versprochenen neuen Schlittschuhe haben, damit die »Mädchenschlittschuhe« endlich endgültig in der Versenkung verschwinden könnten. Ich habe also kurz vor Schluss der Saison noch einmal eine komplette Eishockeyausrüstung zusammengekauft und -geliehen.

Das Basketball wurde dann schnell aufgegeben und beim Eishockey machte Conny mit, bis er mit 16 seine Lehre anfing und Landsberg verließ.

Fazit: Selbst wenn wir Zwillingseltern uns noch so mühen, jedem Kind eine eigene Richtung zu geben, es kommt meistens sowieso wie es kommt.

Diese Erfahrung hat auch Dagmar Döring gemacht. Ihre eineiigen Zwillinge Nils und Jens spielten beide Fußball: einer im Sturm, der andere im Tor. Nicht lange, da entschloss sich der Stürmer zu einem Wechsel. Er wollte lieber Handball spielen. Ein Grund dafür war sicher auch, dass er einmal etwas ohne seinen Bruder im Schlepptau unternehmen wollte. Nach einiger Zeit wurde im Handballverein die Position des Tormanns vakant. Was glauben Sie, wer nun Torwart wurde? Richtig. Nils und Jens spielen jetzt beide Handball.

»Ich ging allein in eine Jugendgruppe. Das war sehr schwer für mich, denn ich traute mich nicht recht allein - ohne Martina. Als ich gerade in der Gruppe aufgenommen und akzeptiert war und auch merkte, dass ich gebraucht wurde, zum Beispiel im Chor, wo ich öfter ermutigt wurde, laut zu singen (weil ich das kann), kam Martina auch in diese Gruppe. Ich war ein eher ruhiger, unauffälliger Mensch, der mehr darauf angewiesen war, dass andere auf mich zukamen. Martina war da ganz anders, sie kam und ging auf die Leute zu und setzte ihre Begabungen - zum Beispiel auch beim Singen - ein. Da sie dieselben Begabungen und Fähigkeiten hatte wie ich und sie diese ohne Aufforderung einbrachte, wurden meine Fähigkeiten nicht mehr so gebraucht. Keiner forderte mich mehr zum Singen auf. Ich ging unter, wurde einfach nicht mehr gebraucht. Wahrscheinlich merkte keiner, dass wir zwei waren und nur einer im Mittelpunkt stand.« (Sabine in »Zwillinge erzählen«, S. 147)

Unterschiedliche Interessen sind auf jeden Fall immer eine gute Gelegenheit für Zwillinge, sich vom jeweils anderen Zwilling zu »emanzipieren«. Eltern sollten deshalb

○ offen sein, für verschiedene Fähigkeiten ihrer Kinder - auch wenn das mit organisatorischem Aufwand verbunden ist;

○ verschiedene Interessen deutlich wahrnehmen und getrennte Entwicklungen zulassen, besser noch: fördern;

Logisch, dass auch Constantin beim attraktiveren Eishockey mitmachen wollte. Noch zwei Wochen vor Ende der ersten Saison musste auch er ausgerüstet werden, damit er beim EV Landsberg mitspielen konnte. Hier Maximilian (links) und Constantin in "voller Montur" ...

○ die Zwillinge nicht aus Bequemlichkeit auf eine gemeinsame Sportart oder einen gemeinsamen Freizeitvertreib festlegen;

○ den Zwilling, der eigene Wege gehen möchte, ermuntern und den, der sich lieber an der trauten Zweisamkeit festklammern würde, statt zu trösten ebenfalls zu eigenem Tun ermutigen.

Zum Abschluss dieses Kapitels noch eine Anmerkung. Auch wenn uns Eishockey längst nicht mehr beherrscht, hat es uns in der Jugendzeit unserer Zwillinge viel Kummer bereitet.
Constantin, obwohl ein sehr schneller Läufer, hat es nie zu besonderen Ehren gebracht, weil alle Trainer sagten: »Ein Gratkowski reicht«. Max schoss die Tore und wurde bevorzugt. Conny schmiss schließlich nach dem ersten Drittel, das er wie so oft auf der Bank verbracht hatte, in Rosenheim die Schlittschuhe in die Ecke. Und das war's dann - für immer. Es hat uns viel Nerven gekostet, ihn immer wieder zu trösten und aufzubauen, ohne Maximilians Leistung zu schmälern. Aus heutiger Sicht würde ich raten: Bitte kein gemeinsamer Mannschaftssport für Zwillinge - es sei denn, sie sind beide top (und die Trainer erkennen dies ...) oder sie ergänzen sich perfekt auf dem Spielfeld.

Positive Beispiele aus der Sportwelt: die Fußballzwillinge Lars und Sven Bender & die Handballzwillinge Müller

Im Moment sind sie die bekanntesten Sport-Zwillinge: Die Bundesligafußballer Sven und Lars Bender (23 Jahre). Derzeit spielt Sven bei Dortmund und Zwillingsbruder Lars kickt für Leverkusen.
Die beiden Rosenheimer haben schon einige Erfolge erzielt und auch in der Nationalmannschaft kamen die beiden schon zum Einsatz. Im Europameisterschaftskader war aber nur Lars. Und er hat gestern - welch' ein Zufall, das ich gerade diesen Part des Buches bearbeite - mit seinem Tor im Spiel gegen Dänemark die deutsche Nationalmannschaft ins Viertelfinale geschossen. Wird sich Sven mit seinem Zwillingsbruder freuen? Ich bin sicher.
Dass das immer auch ein Thema für die Presse ist, zeigt das Interview, das Sven und Lars mit einem Reporter der Süddeutschen Zeitung (abgedruckt in der Weihnachtsausgabe vom 24./25./26.12.2011) führten. Natürlich möchten Zeitungsreporter immer auch wissen, wie es sich so als Zwilling lebt. Telefonieren die beiden miteinander, jetzt, wo sie nicht mehr zusammen in einer Mannschaft spielen? Wie oft sehen sie sich? Tägliches Telefonieren, so gibt Lars zu, sei Pflicht. Nur sehen können sie sich nicht mehr so oft. Immerhin schaffen es die beiden noch etwa zweimal pro Woche. Köln, wo Lars wohnt, ist ja auch nicht soooo weit von Dortmund weg. Allerdings wirft Sven ein: »Meistens muss ich fahren.« Soviel zu den Gemeinsamkeiten. Und was ist, wenn nur einer der beiden in den Nationalkader berufen wird, wenn es um die EM 2012 geht? Lars ist sich

sicher, dass sie nicht um den begehrten Platz rangeln werden. Und er weiß »... dass der Bundestrainer sicher nicht einen Spieler mehr mitnimmt, weil er Zwillinge nicht trennen will.« Das genau ist das Problem, das auch ganz »normale« Zwillingseltern und deren Kinder haben, wenn beide den gleichen Mannschaftssport und das eventuell noch in einer Mannschaft ausüben. Da gibt es keinen »Zwillingsbonus« (eher einen Zwillingsmalus) - da zählt nur die Leistung und manchmal auch die nicht.

Der SZ-Reporter bohrt nach und fragt nach dem möglichen Duell, da die Position, die in der Nationalelf vakant wäre, nur von einem Bender-Zwilling besetzt werden könnte. Doch Lars kontert gelassen: »Das wird nicht dazu führen, dass ich jetzt auf Fehler von Sven hoffe.«

Und Sven legt nach: »Das Schlimmste wäre, wenn der eine zur EM fährt und der andere sauer zu Hause sitzt. Dann hätte der, der bei der EM ist, auch keine Freude ...« Genau das wird aber nicht passieren, da sind sich Lars und Sven sicher, denn der eine gönnt dem anderen den Erfolg.

So also kriegen wir keinen Pfeffer ins Interview. Also fragt der Reporter, was wäre, wenn der Bundestrainer, Joachim Löw, käme und fragte: »Wen soll ich

mitnehmen, Ihr könnt selbst entscheiden.« Also, erstens stellt der Trainer eine solche Frage nicht und zweitens würden die Benders nicht darauf antworten. Schon nervig, diese Zwillingsfragen ...

Und so schütteln die beiden auch nur den Kopf, als der Reporter vorschlägt, wenn einer der beiden nach Valencia verpflichtet würde, könnte doch der andere zum 60 Kilometer entfernten Club Villarreal gehen ...

Dann war das Jahr fortgeschritten und die EM rückte in immer greifbarere Nähe. Was gibt's Neues bei den Bender-Zwillingen? Die SZ hat am 29.2.2012 nachgehakt.

Lars Bender ist froh, dass diesmal nicht über die Zwillingsgeschichte gesprochen werden soll. Und dann wird doch darüber gesprochen. Lars sagt, das Problem sei, dass er und Sven immer dieselben Fragen beantworten müssten. »Wenn mal einer mit einer neuen Zwillingsfrage käme - Chapeau!« Keine neuen Fragen, immer dieselben Antworten.

Schon bei 1860 hieß es immer: »Wenn ein Bender ausfällt, stellen wir halt den anderen da hin. Die spielen eh fast gleich!« beschwert sich Lars. Dabei können sie doch auch zusammen spielen und hätten das auch bewiesen und zwar als zwei unterschiedliche Einzelspieler. Zwillinge sind nicht immer nur ein Paket. Lars macht sein Ding in Leverkusen und auch Sven geht es in Dortmund nicht schlecht. »Ich will nicht verglichen werden«, sagt Lars Bender, »nicht mit Sven, nicht mit Ballack.«

Franz und Josef spielen beide Fußball. Glücklicherweise sehen sie ganz verschieden aus. Da werden sie sicher nicht von Trainern, Gegnern oder Mitspielern verwechselt.

Auch im Handballbereich gibt es ein bekanntes eineiiges Zwillingspaar: Michael und Philipp Müller. Als ebenfalls die Süddeutsche Zeitung über die beiden Müllers schrieb, spielten die beiden Würzburger in zwei verschiedenen Vereinen, und da trafen sie zwangsläufig auch einmal aufeinander. Michael spielte für die Mannheimer Rhein-Neckar-Löwen und Philipp warf die Tore für die HSG Wetzlar.

Und wenn die beiden Vereine in einem Spiel aufeinandertrafen, dann wurde es schon schwierig. Beide sagen, beim eigenen Bruder könne man halt nicht so zupacken wie bei einem anderen Spieler. Wer Handball schon einmal gesehen hat, weiß, dass es da wirklich nicht zimperlich zugeht.

Angefangen haben die beiden Jungs in der E-Jugend bei HaSpo Bayreuth, ihre Mutter Ursula war dort Handballtrainerin. Die Zwillingsmutter, die selbst als Handballerin beim TSV Würzburg gespielt hat, konnte ihre Zwillingsjungs beim Sport richtig scheuchen, damit die mal ihre überschüssige Kraft loswurden, denn Michael und Philipp haben es ihrer Mutter nach eigenen Angaben nicht leicht gemacht. »Wir konnten nicht fünf Minuten still sitzen, haben immer viel Radau gemacht«, erzählt Philipp, der ebenso wie Michael zum Hausaufgabenmachen »gezwungen werden musste«.

Michael, der auch bei der Geburt fünf Minuten schneller war, war dann der erste Zwilling, der den Sprung vom Hobby-Handballer in den Profibereich schaffte. Er debütierte bei TV Großwallstadt und erzielte 2006 allein bis Weihnachten 89 Tore. Da ließ der Anruf des damaligen Bundestrainers Heiner Brand nicht lange auf sich warten. Im Januar 2009 lief Michael Müller bereits bei der WM in Kroatien auf und 2010 wechselte er nach Mannheim zu den Löwen. Die Süddeutsche Zeitung, die am 11.8.2011 über die beiden Handballbrüder berichtet hatte, nennt dies einen »kometenhaften« Aufstieg.

Gefragt, ob dieser Aufstieg bei Zwillingsbruder Philipp Neidgefühle hervorgerufen hätte, verneinen beide. Natürlich hätte Michael als Linkshänder gewisse Vorteile gehabt (Philipp ist Rechtshänder). »Aber Michi hat sich das alles hart erarbeitet, linke Hand hin oder her,« konstatiert Philipp. Bei Zwillingen - das wissen Sie sicher alle - ist es übrigens gar nicht ungewöhnlich, dass einer der beiden Linkshänder ist.

Philipp wollte allerdings auch nicht immer im Schatten seines »großen« Bruders stehen. Und so wechselte er nach Balingen und schließlich zum Erstligisten HSG Wetzlar, wo auch er pro Partie mindestens drei Tore erzielt. Leicht ist es beiden nicht gefallen, nach 15 gemeinsamen Jahren auf dem Spielfeld getrennte Wege zu gehen.

»Aber, es hat mich weitergebracht und uns noch enger zusammengeschweisst«, sagt Philipp, »wir telefonieren jetzt fast täglich.«

Für Mutter Ursula, die ihre Zwillinge und eine ältere Schwester allein groß ziehen musste, ein schöner Erfolg. Sie schaut auch gern zu, wenn Ihre Jungs spielen ... nur, wenn es gegeneinander geht ... »dann ist sie wohl im Zwiespalt ...« schätzt Michael. Und damit hat er sicher Recht.

Die Geschichte, die in der SZ vom 11.8.2011 stand, ist noch nicht zu Ende. Seit der Saison 2012 »müllert« es gewaltig in Wetzlar. Philipp wird weiterhin im Rückraum der HSG agieren, Zwillingsbruder Michael verstärkt diesen. Er kommt mit der Empfehlung von 124 Erstligaspielen und 394 Treffern nach Wetzlar. »Wir freuen uns sehr, dass wir ab der kommenden Saison auf Philipp und Michael zählen können", sagte Wetzlars Aufsichtsratssprecher Manfred Thielmann. »Philipp hier halten zu können und dazu noch seinen Bruder zu verpflichten, war keine einfache Aufgabe für uns, denn die halbe Liga war hinter beiden her.« Na also - geht doch!

Nicht immer sind die Zwillinge glücklich, wenn sie getrennt sind

Es gibt Situationen, in denen Zwillinge nicht gerade glücklich sind, wenn sie verschiedene Wege gehen müssen. Und dabei spielt es gar keine Rolle, ob die Trennung von den Eltern gewollt und herbeigeführt ist oder ob sie von einem der Zwillinge ausgeht oder gar von der Umwelt. Und dann ist es nicht immer leicht für die Eltern, zu argumentieren und den Frust der Zwillinge zu schlichten.

Denken Sie an Geburtstags- und andere Einladungen. Was tun, wenn nur ein Zwilling bei einem anderen Kind zum Geburtstag eingeladen ist? Dann gibt es höchstwahrscheinlich lange Gesichter. Unsere Zwillinge haben von solchen Einladungen immer auch etwas für den Bruder mitgebracht (oder von den eigenen kleinen Mitbringseln abgegeben). Ich habe aber auch schon erlebt, dass Constantin nachträglich noch eingeladen wurde, »weil es doch Zwillinge sind«.

Ich glaube, Zwillinge müssen auch lernen, dass sie nicht immer alles zusammen machen müssen/können. Und so habe ich anderen Eltern auch schon klipp und klar gesagt, dass es nicht nötig ist, beide einzuladen und dass es auch nicht nötig ist, für beide Kinder Geschenke mitzugeben.

Dass man damit auch auf taube Ohren stößt, hat die Mutter von Rebecca und Simon Georg-Feick festgestellt: »Obwohl ich mich sehr bemüht habe, jedem Kind eine individuelle Feier zu ermöglichen - getrennte und verschiedene Einladungen, unterschiedliche Partythemen - hat es mich doch sehr erstaunt, dass die Umwelt - wieder einmal - Zwillinge einfach nicht voneinander trennen kann. So bekam Simon zu Rebeccas Feier von den anderen Mädchen teilweise großzügige Geburtstagsgeschenke - es sind doch Zwillinge - und nicht nur ein Mitbringsel, was ich noch toleriert hätte.« (in ZWILLINGE)

»Roman und Mirko gehen seit August in getrennte Gruppen im Kindergarten. Bislang gab es kaum Probleme damit. Nun ist es aber so, dass sich in Romans Gruppe, die auch wesentlich kleiner ist, Geburtstagseinladungen und ähnliches häufen. In Mirkos Gruppe ist der Zusammenhalt nicht so ausgeprägt und er selbst hat, bedingt durch sein ewiges Kranksein im Winter auch noch nicht seinen Platz in der Hackordnung gefunden. Folglich bleiben die Einladungen, so es sie überhaupt in der Gruppe gibt, aus. Auf der einen Seite freue ich mich, dass die Eltern von Romans Gruppe die Zwillinge nicht als Einheit sehen und nur ein Kind einladen. Aber auf der anderen Seite sehe ich, wie sehr Mirko darunter leidet, vor allem weil die Gruppen offen sind, wenn es raus geht und er so die anderen Kinder auch gut kennt. Bislang versuche ich, ihm ein entsprechendes 'Kontrastprogramm' zu bieten, aber das kann ja auch keine Dauerlösung sein?« (Anke Lilge in ZWILLINGE)

Schwierig sind solche unfreiwilligen getrennten Unternehmungen aber nicht nur in einem Alter, in dem Geburtstagseinladungen eine so wichtige Rolle spielen. Viel komplizierter wird es, wenn Zwillinge in die Pubertät kommen und einer den andern »abhängt«.

Was tun, um den Frust zu mildern?

O Hat ein Zwilling etwas besonders Schönes vor, könnten Sie ein Kontrastprogramm bieten, wenn der Frust sehr groß ist.

O Andererseits finde ich, Zwillinge müssen lernen, dass für sie nicht immer alles gleich sein muss und dass die Geburtstagseinladung einer Freundin/eines Freundes nicht unbedingt immer für beide zu gelten hat. Bei uns wurden getrennte Einladungen nach ein paar mal ganz selbstverständlich akzeptiert.

O Sie können also mit Ihrem Zwilling durchaus ganz vernünftig darüber reden, und ihm/ihr versuchen, klarzumachen, dass es sicher auch einmal eine umgekehrte Situation geben wird.

O Streichen Sie heraus, wie schön es ist, doch einmal ohne Bruder oder Schwester allein mit der Mama zu sein. Sie können ja auch gemeinsam etwas unternehmen, was zu dritt nicht so einfach wäre ...

O Wenn andere Eltern Ihnen durch eine Einladung beider Kinder entgegenkommen möchten, können Sie ihnen ruhig sagen, dass das gar nicht nötig ist, natürlich so, dass diese Eltern nicht gekränkt werden.

O Wenn die Situation im Kindergarten so wie oben beschrieben ist, können Sie ja von sich aus die Initiative ergreifen und ein Kind zu sich nach Hause einladen. Vielleicht ergeben sich dadurch »von selbst« neue Kontakte?

Zwillinge und Kontakte zu anderen

Viele Zwillingsmütter haben mir in ihren Briefen und E-mails oft bestätigt, was ich, als Max und Conny klein waren, selbst erfahren habe: Mit kleinen Zwillingen ist man als Mutter, als Familie vor allem anfangs etwas isoliert. Es wird so schwierig, nach draußen und damit unter Menschen zu kommen.

Und es ist - wenigstens was die Spielmöglichkeiten der Zwillinge anbelangt - auch nicht unbedingt nötig. Zwillinge haben immer jemanden gleichaltrigen griffbereit, mit dem sie spielen können. Und doch sind Kontakte zu anderen Kindern gerade für Zwillinge so wichtig, damit sie nicht zu sehr aufeinander bezogen bleiben, auch einmal zwanglos getrennte Wege gehen können.

Auch durch eigene Freunde kann die eigene, individuelle Persönlichkeit erlebt werden. Wenn ein Zwilling sich von einem eigenen Freund/einer eigenen Freundin verstanden fühlt, fühlt er/sie sich als (eigener) Mensch angenommen.

Doch die Sache mit den eigenen Freunden ist manchmal nicht ganz einfach. »Die Problematik ' die Yvonne hat gesagt, sie ist heute nur Katjas Freundin und nicht meine' gibt es häufig, eigentlich täglich, mit verschiedenen Kindern in verschiedenen Kombinationen. Manchmal bin ich richtig sauer, weil ich dann glaube, dass diese ewigen Streitereien um Freundschaften und Mitspielen oder Nichtmitspielen so intensiv wirklich nur bei Zwillingen auftreten.« (»Zwillingsmütter berichten ...«, 1. Auflage, S. 123)

Maximilian und Constantin wuchsen zunächst relativ isoliert auf. In München hatten wir zwar einen (einzigen) Freund: Julian, Sohn meiner Freundin Irmi, den wir oft trafen. Krabbelgruppen wurden damals erst gegründet. Das Mütterzentrum in Sendling - eines der ersten Mütterzentren dieser Art - hatte gerade aufgemacht, als wir wegzogen.

Nach unserem Umzug nach Eching am Ammersee sah es erst recht düster aus, was Freunde anbelangte. Kinder ihres Alters gab es in ihrer unmittelbaren Umgebung gar nicht, ich hatte im Dorf keine Kontakte, außer zu meiner Familie, die dort lebte, und ich war bereits halbtags berufstätig. Ich hatte also auch keine Zeit für großartige Kontakte zu anderen Müttern und damit zu Kindern. Und so war es nur ganz natürlich, dass sich Max und Conny nach unserem Umzug nach Landsberg (sie waren damals viereinhalb) anderen Kindern gegenüber nicht nur zurückhaltend, sondern sogar aggressiv verhielten. Erst nach einem halben Jahr waren sie in die dort reichlich vorhandene Kindermeute integriert.

Später war es leider eher so, dass Maximilian von den meist gemeinsamen Freunden bevorzugt wurde. Einladungen für den Nachmittag von Klassenkameraden kenne ich nur bei Max. Constantin hatte sich in dieser Zeit nur ein einziges Mal mit einem Klassenkameraden am Nachmittag verabredet. Wenn Kinder nach einem der beiden fragten, war es fast immer Max: »Kann Maxi rauskommen? Ist Maxi da?«

Constantin hatte als zurückhaltendes Kind weniger Chancen, aber dadurch, dass er fast immer im Schlepptau von Max unterwegs war, fiel ihm selbst das wohl nicht so auf. Erstmals gab es bei Conny Tränen deswegen, als

er neuneinhalb Jahre alt war. Maximilian durfte bei einem Freund übernachten, Constantin weinte, weil er keinen Freund hatte, bei dem er übernachten konnte. Später hatte Constantin Simon - einen einzigen echten Freund. Als sich ihre Wege durch verschiedene Schulen (Hauptschule/ bzw. Realschule) trennten, war auch diese Freundschaft wieder vorbei.

Als unsere Jungs in der Pubertät waren, hatten sie durchweg gemeinsame Freunde, die ausnahmslos durch Max zu uns gestoßen waren, aber Constantin bereitwillig in die Freundschaft mit einschlossen.

Vor nicht allzu langer Zeit war es auch Conny, der mit einem von Maxis Freunden in München in einer Wohngemeinschaft lebte. Dabei waren die Zwillinge keineswegs einfach nur austauschbar. Die anderen Jungs schätzten an Constantin, dass es lustiger war, mit ihm durch die Kneipen zu ziehen und in der WG waren seine Kochkünste gefragt.

Max, der mit 19 eine feste Freundin hatte, stand damals für Kneipentouren und »Herrenabende« nicht mehr so zur Verfügung.

Alles in allem war die Freundesituation bei unseren Zwillingen doch sehr entspannt, weil Max kontaktfreudig war, weil die Freunde Constantin ebenfalls mochten und gern mit einbezogen und selbst heute, wo die einen in Regensburg, Münster, Conny in Bad Homburg, Max in Hamburg und der Kumpel aus der WG in Berlin gelandet sind, verblüfft mich der Zusammenhalt unter den Jungs, der sich manchmal sogar auf unseren jüngsten Sohn, Nicolai (22) erstreckt.

Es gibt aber auch Zwillinge, die keine anderen Spielkameraden an sich heranlassen: »Meine Kinder sind so auf sich fixiert, dass sie keine anderen

Kinder neben sich dulden. Marie ist besonders schlimm, sie flüchtet sich schreiend auf meinen Schoß, wenn ein anderes Kind nur näher kommt. Lisa ist nicht ganz so schlimm, aber auch sie spricht nie mit einem anderen Kind, wendet sich ab. Ich habe schon aufgegeben, bei uns zu Hause Besuch mit Kindern zu empfangen. Es hat ja doch keinen Sinn ...« (aus den Recherchen zu »Zwillingsmütter berichten ...«, 2. Auflage)

Nicht ganz einfach also für andere Kinder, Kontakt zu Zwillingen aufzunehmen. Die eineiigen Zwillinge Sandra und Jasmin berichten auch davon, dass sie ihre Freundinnen einfach »austauschen« konnten. »Später, als jede von uns eine eigene Freundin hatte, wechselten wir sie im gegenseitigen Einverständnis. Wir wollten einfach einmal ausprobieren, wie wir mit der jeweils anderen auskämen. Das klappte auch ganz gut.« (Sandra in »Zwillinge erzählen ...«, S. 113). Sonst sind jedoch eher die Zwillinge für andere Kinder austauschbar. Sandra und Jasmin haben den Spieß einfach umgedreht.

Wie können Eltern ihren Zwillingen Kontakte erleichtern?

○ Sie spielen so schön zusammen - das ist das Argument vieler Mütter, die keine Kontakte zu anderen Kindern suchen. Doch Zwillinge brauchen auch Spielkontakt zu anderen Kindern. Also: suchen Sie Kontakt zu Müttern mit gleichaltrigen Kindern.

○ Mir reichen meine beiden - ein weiteres Argument. Sicher, das Tohuwabohu, das allein Zwillinge beim Spielen anrichten, wird durch weitere Kinder noch größer. Andererseits brauchen auch Sie als Mutter Kontakt zu anderen Müttern, um sich mal auszusprechen, um mal Frust loszuwerden oder einfach, um mal nur zu »ratschen«.

○ Einlingsmütter haben doch keine Ahnung - also bringt mir der Kontakt nichts ... Kann sein. Ich habe mir auch immer Kontakt zu anderen Zwillingsmüttern gewünscht, als Max und Conny klein waren. Ich habe nicht eine gefunden, die meine ab und zu ausgesprochenen Einladungen angenommen hätte. Heute ist es bestimmt leichter, andere Zwillingsmütter - zum Beispiel in den zahlreichen Zwillingselternclubs und -treffen - zu finden. Nicht zu vergessen die vielen Zwillingsforen im Internet. Allerdings sind die auch oft recht oberflächlich und in manchen Foren wird auch viel herumgepöbelt, was dann mit einem guten Austausch auch eher wenig zu tun hat.

○ Sind in einer Familie außer Zwillingen weitere Kinder vorhanden, so ergeben sich Spielmöglichkeiten mit anderen Kindern (Geschwistern) sicher wie von selbst auch innerhalb der Familie, es sei denn, die Zwillinge wären besonders aufeinander fixiert oder, wie in unserem Fall, der

Altersabstand zwischen Zwillingen und anderen Kindern der Familie ist zu groß. Unser Sohn Nicolai ist fast sechs Jahre jünger als die Zwillinge. Erst als er 18 Jahre alt war, konnten seine großen Brüder etwas mit ihm anfangen.

○ Sind die Zwillinge die ersten Kinder, sollten Sie also versuchen, sich einer Krabbelgruppe (eventuell PEKiP) anzuschließen. Diese Gruppen dienen zwar weniger der Kontaktaufnahme unter den Kindern (seit wann könnten Babys wirklich schön zusammen spielen?), als vielmehr dem Zeitvertreib der Mütter. Ich finde sie sehr empfehlenswert, weil Sie dort die Möglichkeit haben, Kontakt zu anderen Müttern zu finden und sich einmal auszusprechen. Andererseits bekommen Ihre Kinder auf diese Weise schon früh Kontakte zu Gleichaltrigen mit dem Erfolg, dass sie vielleicht nicht so sehr aufeinander fixiert sind.

○ Statt mit beiden Kindern gleichzeitig zu einer Gruppe zu gehen, könnten Sie - vorausgesetzt Sie haben die Möglichkeit, das andere Kind woanders unterzubringen - auch nur einen Zwilling mitnehmen. Auf jeden Fall aber lohnt es sich, auch Zwillinge schon früh »unter Menschen« zu bringen, damit sie gar nicht erst so aufeinander fixiert werden.

○ Bei Gruppen, in denen richtig Programm gemacht wird, zum Beispiel in einer PEKiP-Gruppe, ist es natürlich für Zwillingsmütter wieder komplizierter teilzunehmen. Fragen Sie am besten die Leiterin einer solchen Gruppe, ob sie Ihnen einen Zwilling vielleicht sogar abnehmen kann ...

Wir vermeiden den Ausdruck »Zwillinge«!

Wird das Identitätsproblem, das Zwillingskinder haben können, allein durch die Nichtverwendung des Wortes »Zwillinge« gelöst? Wohl kaum. Sie können das Wort »Zwillinge« vermeiden und »Jungs« sagen, Sie können statt »Jungs« das süddeutsche »Buben« verwenden, Sie haben vielleicht Mädchen und sagen die »Mädchen« oder die »Schwestern«, Sie können die »Kleinen« oder die »Großen« sagen - egal. Sie machen auf jeden Fall den Fehler, ihre Kinder gleichzeitig, also in der »Ihr-Form« anzusprechen und nicht jedes Kind einzeln, zum Beispiel nach seinen Bedürfnissen zu fragen.
Es ist egal, ob Sie den Begriff »Zwillinge« verwenden oder ihn durch einen anderen Plural ersetzen. Plural bleibt Plural! Seit ich auf diese Tatsache achte, fällt mir auf, dass auch ich meine Söhne Maximilian und Constantin sehr häufig in der »Ihr-Form« angesprochen habe. Nicht, dass ich nicht wüsste, dass jeder eigene Vorlieben hat. Doch es ist so viel einfacher zu sagen: »Geht Ihr heute Abend noch aus?« »Wollt Ihr Spaghetti essen?«, als umständlich zu fragen: »Was machst Du heute Abend, Max?« »Was

hast Du vor, Conny?«" Seit ich darauf geachtet hatte, wie ich meine Zwillingssöhne anspreche, kam es häufiger vor, dass ich ein einfaches »Ihr« zugunsten eines umständlicheren »Du« und »Du« verschluckte.
Und seit Constantin nicht mehr bei uns wohnt, (und auch Max ausgezogen ist), habe ich sowieso kaum noch Gelegenheit, beide gleichzeitig anzusprechen.

Jedes Kind muss einzeln angesprochen werden

Also, gerade bei Zwillingen muss jedes Kind eindeutig mit Namen und einzeln angesprochen werden. Doch die wenigsten Erwachsenen machen sich bei Zwillingen die Mühe, einzeln auf die Kinder zuzugehen und sie gezielt einzeln und mit Namen anzusprechen.
Ein Beispiel: Die Leiterin des Kindergartens, in dem Max und Conny eine Zeitlang waren, meinte einmal leichthin zu mir: »Wenn ich nach Zwillingen rufe, rufe ich immer beide Namen (also »Maxiconny«), dann kommt bestimmt auch der, den ich meine.« Na, ein reizendes Prinzip mit Zwillingen umzugehen ... und das als Leiterin eines Kindergartens, die übrigens ein phänomenales Namens- und Personengedächtnis hatte.
Auch Spielkameraden von Zwillingen nehmen es nicht immer so genau mit der Individualität. So schilderte es die Mutter von Elke und Jochen: »Wir achten auch darauf, dass andere sie als eigenständige Personen sehen. Nur gibt es Menschen, die das einfach nicht verstehen und einsehen wollen. Oft heißt es auch heute noch 'Die Zwillinge kommen'. Ich sage dann meist: 'Nein, Elke und Jochen kommen!'
Wir haben im Bekanntenkreis einen fünfjährigen Jungen, der sagt heute manchmal noch 'Elkejochen sind zum Spielen bei mir'. Ich habe ihm schon oft erklärt, dass es 'Elke und Jochen' heißt, aber er will es scheinbar nicht verstehen, denn vor kurzem sagt er zu mir: 'Elkejochen ist heute beim Kinderchor nicht ruhig sitzengeblieben.' Eigentlich hatte er aber nur Jochen gemeint.«
Kann man andere darauf hinweisen, dass sie Zwillinge korrekt ansprechen? Bei Kindern wohl kein Problem, aber ich würde auch Erwachsenen lieber direkt sagen, dass ich es besser finde, wenn jedes Kind mit Namen und einzeln angesprochen wird. Viele Außenstehende haben sich nämlich nur einfach nicht mit der Zwillingsproblematik befasst und es ist Gedankenlosigkeit, die sie so handeln lässt.
Andererseits kann ich inzwischen auch nachvollziehen, dass es für Außenstehende nicht immer leicht ist, mit Zwillingen zu sprechen. Ich habe auf Treffen von erwachsenen Zwillingen immer wieder Gelegenheit gehabt, mich mit Teilnehmern zu unterhalten. Es ist mir jedesmal ungeheuer schwer gefallen, jeweils einen Zwilling eine Zeitlang direkt anzusehen. Ich wusste nicht, wen ich *mehr* angucken sollte. Und ich wusste oft nicht, wen ich ansprechen sollte und war hin und her gerissen

zwischen beiden. Schließlich gucke ich dann die beiden abwechselnd an und wackle dabei ziemlich bescheuert mit dem Kopf - fast wie beim Tennis, wenn man es live sieht.

»Erwachsene sollten sich vor allem bei den Kindern, die in ihrer Meinungsfindung jeweils auf den Zwillingspartner schielen, angewöhnen, wenigstens hin und wieder solche Fragen den Kindern getrennt zu stellen, bei denen es um Entscheidungen, Formulierung von Bedürfnissen und Meinungen geht. Und zwar so, dass der andere die Antwort nicht mithören kann.« (Rita Haberkorn in »Kindergarten & Schule«, Sonderheft ZWILLINGE. Das Sonderheft wurde vom Buch »Zwillinge - gemeinsame und eigene Wege in der Paarbeziehung« abgelöst und ist heute leider nicht mehr erhältlich, weil es wiederum durch den Titel »Zwillinge in Krippe, Kindergarten & Schule« abgelöst wurde.)

Wie soll das Kind heißen? Namensgebung bei Zwillingen

Namen sind eine Geschmacksfrage, deshalb kann ich Ihnen keine Idealkombinationen vorschlagen, sondern nur einige Anregungen bieten, was bei der Namensgebung zu beachten ist.

Bei der Namenswahl für Zwillinge bieten sich allerlei sehr beliebte Kombinationen an. Etwa Namen, die sich reimen wie »Hanna und Anna« oder »Tina und Nina«. Aber auch Namenskombinationen wie »Jessica und Jennifer«, »Jan und Nils«, »Karsten und Torsten« usw. werden von Zwillingseltern bevorzugt vergeben. Manche graben auch Personen aus der Literatur wie zum Beispiel aus einem Shakespeare-Stück »Viola und Olivia« (auch ein Beispiel dafür, dass Namen aus gleichen Buchstaben bestehen, die jedoch in anderer Reihenfolge plaziert werden).

Doch Sie sollten bei Ihrer Auswahl nicht nur bedenken, dass die Namen hübsch klingen und zusammen passen, sondern in erster Linie, dass Ihre Kinder mit diesen Namen ein Leben lang zurechtkommen müssen. Statt Namen mit gleichen Anfangsbuchstaben wie bei Thomas und Torsten, lieber Namen mit verschiedenen Anfangsbuchstaben wählen. Im Computerzeitalter weiß nämlich keiner mehr, wer nun mit T. Meier gemeint ist - der Thomas Meier oder der Torsten Meier.

Sehr ähnliche Namen sind der Persönlichkeitsentwicklung bei Zwillingen auch nicht gerade dienlich. Stellen Sie sich eine Tina und eine Nina vor. Auch die Kinder selbst werden daraus, wenn sie zu sprechen anfangen, ein bloßes »Ina« machen.

Denken Sie aber auch daran, dass eine komplizierte, oder wenigstens ungewöhnliche Schreibweise für ein Kind jetzt und später ziemlich lästig werden kann. Drei Tage dauerte es bei uns, bis unser Zwilling II endlich »Constantin« hieß (vorher war uns kein Name eingefallen). Und schon hing an seinem Brutkasten ein hellblauer Zettel, der unseren Kleinen als »Konstantin« auswies. Seitdem sagen wir überall gleich dazu: Constantin mit »C«.

Und denken Sie auch daran, dass allzu lange Namen vor allem in Verbindung mit noch längeren Nachnamen geradezu einen Schreibkrampf in den elterlichen Fingern verursachen können - vor allem, wenn die Eltern für ihre Sprößlinge amtliche Formulare (bei denen der Platz nie reicht) ausfüllen müssen. So gesehen, haben wir damals mit Maximilian und Constantin (und auch noch »von Gratkowski«) »falsche« Namen gewählt. »Meinen Eltern hat es gefallen, unsere Namen so ähnlich wie möglich zu machen. Deshalb heißen wir Herta und Gerta (nicht Gerda wie sonst üblich!) Unsere Personalien unterscheiden sich also nur durch diesen einen Buchstaben (»H« statt »G«); alles andere, wie Geburtsort und -tag, Anschrift, Beruf des Vaters usw. war identisch, was einen neuen Lehrer beim Lesen der Klassenliste einmal zu der Bemerkung veranlaßte: 'Hier ist ja eine Schülerin doppelt eingetragen worden!'« (Gerta in »Zwillinge erzählen ...«, S. 25)

Kleidung - da fängt die eigene Identität schon an

Beim Stichwort »Zwillinge« fällt einem sofort »gleiches Aussehen« ein. Doch wie gleich sollen Zwillinge aussehen? Soll man sie auch noch gleich anziehen oder besser nicht? Zunächst einmal muss jeder diese Frage für sich selbst beantworten. Es ist eine ganz persönliche Entscheidung.

Wenn man, so wie ich neulich in München, zwei ältliche Zwillingsschwestern von der Sohle bis zum Scheitel gleich gekleidet Hand in Hand gehen sieht, wird man vielleicht sagen: Nein. Durch gleiche Kleidung gibt man ihnen ja gar keine Möglichkeit, sich auch optisch vom anderen abzugrenzen. Andererseits bekommen Zwillingseltern zur Geburt ihrer Kinder so viele gleiche Kleidungsstücke geschenkt, dass die Versuchung, die Zwillinge gleich zu kleiden, groß ist. Zumal man doch erheblich besser auffällt, wenn man mit gleich gekleideten Zwillingen unterwegs ist. Und dieses Auffallen ist einem - zugegebenermaßen - manchmal doch sehr angenehm (»stolzgeschwellte Zwillingsmutterbrust!«).

Es gibt sicher ein paar subjektive und objektive Aspekte, die Sie bei Ihrer Entscheidung »gleich oder nicht gleich anziehen« berücksichtigen sollten:

○ Solange Ihre Zwillinge noch klein sind (unter 24 Monaten), dürfte es für die individuelle Entwicklung beider Kinder keine Rolle spielen, ob sie gleich gekleidet sind oder nicht. Also: kein schlechtes Gewissen haben, und die schönen gleichen (geschenkten) Sachen anziehen. Merke: Man kann's auch übertreiben mit der Erziehungswut ...

○ Wenn ein Kind viel spuckt oder mal eine Windel ausläuft, ist es allerdings unnötige Arbeit, das zweite auch schnell umzuziehen, nur damit die Zwillinge wieder wie Zwillinge aussehen.

○ Wenn Sie Freunde besuchen oder etwas vorhaben, wo Sie mit Ihren Zwillingen »brillieren« können, ist es völlig verständlich, dass Sie sie gerne gleich anziehen und damit zusätzlich als Zwillinge kenntlich machen möchten. Sicher werden nicht alle Eltern Ihrer Meinung sein, doch wie gesagt ... die Bekleidungsfrage ist eine sehr subjektive Angelegenheit.

○ Ich persönlich habe unsere Kinder zu bestimmten Anlässen oft als »Zwillinge« kenntlich gemacht (ohne Schaden bei ihnen anzurichten). Auch zu den Zwillingselterntreffen, die wir einige Jahre in München veranstalteten, wurden Maxi und Conny gleich gekleidet. Schließlich sollten doch die »Veranstalterkinder« deutlich zu erkennen sein, da ich ständig nach ihnen gefragt wurde.

○ Als Maximilian und Constantin 16 waren, gab es keinen einzigen Anlass mehr, die beiden, die sich überhaupt nicht ähnlich sehen, gleich zu machen. Sie haben auch keine gleichen Sachen mehr, da sie fast alle Kleidungsstücke selbst einkaufen und einen sehr unterschiedlichen Geschmack haben. Maximilian ist mehr der sportliche Typ, bei Constantin durften es auch schon mal Rüschen am Hemdkragen sein ...

Die Zusammengehörigkeit von Zwillingen (ohne allzu große Verwechslungsgefahr) dokumentieren beispielsweise folgende Namens-Kombinationen:

● gleiche Anfangsbuchstaben, zum Beispiel Lena & Lisa, Mark & Mara;

● ähnliche Aussprache, zum Beispiel Ben-Jonas & Jan-Thomas;

● ähnliche Namen, zum Beispiel Sven & Svenja, Hanna & Anna, Tim & Tom;

● gleiche Silbenzahl, zum Beispiel Hannes & Peter, Leonie & Johanna;

● gleiche Endung, zum Beispiel Laura & Sandra, Niklas & Lukas;

● gleiche Buchstaben in unterschiedlicher Reihenfolge, zum Beispiel Olivia und Viola;

● prominente Paare, zum Beispiel Ernie & Bert, Max & Moritz.

(aus ZWILLINGE)

○ Bei sehr ähnlichen (eineiigen) Zwillingen, ist es vielleicht auch schon im Babyalter sinnvoll, sie unterschiedlich (wenigstens farblich) zu kleiden. So ist Verwechslungsgefahr eindeutig ausgeschlossen.

○ Es lohnt sich auch, jedem Kind eine spezielle, eigene Farbrichtung zuzugestehen. Unser Maximilian hatte viele rote und gelbe Kleidungsstücke, Conny das grüne oder blaue Pendant dazu. Diese jeweiligen Farben standen beiden besonders gut. Nebeneffekt: die Kinder lernen die Farben schnell zu unterscheiden.

○ Im normalen Familienalltag wird die Kleiderfrage sicher sowieso nicht so eng gesehen. Oft sind noch Kleidungsstücke älterer Geschwister aufzutragen oder Sie bekommen abgelegte Kleidung von Freunden geschenkt und im übrigen ist es viel einfacher, ohne große Überlegung in den Schrank zu greifen. Mir persönlich war es plötzlich egal, wer was anhatte und so wurden Maxi und Conny spätestens ab zwei Jahren verschieden gekleidet.

○ Gekauft habe ich allerdings immer »gleiche« (möglichst farblich unterschiedliche) Sachen. Denn bei unseren beiden gab's Streit, wenn sie nicht das Gleiche geschenkt bekamen.

○ Identische Sachen zu kaufen ist allerdings nicht gerade leicht. Nicht alle Geschäfte führen zwei Stücke der gleichen Art und Größe. Andererseits ist es mindestens genauso schwer, zwei unterschiedliche, ähnliche Stücke zu erwerben. Da habe ich manchmal dann doch zur »Uniform« (zum Beispiel Skianzüge) gegriffen, denn es sollte nicht einer neidisch auf den anderen sein müssen.

○ Zwillingseltern aus Berlin haben jetzt einen online-Shop eröffnet (www.liebzwei.de), in dem sie unter anderem Zwillings-Sets anbieten, also Kleidung, die nicht gleich ist, sich aber entspricht.

○ Manchmal ist es auch sehr praktisch, die Kinder optisch als Zwillinge kenntlich zu machen. Man hat sie unterwegs schneller im Gewühl entdeckt, Erwachsene werden aufmerksam und helfen auch schon mal - etwa in öffentlichen Verkehrsmitteln.

○ Und manchmal möchten auch die Kinder selbst gleich angezogen sein. Meine drei jüngeren Schwestern und ich fanden es lustig, gleich angezogen zu sein. Bei Zwillingen gibt es dann aber auch wieder den Problemfall, dass nicht immer beide am gleichen Tag gleich aussehen möchten ...

○ Wenn Sie Ihre Zwillinge »Fremden« zur Betreuung überlassen, sei es

Gleiche Kleidung?

Ich habe meine Kinder Cedric und Natalie, als sie sehr klein waren, meistens bewusst gleich oder ähnlich angezogen. Ich hatte damit nicht das Gefühl, ich nehme ihnen etwas von ihrer Persönlichkeit. In erster Linie habe ich zugegebenermaßen egoistisch gehandelt, um mir eine zusätzliche Freude zu machen, weil ich sie so klein und niedlich fand. Waren sie dann rosa und hellblau angezogen, sahen sie zum Fressen süß aus und der Anblick entschädigte mich für manche am Bettchen durchwachte Nacht.

Einen praktischen Aspekt hatte diese Art der Kleidung aber auch: ich habe mir so bei circa 30 Prozent der Leute, die uns beim Spazierengehen begegneten, die Antwort auf die Frage »Zwillinge … soso … Sind das ein Junge und ein Mädchen?« erspart. (»Ach, sind das Zwillinge?« hörte ich aber trotzdem …). So schön die Aufmerksamkeit einerseits ist, so nervig kann sie auch sein. Insbesondere wenn die Kinder sehr klein sind und die Nächte oft »stürmisch« und man an manchen Tagen die Augen vor Müdigkeit kaum aufhalten kann.

Es wunderte mich allerdings schon, dass mir die Farben gefielen, denn bevor ich Kinder hatte, fand ich rosa und hellblau fürchterlich …

Ich finde, es spricht grundsätzlich nichts dagegen, Zwillingskinder – zeitweise – gleich anzuziehen. Sind sie noch sehr klein, bestimmen ohnehin die Eltern, was die Kinder anziehen.

Differenzieren muss man später, und auch, welche Zwillingskonstellation vorliegt. Sicherlich hätte ich gleichgeschlechtliche Kinder nicht immer gleich gekleidet. Da ich aber einen Jungen und ein Mädchen habe (die sich auch nicht besonders ähneln), versuche ich, gleiche und ähnliche Kleidung in gleichen oder ähnlichen Farben zu kaufen. Meistens gelingt mir dies.

Oft wollen Cedric und Natalie ähnlich oder doch zumindest in der gleichen Farbe angezogen sein. Wir suchen immer abends die Kleidungsstücke für den nächsten Tag aus und sparen so morgens eine Menge Zeit. Es ist aber auch nie ein Problem gewesen, wenn sie gänzlich unterschiedliche Sachen anziehen wollten. Tonangebend für die Kleiderwahl ist allerdings eindeutig Natalie … (Helen Pfeifer) einer Freundin zum Babysitten oder dem Kindergarten, dann finde ich es besser, sie deutlich unterschiedlich anzuziehen. Sie machen es den anderen damit einfach leichter, die Kinder auseinander halten zu können.

◯ Und spätestens im Schulalter empfiehlt sich konsequent verschiedene Kleidung, vielleicht auch Frisuren. Ich finde es nämlich weder »normal«, noch »niedlich«, noch erstrebenswert, wenn Zwillingsschwestern um die 50 bis aufs i-Tüpfelchen gleich gekleidet Hand in Hand spazierengehen.

◯ Große Ausnahme: Die vielen Treffen für erwachsene Zwillinge, die es inzwischen gibt. Da gehört es einfach zum Spaß dazu, dass sich erwachsene Zwillinge identisch kleiden und auf den Gruppenfotos sieht es wirklich lustig aus. Die meisten haben sich allerdings extra für diese Treffen eingekleidet und tragen zu Hause nie dasselbe.

Wie andere Eltern die Kleiderfrage regeln

Bei Astrid Frey hat sich schon anfangs die Frage »Gleich oder nicht gleich anziehen« nicht gestellt: »Franziska hat viel und heftig gespuckt, so dass ich sie mindestens zwei-, dreimal am Tag frisch anziehen musste. Warum zusätzliche Arbeit auf sich nehmen, und jedesmal auch Katharina umziehen, nur damit sie wie Zwillinge aussehen?
Bald haben wir auch gemerkt, dass sie ganz eigenständige und unterschiedliche Persönlichkeiten sind. Zunächst unbewusst, dann wurde es mir klar, habe ich Bekleidungsvorlieben entwickelt. Für jedes Kind gibt es 'Lieblingsstrampler', bei denen ich meine, sie stehen der einen besser als der anderen. Sicher eine subjektive Angelegenheit, aber warum soll ich die Kinder für mich gleichmachen?
Auch bekommen wir von einer Freundin die Kleidung geschenkt, aus der ihre Einlingskinder herausgewachsen sind, so dass vieles einfach nicht doppelt vorhanden ist.
Ich kleide die Kinder grundsätzlich verschieden, einfach weil es zwei verschiedene Persönlichkeiten sind, und ich auch nicht will, dass sie von der Außenwelt 'in einen Topf geschmissen' werden. Überhaupt die Außenwelt - sie erwartet eindeutig, dass Zwillinge gleich angezogen werden. Wie oft schon habe ich gehört: 'Ach, ein Mädchen und ein Junge?' - 'Nein, zwei Mädchen.' - 'Ich dachte nur, weil sie verschieden angezogen sind.' - Im Geist setze ich dann hinzu: 'Das ist Absicht - zum Leute hinters Licht führen und für ganz Dumme!'
Meinen Standpunkt bezüglich Kleidung habe ich auch lautstark in der Verwandtschaft verbreitet, so dass sich Omas, Tanten und sonstige Schenkende in der Regel daran halten.«
Auch die Mutter von Melissa und Helen ist für unterschiedliche Kleidung: »Wir ziehen unsere Zwillingsmädchen aus verschiedenen Gründen

äußerst selten gleich an. Hauptgrund ist wohl, dass wir in Zwillingen zwei eigenständige Wesen sehen, die nur zufällig am gleichen Tag geboren worden sind. Außerdem sind Melissa und Helen zweieiige Zwillinge und sahen von Anfang an recht unterschiedlich aus. Wir finden deshalb, dass manche Kleidungsstücke an einem Kind viel besser aussehen als am anderen.

Natürlich haben wir nach der Geburt der Mädchen jede Kleidung in doppelter Ausführung geschenkt bekommen. Man muss die Sachen ja nicht unbedingt immer zum gleichen Zeitpunkt anziehen. Manche Kleidung hat auch nur ein Mädchen getragen, dafür aber dann oft. Oder wir kombinieren zum Beispiel Hosen mit verschiedenen Oberteilen.

Außerdem haben Melissa und Helen einen älteren Bruder, dessen Strampelhosen zumindest in der ersten Zeit noch aufgetragen werden wollten. Wenn ich heute Kleidung für die Mädchen kaufe, dann wähle ich meist zwei ähnliche Kleider oder dieselbe Hose in verschiedenen Farben oder auch mal zwei ganz unterschiedliche Pullover.

Abgeschreckt haben mich die Beispiele aus unserem Bekanntenkreis, wo Zwillinge schon als Babys immer gleich gekleidet waren und sich später weigerten, unterschiedliche Kleidung zu tragen. Es soll ja sogar Zwillingsmütter geben, die nicht nur das Kind mit der schmutzigen Kleidung, sondern sogar den anderen Zwilling auch gleich neu anziehen.

Seit wir vor kurzem Melissas Haare haben kurz schneiden lassen (Helen hat schulterlange Haare), tue ich mich zwar leichter mit gleicher Kleidung, da durch die unterschiedlichen Frisuren die äußere Individualität der beiden noch verstärkt worden ist, doch es wird die Ausnahme bleiben.« Bei Mechthild Helming-Wilden hatte ein Bericht über erwachsene Zwillinge Unwohlsein hinterlassen. »Zwei Männer um die 50 Jahre alt, händchenhaltend, gleich angezogen mit dem Spruch: 'Wenn mein Bruder stirbt, schaue ich auf die Uhr und erwarte, dass es auch mich jeden Moment trifft.' Ich sah in Panik meine zwei Söhne noch mit 30 händchenhaltend, gleich angezogen, bei uns auf dem Sofa sitzend und da stand mein Entschluss fest: Wenn sich Kinder individuell entwickeln sollen, fange ich doch gleich bei der Kleidung an.

Dann möchte ich allen Freunden (kleinen und großen) die Möglichkeit geben, die zwei mit richtigem Namen anzusprechen. Auch mir selbst möchte ich ersparen, meine Kinder von hinten nicht zu erkennen. Hier hilft unterschiedliche Kleidung enorm. Und noch etwas gibt mir zu denken: Erkennen Zwillinge, die sich sehr ähneln, ihr Spiegelbild oder sehen sie im Spiegelbild immer ihren Bruder? Besonders, wenn man das gleiche Aussehen noch durch gleiche Kleidung unterstreicht? Ist das Sich-Erkennen im Spiegel nicht wichtig für die Selbstfindung?

Aber: Ein Dogma mache ich auch nicht daraus. Jetzt erwischte ich im Schlussverkauf zwei billige gleiche Anoraks. Da musste ich einfach zugreifen und werde sie durch Aufbügelbilder etwas verändern.«

Petra Smietanka aus Hamburg war von Anfang an gegen gleiche Kleidung: »Für mich ist das Gleichkleiden von Zwillingen ein Gleichmachen unterschiedlicher Charaktere. Nur allzu leicht bedeutet gleiche Kleidung = gleiche Menschen. Gerade bei eineiigen Zwillingen finde ich es besonders 'gefährlich', weil die starke Ähnlichkeit durch gleiche Kleidung noch mehr unterstrichen wird - und die Zwillinge so von der Umwelt als 'Einheit' gesehen und behandelt werden. Wo bleibt da der einzelne Mensch?

Unsere Töchter sind zweieiig und sehen wirklich sehr unterschiedlich aus. Sie sind natürlich unterschiedlich gekleidet, und trotzdem fallen wir durch den Zwillingsbuggy noch so sehr auf, dass ich oft an jeder Ecke angesprochen werde. Und sollten sich die beiden später mal unbedingt gleich anziehen wollen - na meinetwegen, aber dann ist es wenigstens ihre Entscheidung, und ich habe sie nicht in irgendein Schema gepresst.«

Andrea Fiedler ist aufgefallen, dass die Fotos auf den Titelseiten von ZWILLINGE fast ausnahmslos gleichgekleidete, sehr ähnlich aussehende (eineiige?) Zwillinge zeigen. Sie fragt: »Bekommen Sie nur Fotos von gleichgekleideten Zwillingen? Oder liegt es an Ihrer Auswahl der Bilder? Für uns war schon während der Schwangerschaft klar, dass wir unsere Kinder nicht gleich anziehen würden. Dabei spielte für mich, Andrea, die eigene negative Erfahrung aus meiner Kindheit eine große Rolle. Meine um ein Jahr ältere Schwester und ich wurden jahrelang gleich gekleidet. Ständig wurden wir für Zwillinge gehalten, bis jede von uns ihren eigenen, sehr gegensätzlichen Modegeschmack entwickelte.

Unserem Wunsch, keine gleichen Kleidungsstücke geschenkt zu bekommen, wurde eigentlich nie entsprochen. Trotz alledem werden Benita und Amelie (18 Monate) nie gleich gekleidet. Müssen Zwillinge immer einen Spiegel vorgehalten bekommen? Von der Umwelt werden Zwillinge sowieso meist als eine Person angesehen. Wird dies nicht noch durch einheitliche Kleidung verstärkt? Die Persönlichkeitsentwicklung wird dadurch bestimmt nicht gefördert. Falls Amelie und Benita später den eigenen Wunsch haben, gleich gekleidet zu sein, ist es etwas anderes, als von uns Eltern aufgedrängt.

Als Abschluss das Zitat einer Freundin. Sie empfahl: 'Zieht die beiden bloß nie gleich an, damit sie später mal nicht zum Psychiater müssen.'«

Cornelia Teucher zieht ihre Kinder gern gleich an: »Ich habe zwei Mädchen im Alter von zweieinviertel Jahren. Ich ziehe meine Zwillinge gern gleich an. Es macht irgendwie Spaß. Wenn sie allerdings alt genug sind, sollten sie ihre Kleidung selbst auswählen. Meine beiden kann man auch trotz gleicher Kleidung auseinanderhalten.«

Gabriele Klotz hat ihr Zwillingspärchen im Babyalter schon öfter mal gleich angezogen. »Ich bekam einige Kleidungsstücke doppelt geschenkt. Mittlerweile sind meine Kinder zweieinviertel Jahre alt und suchen sich morgens selber aus, was sie gern anziehen möchten. Meine Zwillinge haben einige Pullover gleicher Form, aber in unterschiedlichen Farben.

Eine witzige Idee, Außenstehende auf die Verwechslungsgefahr aufmerksam zu machen. Bernadette und Angelina Modes kann man sehr gut auseinanderhalten, wenn sie diese Sweatshirts tragen.

Bei Zwillingspärchen ist das Kleiderproblem wohl nicht so gravierend, wie bei gleichgeschlechtlichen Zwillingen.«

Für Heidi Büschl war ebenfalls schon während der Schwangerschaft klar, die Kinder werden nicht gleich angezogen. »Diese Einstellung habe ich dann auch laut und deutlich verkündet, so dass wir kaum gleiche Sachen geschenkt bekamen. Wenn doch, waren sie entweder gleich, aber unterschiedlich groß oder es wurde gleich dazu gesagt: 'Du ziehst sie ja nicht gleich an. Dann musst du ihnen die Sachen halt zu unterschiedlichen Zeiten anziehen.' Bei meiner Antwort: 'Ja klar, das werde ich auch tun', war die Enttäuschung dann jedoch nicht zu übersehen.

Für die konsequente Haltung in diesem Punkt habe ich mehrere Gründe:

1. Zwillinge werden als zwei eigenständige Menschen geboren und sollen es auch bleiben.

2. Ich möchte auch nicht, dass immer einer so 'rumrennt' wie ich.

3. Gleiche Kleidung ist vor allem 'nett' für die anderen Leute (ob Fremde, Bekannte oder Verwandte) .

4. Um mit Zwillingen aufzufallen, bedarf es nicht der gleichen Kleidung; da genügt wahrlich der Kinderwagen und später die Kinder selbst. Ich kann mich jedenfalls nicht erinnern, dass ich irgendwo einmal nicht angesprochen worden wäre - trotz unterschiedlicher Kleidung - oder gerade deswegen! Standardsatz: 'Das sind doch Zwillinge! Warum ziehen Sie die beiden denn nicht gleich an?'

5. Es gibt so viele tolle Sachen, gerade in der Kindermode (übrigens auch bei den Spielsachen), dass ich es echt schade finde, wenn ich das Geld für zwei gleiche Stücke ausgeben soll.

6. Schuhe muss jedes Kind seine eigenen haben, da ein Schuh immer von jedem individuell ausgetreten wird. Um hier Verwechslungen von vornherein zu vermeiden, sind unterschiedliche Schuhe unabdingbar.

7. Die Kinder tragen fast ausschließlich gebrauchte Kleidungsstücke, die ich von Bekannten geschenkt bekomme oder auf Bazaren kaufe. Dabei handelt es sich dann sowieso um 'Einzelstücke'. Lediglich auf dem Zwillingsbazar bekommt man (leider) alles doppelt. Aber das zieh' ich dann eben zu unterschiedlichen Zeitpunkten oder mit mindestens einem unterschiedlichen Kleidungsstück kombiniert an. Nur was die Kinder direkt auf der Haut tragen (Unterhemden, Strumpfhosen, Mützen und natürlich Schuhe) kaufte ich bisher neu, da ich hier großen Wert auf Naturtextilien lege.

Inzwischen sind unsere Mädchen zwei Jahre alt und haben noch keinen Tag dasselbe Kleidungsstück getragen - auch nicht zu besonderen Anlässen wie Taufe, Geburtstag, Weihnachten oder Familienfesten.

Mit Geschenken, ob jetzt Kleidung oder Spielzeug, gab es von Anfang an für beide unterschiedliche Sachen. Streitigkeiten, die natürlich entstehen - bisher allerdings nicht beim Erhalt der Geschenke, sondern beim Anziehen bzw. Spielen - werden von Anfang an mit der Absprache geregelt, dass wir eben auch tauschen.

Zudem glaube ich, dass die Sache mit der gleichen Kleidung noch früh genug kommt, wenn sich die Mädchen von sich aus gleich kleiden wollen. Für diese Phase sollen sie dann auch ein paar gleiche Kleidungsstücke haben - aber nicht grundsätzlich! Dazu liegt mir die individuelle Entwicklung von jedem Mädchen viel zu sehr am Herzen und dazu sind die Gleichmachertendenzen, die von außen sowieso unvermeidbar an die Zwillinge herangetragen werden, viel zu groß.«
Ilona Jeß ist eigentlich grundsätzlich dagegen, Zwillinge gleich anzuziehen. »Unsere Zwillingsmädchen (zweieiig), Aileen und Jennifer, kriegen 'möglichst' unterschiedliche Kleidung angezogen. Ich versuche allerdings oft, gleiche Bekleidungsstücke in zwei unterschiedlichen Farben zu bekommen. Ich habe jetzt auch festgestellt, dass die beiden schon wissen, welches Teil wem gehört. Zum Beispiel haben sie verschiedene Paare Hausschuhe. Und dann gibt's auch schon mal Protest, wenn die Oma Aileen die Hausschuhe von Jennifer anziehen will. Wenn die Kinder alles einheitlich hätten, wüssten sie ja gar nicht, was ihnen gehört.«
Heidemarie Czubak wiederum zieht ihre Zwillinge (noch) gleich an: »Unsere Zwillinge Julia und Desiree gleichen sich nicht wie ein Ei dem

anderen. Darum ziehe ich sie im Moment noch gleich an. Ich denke, es gehört vielleicht auch einfach dazu. Wenn die beiden von sich aus den Wunsch äußern, unterschiedlich gekleidet zu sein, werde ich auch darauf eingehen.

Die Kleidung selbst zu bestimmen, stärkt auch das Selbstbewusstsein, bestimmt das 'Ich'. Das merke ich jetzt schon, denn Desiree zieht sich morgens selbst an. Im Zimmer der Zwillinge steht eine Kommode mit einem offenen Fach. Darin liegen einige 'nur fürs Haus'-Kleidungsstücke. Daraus wählt sie ihr Zeug.

Desweiteren ist es leichter, gleich angezogene Kinder draußen unter vielen Kindern ausfindig zu machen. Mir geht es jedenfalls so. Man ist so auf die Kleidung fixiert. Außerdem ist gleiche Kleidung einfacher zu kaufen, unter Umständen eine Nummer größer. Ich habe die Erfahrung gemacht, dass gleiche Kleidung unterschiedlicher Farbe schwieriger zu bekommen ist. Allerdings finde ich es auch albern, sich ab einem bestimmten Alter noch gleich zu kleiden. Kurz erwähnen möchte ich noch, dass ich alle gleichen Teile, Malutensilien oder ähnliches kennzeichne und zwar so: Julia = Sonne/Desiree = Mond. Die Kinder sind in diesem Alter soweit, dass sie Symbole unterscheiden. So können sie ihre Sachen selbst unterscheiden.«

Zwillinge müssen doch gleich sein, oder?!

Selbst, wenn Zwillingseltern ihre Kinder nicht durch gleiche Kleidung gleichmachen, die Umwelt bevorzugt gleiche Zwillinge. Sei es nun, dass die Presse sich nur auf die Eineiigen stürzt, oder dass die netten Omas auf der Straße ganz verständnislos fragen:»Ja, wieso ziehen Sie sie denn nicht gleich an?«

»Unsere Lehrerin hat immer gesagt, sie könne uns nicht auseinanderhalten, wir sollten uns doch verschieden kleiden und verschiedene Frisuren haben. Trotzdem hat sie uns nicht auseinandergehalten, sie hat uns nie mit Namen aufgerufen, sondern immer gesagt 'einer von euch beiden'. Sie hat auch gesagt, Zwillinge müssen die gleichen Zensuren haben, der eine steht zwar etwas besser, aber sie könne uns eh' nicht auseinanderhalten, also kriegen beide die Zwischenzensur.« (Sabine in »Zwillinge erzählen ...«, S. 151)

Was einem bei eineiigen Zwillingen vom äußeren Erscheinungsbild her noch einleuchtet - nämlich, dass Außenstehende sie nicht aus- einanderhalten können -, kann ich bei zweieiigen Zwillingen oft nicht nachvollziehen. Dennoch: Es kommt sogar bei sehr unterschiedlichen Kindern vor. Vermutlich, weil sich keiner die Mühe macht, sie aus- einanderhalten zu wollen.

Beispiel: Unsere zweieiigen Zwillingsjungs Maximilian und Constantin. Ich finde sie so sehr unterschiedlich, dass ich scherzhaft sagte, sie müssten theoretisch »dreieiig« genannt werden. In meinen Augen lassen sie von

Damit sie nicht immer verwechselt werden, hat die Mutter von Mikey und Nico den beiden die Haare gefärbt - Mikey trägt ein blondes Haarbüschel, bei Nico ist es rot.

Geburt an sogar jene sprichwörtliche Familienähnlichkeit missen. Conny ist lang und dünn (Nase, Finger etc.), Maxi breiter und kompakter. Conny ist mittelblond, Maxi mehr dunkelblond, fast brünett.

Und doch fanden unbeteiligte Passanten sie seit jeher »total gleich«. Auch mein Gynäkologe empfand sie bei einem kurzen Besuch als identisch. Er war auch eher jemand, der Kinder nur auf dem Ultraschallbild im Einzellerstadium sah ...

»Ähnlich sehen sie sich nicht, auch figurmäßig sind sie sehr unterschiedlich. Amelie ist jetzt die Dickere. Auch unser Sohn Fabian hatte nie Probleme, Benita und Amelie auseinanderzuhalten. Ich glaube, man kann sie gar nicht verwechseln. Allerdings habe ich oft den Eindruck, dass die Leute sich keine Mühe geben (wollen), die Kinder auseinanderzuhalten; sobald manche das Wort Zwillinge nur hören, tritt ein 'psychologischer Zwillingseffekt' ein: Zwillinge kann man nicht auseinanderhalten.« (»Zwillingsmütter berichten ...«, 3. Auflage).

Darüber hinaus scheint die Umwelt davon auszugehen, dass Zwillinge nicht getrennt etwas unternehmen können. Die Beispiele, in denen sofort nach dem Verbleib des anderen Zwillings gefragt wird, sind zahlreich.

»Bin ich mal nur mit Amelie unterwegs, werde ich sogleich gefragt: 'Wo ist denn das andere Kind?' Meine Antwort 'Welches Kind?', schließlich habe ich zwei weitere Kinder, aber an Fabian wird bei der Frage überhaupt nicht gedacht.« (»Zwillingsmütter berichten ...«, 3. Auflage)

»Heute haben wir längst eigene Lebensräume, sind verheiratet, haben Kinder und trotzdem: Treffen wir solo auf alte Bekannte, so ist meist der erste Satz die Frage nach dem anderen. 'Hallo Uli, wie geht's André?' (nicht 'wie geht's Dir? ') oder 'das ist Uli, die Schwester vom André' und nicht 'die Frau von, die Tochter von ...'« (Ulrike in »Zwillinge erzählen ...«, S. 98)

Wie können Sie anderen klarmachen, dass Zwillinge zwei Kinder sind?

❍ Zu allererst können Sie dies unterstützen, in dem Sie Ihre Zwillinge verschieden kleiden und sie nicht durch gleiches Äußeres (zusätzlich) gleichmachen.

❍ Auf Maxis und Connys Ähnlichkeit angesprochen, sage ich klipp und klar, dass ich da gar keine sehe. In der Pubertät waren die zwei von der Größe her zeitweise fünfzehn Zentimeter auseinander. Das sehen die meisten beim genaueren Hingucken schließlich ein.

❍ Ehe Sie sich ein wenig beleidigt auf das weitere Gespräch mit Fremden oder Bekannten gar nicht mehr einlassen, empfehle ich auch anderen Zwillingseltern: Sagen Sie der »Umwelt« doch einfach ganz freundlich, wie Sie Ihre Zwillinge sehen. Da kann niemand, der ernsthaft drüber nachdenkt, wirklich sauer reagieren.

❍ Die Umwelt ist normalerweise für Probleme von Zwillingen nicht sensibilisiert. Ich gebe zu, ich hatte auch keine Ahnung von Zwillingen und gar kein Wissen darüber, wie gleich oder nicht gleich sie sind und sein sollten. Machen Sie es der Umwelt leichter und erklären Sie Ihre Bedenken bezüglich zuviel Gleichmacherei.

Wollen Zwillinge selbst gleich sein?

Erziehungsratgeber haben leicht reden. Wenn Zwillinge relativ gleich sind und gleich sein wollen, ist der Versuch, sie verschiedene Dinge tun zu lassen, müßig, meinte Karin Eichin. »Meine Zwillinge Andrea und Sonja sind eineiig. Ich finde, eineiigen Zwillingen wird oft abgesprochen, dass sie wirklich so gleich sind und das auch sein wollen. Ich war selbst zunächst der Meinung, es wäre viel Larifari dabei, wenn ich manche Leute hörte, die sagten, alles müsste identisch sein, die Gedanken, die Worte und Werke. Doch ich habe meine Meinung etwas geändert, und zwar aus eigener Erfahrung.
Unsere Mädchen sind eineiig und trotzdem ist jede anders, für uns, die Eltern und auch für ihre Schwester. Andrea ist etwas größer als Sonja und auch im Gesicht etwas kräftiger. Für andere Menschen sind die beiden gleich und nicht auseinanderzuhalten. Seit der Geburt versuchte ich, Unterschiede auch durch verschiedene Kleidung hervorzuheben.
Bis mir etwas Komisches auffiel. Beide hatten Kleidchen an, verschiedene Farben, verschiedener Schnitt. Und jedesmal hieß es: »Ach, ist diese hier süß! Sie ist wohl hübscher als ihr Schwesterchen?« Dies alles mit dem berühmten Unterton.

Das sah ich mir ein paar Wochen an und merkte, dass es ganz einfach an den Kleidern lag. Wer von beiden das rosafarbene Kleid anhatte, war die Süße und Goldige. Dasselbe probierte ich mit mehreren anderen Kleidungsstücken aus - mit demselben Erfolg.

Und schließlich war das für mich der Anlass, meine Kinder doch gleich zu kleiden, und nicht deshalb, damit jeder sieht, es sind Zwillinge, das sieht man bei ihnen sowieso. Ich sehe es jedoch einfach nicht ein, dass andere Menschen die Kinder abstempeln nach Kleidern, dass die eine hübsch ist und die andere nicht. Wenn man dann blitzschnell die Kleider tauscht, ist es wieder genau umgekehrt.

Doch auch in anderen Bereichen tue ich mich schwer, meinen Zwillingen bei der Entwicklung zur eigenen Persönlichkeit zu helfen. Wie kann ich sie darin unterstützen, wenn es einfach nicht geht? Wie, wenn beide 'ein Herz und eine Seele' sind? Soll ich sie zwingen, verschiedene Dinge zu tun, wenn sie nicht wollen?

Bei meinen Mädchen ging die Gleichheit soweit, dass meine Kinderärztin mir riet, alles aufzuschreiben, was sie taten. Das lehnte ich dankend ab, denn dann würde ich nur noch mit Stift und Block herumrennen. Bei uns wurde und ist die Gleichheit Alltag. Wir leben eben damit und hoffen, dass sich das Problem mit zunehmendem Alter selbst legt.«

Mädchen können immer so schöne Kleider anziehen ... fand Fabian, Zwillingsbruder von Nora. Und so durfte er - als er etwa drei Jahre alt war - auch mal ein Kleidchen anziehen. Grund zur Besorgnis gab es allerdings nicht.

Erwachsene Zwillinge erinnern sich an gleiche Kleidung

Marion Dörflinger, Mutter zweieiiger Zwillingsmädchen, hatte Elke, einen erwachsenen Zwilling kennengelernt. Die beiden tauschten Erfahrungen aus, die Zwillingsmutter Dörflinger damals für die Zeitschrift ZWILLINGE aufzeichnete:
»Elke und Helga wurden im August 1939 geboren. Ihre Mutter war sehr unglücklich darüber - zu diesen Zeiten, und vorerst nicht mit dem Erzeuger der Zwillinge verheiratet. Die Mutter stellte sich dennoch schnell auf ihre Zwillinge ein und setzte alles daran, die beiden als 'Zwillinge' großzuziehen. Elke und Helga waren immer gleich gekleidet.
Später war es Elke, die vorgab, was wie gemacht wurde, die Zwillingsschwester zog nach. Manchmal wollte Helga etwas nicht mitmachen, und auch Elke hat immer wieder versucht, sich von ihrem Spiegelbild zu befreien. Die Mutter der beiden jedoch bestand darauf, dass Elke und Helga immer gleiche Wege gingen. Ausnahmen unerwünscht.
Beispiel: Einmal ließ sich Elke eine Frisur mit Scheitel einfallen, um endlich einmal anders als die Schwester auszusehen. Helga sah das und wollte ebenfalls einen Scheitel. Die Mutter war über die neue Frisur entsetzt und verlangte, beide Mädchen sollten wieder die gewohnte Tolle tragen. In der Schule versuchten die Lehrer, die Kinder mit Hilfe einer angesteckten Blume zu unterscheiden. Die beiden nutzten jedoch ihre Gleichheit aus und führten die Lehrer auch gern einmal an der Nase herum.«
Auch für Inge Hansen (Name von der Redaktion geändert) war es eine große Last, ihre eigene Identität zu finden:»Ich war fast schon erwachsen, als ich lernte, dass ich nicht so sein müsste wie meine Schwester und auch nicht so wie andere Klassenkameradinnen, die ich beneidete, sondern so wie ich, nämlich Inge und dass ich mir meinen eigenen Stil und meine eigene Weltanschauung aufbauen musste. Da ich selbst so große Schwierigkeiten hatte, meine Identität zu finden, liegt mir viel daran, zu verhindern, dass es anderen Zwillingen ebenso ergeht. Ganz wichtig erscheint es mir, dass man deshalb alles Mögliche für die Unterscheidung der Zwillinge tut. Zunächst einmal äußerlich: Unterschiedliche Kleidung, andere Haartracht, Förderung des eigenen Geschmacks in Kleidung, Schmuck, Handtasche usw.
Aber auch innerlich: Förderung von Vorlieben, eigenen Interessen, die der Bruder oder die Schwester nicht hat, und Förderung eigener Fähigkeiten. Die Kinder auf ihre eigenen Fähigkeiten einzeln stolz zu machen, ist, glaube ich, ein sehr gutes Mittel, die Entwicklung der Eigenständigkeit zu fördern.
Wenn ich mir heute vorstelle, dass meine Schwester und ich tatsächlich fast bis zum Schulende wie zwei gleiche Leute herumliefen und meist auch noch nebeneinander in einer Bank saßen, dann ist mir dabei gar nicht wohl. Da war einfach kein Spielraum, etwas Eigenes zu wählen.«

Erwachsene Zwillinge tragen gleiche Kleidung nur noch zu ganz seltenn Anlässen - zum Beispiel auf einem Zwillingstreffen wie diesem, das 2010 in Berlin stattfand.

Geschenke für Zwillinge immer gleich?

Eine gute Gelegenheit, unterschiedliche Fähigkeiten zu fördern, sind individuelle Geschenke. Doch für viele Zwillingskinder bleibt es schwierig, wenn Geschenke, zumal, wenn es sich um Spielsachen handelt, unterschiedlich ausfallen.

Ich erinnere mich an Weihnachten 1991. Maximilian und Constantin, gut siebeneinhalb Jahre alt und, meiner Meinung (Hoffnung?) nach, schon verständig, sollten diesmal zu Weihnachten verschiedene, aber gleichwertige Geschenke bekommen. In früheren Jahren hatten wir große Geschenke wie etwa eine Lego-Ritterburg beiden gemeinsam geschenkt ... und hatten damit nur Unverständnis (und noch mehr Streit) geerntet. Ich entschied mich diesmal also für einen heißgewünschten »Game-Boy« und einen kleinen sprechenden Computer. Und wieder hatte ich mit meiner wohldurchdachten Entscheidung voll daneben gegriffen. Schon bald stritten sich Max (der Game-Boy-Besitzer) und Conny (der Computer-Inhaber) um das heißbegehrte Stück, den Game-Boy. Der Sprachcomputer wurde kaum benutzt, der Game-Boy war immer wieder Gegenstand erbitterter Konfrontationen.

Und die Moral von der Geschicht: Nicht alles, was uns Erwachsenen gleichwertig dünkt, ist für Kinder wirklich von gleichem Wert. Warum hatte ich nicht bedacht, dass beinahe alle Spielkameraden auch einen Game-Boy hatten (man konnte mit einem Verbindungskabel gegeneinander spielen)? Warum war mir nicht aufgefallen, dass die Computerprogramme doch noch ein bisschen schwer für einen Erstklässler sind? Warum hab' ich nicht registriert, dass der Computer zwar klein, jedoch keineswegs so transportabel wie der Game-Boy ist?

Was sollten Sie beim Schenken bedenken?

○ Solange die Zwillinge noch klein sind, spielt es keine Rolle, was Sie ihnen schenken.

○ Sobald sie Spielzeug bewusst wahrnehmen, finde ich es entspannter, wenn relativ gleiches Spielzeug (vielleicht farblich unterschiedlich) geschenkt wird. Streitigkeiten werden sich trotzdem nicht immer vermeiden lassen, denn es ist ja immer nur das Spielzeug interessant, das der andere gerade hat.

○ Große Teile wie Kaufmannsladen etc. werden natürlich nur einfach geschenkt. Schwieriger wird es bei Cassettenrecordern etc. Meine Erfahrung: Sie sollten doch doppelt vorhanden sein, so dass jedes Kind ein Gerät hat, für das es verantwortlich ist.

○ Unsere Kinder haben bei einfach geschenkten Spielsachen selbst ausgemacht, wem was gehört. Von der Lego-Ritterburg gehörte die große Burg Maximilian, das kleinere dazugehörige Waldversteck (»mit den Robin-Hood-Männchen«) Constantin. Es war nicht vorauszusehen gewesen, dass eine solche Aufteilung stattfinden würde. Zu richtigem Streit kam es deswegen jedenfalls nicht.

○ Bei kleineren Überraschungen wird ausgelost, wer was bekommt.

○ Bei Kleidungsstücken darf jeder mal zuerst aussuchen, welche Farbe er haben möchte. Witzigerweise wählten die Kinder immer genau das, was ich ihnen vorher sowieso zugedacht hatte.

○ Wenn Geschenke partout nicht gefallen, darf getauscht werden. Diese Möglichkeit sollte jedoch vorher schon feststehen, damit es keinen Ärger gibt, wenn einer sein Geschenk behalten möchte, der andere aber tauschen.

Wie handhaben andere Eltern das Geschenkeproblem?

Dörte Outzen aus Neumünster hat ihren Zwillingen eigentlich immer das

Gleiche geschenkt: »Wir haben es in den letzten vier Jahren so gehalten, dass wir unseren Zwillingen (sie werden demnächst fünf) alles doppelt geschenkt haben. Wir haben zwar nicht immer alles genau gleich gehabt, aber der einzige Unterschied lag eigentlich an der Farbe der Dinge. Bekam Jenny einen rosa Elefanten, bekam Janine einen grünen.

Dieses Jahr machen wir es anders. Ich habe mit den beiden vor kurzem einen Wunschzettel zusammengestellt und jede hat sich etwas ausgesucht. Die Interessen sind so unterschiedlich, dass wir auch auf die Wünsche der Kinder eingehen werden.

Ich persönlich finde es auch besser, jedem das zu schenken, was er sich wünscht. Außerdem haben sie so auch wieder den Vorteil, dass sie anstatt vier doppelten Spielzeugen acht verschiedene haben. Allerdings haben sich die beiden auch gleiche Sachen gewünscht wie ein Fahrrad und ein Himmelbett für ihre Puppen. Auch diesen Wunsch werden wir natürlich respektieren.«

Anke Lilge aus Hannover hat auch immer wieder versucht, jedem Kind etwas anderes zu schenken: »Nachdem wir zuerst (naiverweise) gedacht hatten, man könnte sich ergänzendes Spielzeug kaufen, wurden wir eines Besseren belehrt. In den ersten zwei bis zweieinhalb Lebensjahren musste es nicht nur das gleiche, sondern auch gleichfarbige Spielzeug sein. Alle Versuche, dies zu beeinflussen, sind gescheitert. Seit etwa einem Jahr

kommen wir jedoch gut damit an, sich ergänzendes Spielzeug zu kaufen. Jeder hat seins, lässt den Bruder aber (gelegentlich) auch damit spielen. Völlig verschiedene Sachen (zum Beispiel ein Buch und ein Puzzle) sind aber weiterhin nicht erwünscht. Ich glaube und hoffe aber, dass sich das gibt, wenn sich bei beiden verschiedene Neigungen herauskristallisieren (was zur Zeit noch nicht unbedingt der Fall ist - leider!).

Größere Anschaffungen haben unsere Kinder bislang gemeinsam bekommen (zum Beispiel die Brio-Holzeisenbahn), und das funktioniert auch prima. Allerdings haben wir dann immer darauf geachtet, dass jeder noch eine Kleinigkeit persönlich von uns bekommt. Wenn man schon an einem Tag Geburtstag hat, muss man ja nicht unbedingt auch noch die Geschenke teilen.«

Petra Lauth geht auch lieber den »einfachen Weg« und damit dem Dauergestreite aus dem Weg: »Wir kaufen unseren Zwillingen (Carina und Stefanie, drei Jahre alt) meistens alles doppelt, da das Gestreite und Gezanke sonst kein Ende nehmen würde (zum Beispiel Puppenwagen, Dreiräder, Roller etc.). Stofftiere, Puzzles, Bücher etc. schenken wir unterschiedlich. Da gibt es keinen Streit. Große Teile, wie zum Beispiel Spielküche etc., gibt es ebenfalls nur einmal, da man ja sonst 'anbauen' müsste. Außerdem bin ich der Meinung, dass auch beide lernen müssen, miteinander zu spielen, zu teilen und zu tauschen.«

Marion Filter, Mutter von inzwischen erwachsenen Zwillingen hat sich beim Schenken immer ganz nach den Wünschen der Kinder gerichtet: »Warum nicht den Kindern das schenken, was sie sich wünschen? Warum sollte es nicht mal dasselbe oder - ganz nach Gusto - auch was unterschiedliches sein? Wichtig ist, dass die Kinder Freude an den Geschenken haben (und den lieben Eltern etwas Ruhe vergönnt ist). Wenn sich Kinder um Spielzeug streiten, kann es nicht gleich genug sein! Bei 'gleichen' Autos werden die Kinder immer noch geringfügige Unterschiede suchen (und finden) und bei unterschiedlichen Geschenken hat sowieso immer der andere Zwilling 'das tollere' bekommen. Aber selbst wenn um Spielzeuge gestritten wird: Zum Glück haben wir Zwillingseltern ziemlich gleich starke, gleichaltrige Zank- und Streitpartner. Machen wir also lieber die Tür zu, damit uns der Krach nicht stört, mischen wir uns nicht ein, und es wird viel schneller Ruhe einkehren, als wenn wir Erwachsenen auch noch mitmischen. Ganz große Streitobjekte, also Geschenke, bei denen unsere Zwillinge sich nie einigen können, lasse ich übrigens verschwinden ... und dank dieses Tricks kehrt auch bei uns bald wieder Ruhe ein!«

Einfach wollten es sich die Dörflingers nicht machen: »Zwar war von den 'Erstlingsgeschenken' einiges genau gleich, aber schon bald hatten sich die zukünftigen 'Dauerschenker' entsprechend eingestimmt und wir Eltern selbst gaben ihnen Beispiel dafür. Solange unsere Zwillinge Babys waren, ging das so: Zwei verschiedene Rasseln, Spieluhren, Bilderbücher etc. Als Jana und Nina Kleinkinder waren, wurde das Schenken schwieriger. Zum ersten erwachte der 'Futterneid', zum zweiten waren ihre Charak-

Geschenke für Zwillinge müssen nicht zwangsläufig gleich sein. Vorteil bei Pärchenzwillingen: Schon recht bald sind die Interessen der Kinder ganz verschieden. Hier Cedric und Natalie Pfeifer.

tere doch noch nicht so entwickelt, dass deutlich gewesen wäre, wer was bevorzugt. Omas sprachen daher besonders gern die Gaben mit uns ab, um möglichst nichts falsch zu machen. So hatten wir den schwarzen Peter. In diesem Zeitraum waren die Geschenke nie gleich, dafür aber immer in gleicher Richtung: Verschiedene Puppen, verschiedene Schmusetiere, Spiele, auch Kleider wurden in ganz verschiedenen Ausführungen geschenkt. Ab fünf Jahren bevorzugte Jana mehr Hosen, Nina Röcke. Jedenfalls hat unsere Verwandtschaft in unserem Sinne mitgezogen, das war sehr positiv.

Beim Auspacken der Geschenke entwickelte Jana eine gewisse Schnelligkeit, um sofort den Überblick zu bekommen über ihre neuen Sachen. Da Nina nicht so schnell war, sah Jana ihr auch beim Auspacken zu bzw. versuchte, ihr dabei zu helfen, was Nina natürlich ablehnte. Die beiden lernten, dass das äußerlich verlockender eingepackte Geschenk nicht unbedingt auch vom Inhalt 'das bessere' sein musste. Stets mussten sie sich mit dem abfinden, was sie erhalten hatten. Zum Glück waren beide

Teile meist zufrieden und Friede, Freude und Eierkuchen nicht weit.
Natürlich ging's bei uns auch nicht ohne Strategie. Wobei Werbe-, Mit-bring- und Zwischendurchgeschenke eine gute Übung waren, um alle Möglichkeiten durchzuspielen. Zum Beispiel: Jeder bestimmt einfach, was er haben mag (Tausch möglich), Eltern bieten Kleinigkeiten zur Wahl in geschlossenen Händen oder hinterm Rücken an. Wer zuerst wählen darf wird mit einem Münzwurf ausgelost oder jede durfte mal zuerst.

Unsere fixe Jana musste allerdings Nina manchmal den Vortritt lassen. Begründung: Weil du die Fixere bist (das nahm Jana als Lob), wählt Nina zuerst (die wäre zwar auch gern für Schnelligkeit gelobt worden, genoss es aber andererseits, den Vortritt zu haben).

Irgendwann - so mit dem sechsten Lebensjahr - begann ich, auch mal nur einem Kind etwas mitzubringen: 'Das habe ich gesehen und dabei gleich an Dich gedacht.' Natürlich achteten wir dann darauf, dass auch die andere mal drankam.

Heute sind Jana und Nina zehn Jahre alt und die Verschiedenheit wird immer prägnanter und damit das Schenken »persönlichkeits-speziell«.

Conny Nagels Zwillinge haben noch nie das gleiche bekommen, mit drei Ausnahmen: zwei Bobbycars, zwei Dreiräder, zwei Holzroller. »Bobbycars waren nicht in unterschiedlichen Farben zu bekommen, die Dreiräder gab es ebenfalls nur in einer Ausführung im Sonderangebot und die Holzroller sind seit meiner Kindheit identisch. Wir haben dann, um Streit zu vermeiden, die Gefährte durch Aufkleber gekennzeichnet.

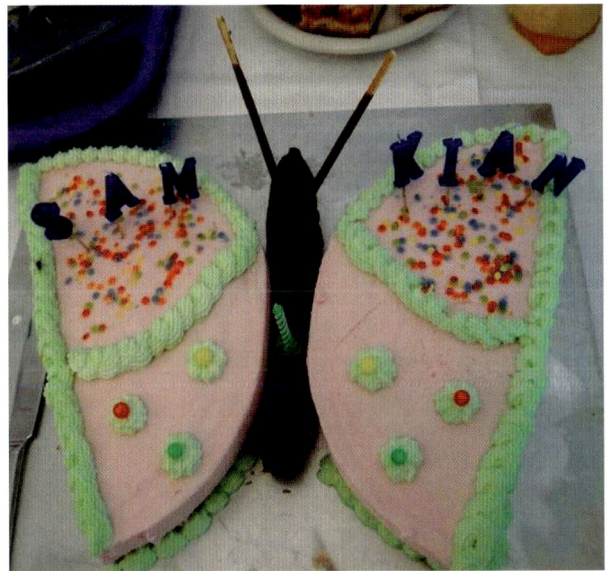

Eine tolle Geburts-tagstorte für Zwillinge. So gibt's einen Kuchen für beide und doch bekommt jedes Kind seine eigene Hälfte ...

Die Kinder bekommen wertmäßig das Gleiche. Wir versuchen, auf die unterschiedlichen Neigungen einzugehen, was einfach ist, da es Bub und Mädchen sind, und sie schon von daher verschiedene Wünsche und Interessen haben. Ich habe übrigens nie gedacht, dass Junge und Mädchen von den Neigungen her so verschieden sind, ich dachte immer, es ist auch Beeinflussung, von wegen Puppe oder Auto. Aber Joachim flippt wegen jedem Auto aus und Sophia liebt den größten Barbiekitsch. Und beides wurde von mir wirklich nicht gefördert. Große Geschenke wie Kasperletheater, Turnstange usw. gibt es gemeinsam. Alle drei (unsere älteste Tochter Johanna und die Zwillinge) bekommen von Fremden oft die gleichen Plüschtiere (wir könnten einen Zoo aufmachen). Diese werden dann durch Filzstift gekennzeichnet - denn, wehe es sind auf einmal nur noch zwei Dinos da und die gehören dann allen dreien. Wenn die Namen draufstehen, dann gibt es keinen Streit. Der Betroffene begibt sich dann auf die Suche nach 'seinem' Tier. Natürlich gibt es auch Neid und Enttäuschungen. Allerdings mehr bei Johanna als bei den Zwillingen. Die Zwillinge sind relativ genügsam. Aber sie müssen alle drei lernen, dass man nicht alles haben kann, was der andere hat, dass man teilen, sich arrangieren muss. Und das lernen Zwillinge frühzeitiger als andere Kinder.«

Eine eigene Geburtstagsfeier sollte schon drin sein

Nicht nur eigene Geschenke, sondern auch eine eigene Geburtstagsfeier für jeden Zwilling sollte möglich sein. Der Geburtstag ist einer der Tage im Jahr, an dem ein Mensch als Individuum besonders gefeiert wird. Für Kinder ist dieser Tag deshalb immer besonders wichtig. Nicht nur, dass es

Geschenke gibt, wer Geburtstag hat, steht in der Familie und bei Freunden einen Tag lang,»seinen« Tag, im Mittelpunkt.
Zwillinge müssen auch an diesem Tag wieder teilen. Und zwar weniger die Geschenke, als vielmehr die Aufmerksamkeit. Warum also nicht zwei Geburtstagsfeiern ausrichten, damit jedes Zwillingskind auf seine Kosten kommt?
Wir haben alle Varianten durchprobiert und fanden es am besten, wenn Maximilian und Constantin ihre jeweiligen Freunde an zwei verschiedenen Tagen zu verschiedenen Aktivitäten einluden. Zwar waren auch diese Festivitäten mit allerlei Arbeit für die Eltern verbunden (fünf Marmorkuchen!), doch jedes Kind stand einmal ganz allein im Mittelpunkt und durfte bestimmen, was gemacht wurde. Beide haben es sichtlich genossen. Seit Maximilians und Constantins legendärem 18ten - Überraschungsparty mit allen Freunden - feiern alle zusammen.
»Jedem Zwilling seinen eigenen Kindergeburtstag - seit ihrem fünften Geburtstag dürfen unsere Zwillinge jeweils ihren eigenen Geburtstag mit Freunden feiern. Dabei sind nur sie, also jeweils nur ein Kind - im Mittelpunkt. Natürlich laden sie sich gegenseitig ein. Und auch einige Freunde kommen eben zweimal. Dadurch werden Freundschaftsbeziehungen klarer und auch den beteiligten Erwachsenen (zum Beispiel den Eltern der Freunde) deutlich. Neben dem gemeinsamen Festtag mit der Familie ist dieser individuelle Kindergeburtstag für unsere Zwillinge sehr wichtig geworden.« (Rita Haberkorn in »Kindergarten und Schule«, ehemaliges Sonderheft der Zeitschrift ZWILLINGE)

Einige Ideen für Geburtstagsfeste

○ Solange die Zwillinge noch klein sind (unter vier Jahren), ist es meiner Meinung nach egal, ob Sie nur eine Geburtstagsfeier ausrichten. Sie sparen sich Arbeit, wenn Sie für Verwandte und Freunde nur einmal backen etc.

○ Anders wird es, sobald Ihre Zwillinge Freunde haben und in den Kindergarten gehen. Besuchen sie getrennte Gruppen, haben sie vielleicht eigene Freunde, die dann jedes Kind auch getrennt einladen können sollte.

○ Älteren (vernünftigen?) Zwillingen könnten Sie vorschlagen, dass in diesem Jahr der eine, im nächsten Jahr der andere eine Party steigen lassen darf, bei der jeweils ein Zwilling Gastgeber, der andere eben »nur« ein Gast ist.

○ Wenn die Kinder ihre Freunde an verschiedenen Tagen einladen dürfen, steht jeder einmal im Mittelpunkt der kleinen Gästeschar. Die Nachteile dieser Lösung: Für die Mutter bedeutet so ein Doppelfest an zwei aufeinanderfolgenden Tagen doppelt Stress.

○ Doch wer feiert zuerst? Jeder Zwilling ist einmal zuerst dran. Wir haben meist einen Tag vor dem richtigen Geburtstag und einige Tag danach mit Maxis und Connys Freunden gefeiert.

○ Um die Arbeit für mich, die Mutter, zu reduzieren, haben wir solche Geburtstagsfeste nach draußen verlegt. Max nahm seine Freunde zum Kegeln mit. Constantin hatte sich für einen Zoobesuch mit Freunden entschieden.

○ Eine gute Idee ist es auch, wenn Vater und Mutter mit je einem Zwilling und dessen Freunden getrennte Wege gehen und sich dann abends zum Pizzaessen beispielsweise wieder treffen. Vor allem bei Pärchenzwillingen werden solche getrennten Geburtstagaktivitäten auf Zustimmung stoßen.

○ Wenn Sie Ihren Kindern einen »Geburtstagsgabentisch« richten, so sollte jedes Kind eine Extra-Ecke für sich haben.

○ Natürlich soll auch jeder seinen eigenen Geburtstagskuchen bekommen. Das macht zwar Mühe (und Marmorkuchen konnte bei uns auch keiner mehr essen ... wenigstens eine zeitlang), doch gerechtigkeitshalber muss das so sein.

○ Auch für Eltern eingeladener Kinder ist das Schenken nicht leicht. Ein Geschenk für zwei? Die Eltern eingeladener Kinder sind oft unsicher, wie sie die Zwillinge beschenken sollen. Ich würde ganz offen darüber sprechen. Geschenke für zwei sind immer akzeptiert (zum Beispiel Spiele), Geschenke für beide, wenn getrennt gefeiert wird, sind nicht nötig.

Die Alternative: Namenstage feiern

Für Zwillinge (und mehr noch Drillinge) ist es eine gute Alternative, den jeweiligen Namenstag einzeln zu feiern. Für den, der nicht genau weiß, wann die Namenstage stattfinden: Namenstage stehen in vielen Kalendern oder im Internet. Und man muss nicht unbedingt eine besonders gläubige Familie sein, um diesen Tag zu feiern.
Vielleicht ist es gerade bei jüngeren Zwillingen schön, auch etwas über die Geschichte des jeweiligen Heiligen zu erfahren, um so einen besonderen Bezug zu diesem Tag zu erhalten.
Das Wichtigste aber ist: Wird der Namenstag eines Zwillings gefeiert, steht er/sie einmal allein im Mittelpunkt, darf sich in der besonderen Aufmerksamkeit »sonnen« und wichtig fühlen. Vielleicht gibt's auch kleine Geschenke?

Die wichtige Rolle von Paten für die Zwillinge

In dem Zusammenhang können auch Taufpaten wichtige Bezugspersonen für Zwillinge werden. Dabei ist es sicher von Vorteil, wenn jeder Zwilling einen eigenen Paten hat, der ihn mit einem Geschenk erfreut oder einmal etwas mit ihm unternimmt. Problem dabei: Was, wenn die Paten sich in unterschiedlicher Intensität um die Zwillinge kümmern - einer vielleicht sogar gar nicht - und wenn der Wert der Geschenke erheblich differiert? Einerseits erfahren Zwillinge durch verschiedene Paten auch einmal »Einzelaufmerksamkeit«, was ihnen sicher guttut. Andererseits können zusätzlich Probleme entstehen, die zusätzlichen Frust auslösen.

Zwillingsmutter Ina Ruhl hat deshalb einen anderen Weg eingeschlagen, damit aber auch eine gute Gelegenheit verpasst, ihren Zwillingen zu mehr Eigenidentität zu verhelfen.

»Ich möchte einmal ein Thema anregen, bei dem wir uns sehr schwer getan haben: Patenschaft. Wir haben lange überlegt, wie viele Paten für jedes Kind genommen werden sollen. Es standen zwischen ein und drei Paten im Raum.

Ein Problem ergab sich für uns, wenn der eine Pate dem einen Zwilling etwas Tolles schenkt und das andere Kind vom anderen Paten etwas erhält, das nicht so schön ist.

Oder, was ist, wenn später der eine Pate mit einem Zwilling etwas unternimmt (Schwimmen, Minigolf, ins Kino gehen oder oder oder.) Da kann der andere Zwilling doch schlecht zu Hause bleiben und Trübsal blasen? So haben wir zum Schluss gedacht, dass doch sowieso jeder Pate immer auch für das zweite Kind etwas mitbringt, bzw. keiner dem anderen vorgezogen werden soll.

Daher haben bei uns beide Jungs die gleichen Paten bekommen - und zwar drei Personen. Dafür sollen alle nicht so viel ausgeben und eher zu Geburtstagen, Weihnachten usw. zusammenlegen für größere Anschaffungen. Damit löst sich auch das Problem, dass man mit zuviel Kleinkram überschüttet wird, der dann eh nur wieder in den Ecken rumfliegt.« (Ina Ruhl in ZWILLINGE)

Etwas Eigenes braucht der Zwilling. Vielleicht ein Haustier?

Zwillinge brauchen etwas Eigenes, etwas, das nur einem der beiden gehört. Das kann ein eigenes Regal sein, eine eigene Ecke im gemeinsamen Zimmer oder wenigstens eigene Kleidung. Etwas, wofür dieser Zwilling allein verantwortlich ist.

Wenn Sie Platz und Zeit genug haben, könnten Sie auch über ein eigenes Haustier für einen oder beide Zwillinge nachdenken. Natürlich muss sicher gestellt sein, dass sich das Kind tatsächlich um das Tier kümmert. Aber dies wäre eine tolle Aufgabe, die ein Zwillingskind spüren lässt:

»Das Kaninchen Hansi ist *mein* Kaninchen. Es gehört nur zu mir. Ich allein kümmere mich um Hansi.«

Also - auch dies eine kleine, gar nicht so abwegige Idee, um Zwillingen zu einer eigenen Identität zu verhelfen.

Wir haben's nur zu *einem* Caramello (Norwegischer Waldkater) gebracht, der allen gehört. Die Folge: Caramello gehört irgendwie doch nur mir ...

Wir hatten jedoch auch nie wirklich Probleme mit der Identitätsfindung.

So einen niedlichen, kleinen Hasen hätten sich Nathalie und Svenja Reich gerne nach Hause mitgenommen. Für alle Kinder ist es toll, wenn sie sich um ein eigenes Haustier kümmern können. Doch die Anschaffung eines Tieres will gut überlegt sein. Allzu schnell lässt das Interesse nach.

Werner Blattert

Zwillingswelten

Zwillingswelten

Werner Blattert ist selbst ein Zwilling. Das Thema lässt den ehemaligen Lehrer nicht mehr los, denn er ist zugleich Zwillingsvater eineiiger Zwillingstöchter. In seinem Buch Zwillingswelten hat er allerlei interessante & skurrile Geschichten zusammengetragen.

19,10 € - Verlag BOD

Allgemeine Erziehungsprobleme und was sie für Zwillingseltern bedeuten

Erziehungsproblemfälle und was helfen könnte

Im Zusammenleben mit Kindern, mit allen Kindern, treten manchmal Probleme auf, wechseln sich schwierige Phasen mit leichteren ab. Bei Zwillingen sind viele Probleme nur deshalb problematisch, weil Zwillinge einander nachahmen, weil sie sich gegenüber ihrer Mutter (ihren Eltern) verbünden und weil die Nerven der Eltern einfach nur ziemlich dünn sind. Disziplinlosigkeit und Trotz sind Problemfälle, die sicher nicht nur bei Zwillingen ganz massiv sein können. Streit und Konkurrenz sind wiederum Widrigkeiten im Zusammenleben der Kinder, die bei Zwillingen viel ausgeprägter als bei einzeln geborenen Kindern ausfallen können.

Ist Disziplin ein Zwillingsproblem?

Zwei Zuschriften von Lesern der Zeitschrift ZWILLINGE sind mir beim Thema Disziplin und wie man sie bei Zwillingen durchsetzt, besonders im Gedächtnis geblieben: Eine Zwillingsmutter beklagte sich, ihre Zwillinge (damals etwa 18 Monate alt) würden nie einen Keks oder ein Brötchen aufessen. Kaum schrie die eine: »Neue haben«, warf auch die andere den angebissenen Keks weg. Die ganze Ortschaft sei schon mit angebissenen Keksen und Broten ihrer Zwillinge übersät.

Die andere Mutter beklagte sich bitter darüber, dass ihre Zwillinge (ein Pärchen, etwa zweieinhalb Jahre alt), seit sie die Technik herausgefunden hatten, ständig die Sicherheitsgurte der Autositze öffneten und sich im Auto selbständig machten. Schimpfen hätte nichts genutzt, ja sogar die Drohung, die Kinder einfach an der Straße abzusetzen und allein weiterzufahren, war bei den Kindern ohne Wirkung geblieben.

Ist Disziplin ein besonderes Problem bei Zwillingen? Ja, in gewisser Weise schon. Denn Zwillinge haben immer ein gleichaltriges Kind als »Vorbild«, das sie nachahmen. Dabei spielt es keine Rolle, ob die Zwillinge ein- oder zweieiig sind. Eineiige und zweieiige - alle lernen sie vom anderen Zwilling. Das Gute (wie 'das Töpfchen zu benutzen'), sowie das Schlechte ('mit dem Essen rumzumanschen').

Zwillinge sind aber auch in anderer Hinsicht ein besonderes »Disziplinproblem«. Sie stellen das Nervenkostüm ihrer Eltern auch im ganz normalen Alltag auf die Probe, einfach, weil viele Anforderungen doppelt kommen und die Bedürfnisse zweier Kinder möglichst zeitgleich befriedigt werden sollen. Wenn eine Mutter dann nicht gerade mit eisenharten Nerven ausgestattet ist, wird sie, gerade bei der hohen Nervenbelastung durch die Erziehung und Versorgung von Zwillingen, immer wieder dazu neigen, nachzugeben, nur um ihre Ruhe zu haben. Dabei verkennt sie - natürlich

-, dass sie manchmal besser hart geblieben wäre, denn Kinder sind unersättlich. Haben sie eine Grenze erfolgreich überschritten, steuern sie die nächste an. Von wegen Ruhe!

Ich will damit nicht sagen, dass Sie in allen Erziehungsdingen immer nur konsequent sein sollten (das schafft man nicht), sondern, dass Disziplinlosigkeit der Kinder oft einfach auch eine Folge elterlicher Inkonsequenz ist. Bestes Beispiel dafür war auch mein Erziehungsstil. Ich habe durch die frühe Doppelbelastung durch Beruf und Zwillinge oft einfach nicht den Nerv gehabt, eine Erziehungsposition konsequent durchzuhalten. Der Erfolg: Maximilians und Constantins »Unfolgsamkeit« fiel vor allem meinem Mann negativ auf, dem dann gegeben war, als zürnender Vater abends und am Wochenende mehr Strenge walten zu lassen.

Mit anderen Worten, wenn die Zwillinge der ersten Schreiberin immer wieder nach neuen Keksen verlangen und diese dann lustvoll auf die Erde pfeffern, sind nicht die Zwillinge schuld, sondern deren Mutter, die nicht den Nerv hatte, dem Treiben endlich Einhalt zu gebieten. Ich denke, dass kann man schon erwarten, dass eine Mutter (egal ob Zwillingsmutter oder nicht) in so einer Situation auch mal konsequent reagiert.

Etwas komplizierter ist die Sache mit den Autositzen. Die Mutter kann ja nun nicht gleichzeitig Autofahren und die Kinder hinten in den Autositzen beaufsichtigen. Sie kann zwar (und das tut sie ja auch) ermahnen, drohen und schimpfen. Doch das - siehe oben - zeigt ja keine Wirkung. Ich glaube, das einzig Wirkungsvolle, was die Mutter tun konnte, ist das, was sie getan hat: Sie hat eine zusätzliche Sicherung entworfen, die es den Kindern unmöglich machte, die Sicherheitsgurte selbst zu öffnen. Und sie hat sich aufs Abwarten verlegt. Schließlich könnte doch auch diese Phase einfach nur eine Phase sein und in absehbarer Zeit vorübergehen.

Zu viele Verbote machen das Erziehen schwer

So wie gerade beschrieben, die Zwillingsmutter zu einer List greift, um ihre unfolgsamen Zwillinge nicht immer wieder erfolglos maßregeln zu müssen, verfahren viele Eltern, indem sie ihre Umgebung zumindest für eine Weile so ausstatten, dass Verbote nicht dauernd ausgesprochen werden müssen.

Wir räumten für Maxi und Conny die unteren Etagen unseres Regals aus, in die sie dann ihr Spielzeug stellen konnten (wenn sie Lust dazu hatten). Max und Conny durften unseren Küchenschrank (mit weitgehend ungefährlichem Inhalt) ausräumen, sie konnten auf unserem Bett (nach zähem Kampf um ungestörte Nachtruhe schließlich nur noch ein Matratzenlager) nach Herzenslust herumtoben. Zimmer, die wir nicht umgestalten konnten oder wollten (Bad/Toilette), schlossen wir ab.

Unser Fernsehgerät stand im Laufstall (zum Schutz vor fingerfertigen Zwillingen), vor unsere Stereoanlage stellten wir einen großen (wenn auch

Konsequent sein, ist so verdammt schwer

Als Erzieherin hätte ich nie gedacht, dass die eigenen Kinder einen wirk-

lich mal so sehr fordern und man an seine eigenen Grenzen stößt, die man vorher gar nicht kannte. Aber ich hätte auch nie gedacht, dass es etwas so wunderbares ist, Zwillinge zu haben und sie stark fürs Leben machen zu dürfen. Und genau darum geht es doch bei der Erziehung von Kindern. Erst einmal ganz egal, ob Zwillingen oder nicht. Nur denke ich jetzt manchmal, dass wir Mehrlingseltern etwas mehr gefordert sind, damit wir unsere Kinder stark für

ihr Leben machen und wir selber nicht auf der Strecke bleiben, da halt die meisten »Extremsituationen« gleich doppelt oder dreifach auftreten. Angefangen beim Stillen, die Nachtmahlzeiten, die natürlich für jedes weitere Mehrlingskind den eigenen Schlaf bis aufs Minimum reduzieren, die Trotzanfälle und vieles mehr! Anders herum dürfen wir von Glücksmomenten profitieren, die Einlingseltern niemals erleben dürfen. Wie toll war zum Beispiel der Moment, als sich Hanno und Lasse das erste mal bewusst wahrgenommen haben ...

Ich glaube, je mehr Kinder man hat, um so wichtiger sind klare Strukturen, Regeln und Konsequenz. Dazu bedarf es aber auch jeder Menge Disziplin der Eltern. Ich finde, immer konsequent zu sein, ist so verdammt anstrengend. Aber nötig. Kleines Beispiel: Bei uns gilt die Regel, dass wir alle zusammen am Mittagstisch sitzen und Hanno und Lasse (jetzt drei Jahre alt) so lange sitzen bleiben müssen, bis beide mit dem Essen fertig sind. Keiner muss seine Portion aufessen und wenn jemand, warum auch immer, mal keinen Hunger hat, kann er auch einfach nur so bei uns sitzen. Ich finde gerade mittags den Austausch über den Kindergartentag sehr wichtig.

Jedoch sind Regeln natürlich auch da, um mal zu testen, was passiert, wenn man sie nicht einhält. Eines Tages war es dann soweit, Hanno stand immer und immer wieder auf, nach zwei Ermahnungen habe ich ihm gesagt, wenn er sich jetzt nicht wieder auf seinen Stuhl setzt, kann er nach dem Mittagessen auch nicht mit uns fernsehen. Er reizte es natürlich bis aufs letzte aus. Und was man sagt, muss man dann auch durchziehen - oberste Priorität der Konsequenz. Ein passender Spruch dazu: Drohe nie etwas an, was du nicht halten kannst oder möchtest, denn Kinder werden Dich testen. Und das taten sie dann. (Nicole Sloma) nicht gerade schönen) zusammengefalteten Pappkarton. Maximilian und Constantin wurden älter und verständiger. Irgendwann brauchten wir die Schutzvorrichtungen nicht mehr und hatten uns mit diesem Schutz doch viele »Neins« und »lass das« und viel Generve erspart.

Auch bei unserem dritten Kind, einem Einling, haben wir viele Verbote durch Ideen umgangen. Oft haben wir aber auch einfach alles so gelassen und gedacht: »Ach was, es ist ja nur ein Kind. Das kann man leichter im Auge behalten als Max und Conny damals!« Das stimmte natürlich, andererseits hat mich Nicolais Gefummel an unserer Stereoanlage doch genervt und wir haben uns durch unsere zu große Bequemlichkeit, unser Haus nicht doch ein wenig kindgerechter zu machen, auch viele Verbote, die ständig wiederholt werden mussten, und Gemeckere aufgehalst.

Bei Zwillingen scheint es mir deshalb, im Vergleich zur Situation mit nur einem Kind (oder unterschiedlich alten »Einlingen«), wirklich viel empfehlenswerter, den Kindern möglichst viel Freiräume einzurichten, damit ständige Verbote unterbleiben können. Zwar muss auch ein Zwillingskind lernen, was »Nein« heißt und es muss lernen dieses »Nein« zu respektieren, doch es bleiben im Alltag mit Kindern - zum Beispiel draußen oder in anderer nicht kindersicherer Umgebung - noch genügend Möglichkeiten, Disziplin zu lehren und zu lernen.

Trotz relativ weniger Verbote konnten Max und Conny schon als ganz kleine Kinder heftig ihre Köpfe schütteln (so synchron wie »Gogo-Girls« einer Tanztruppe), wenn ich sie aufforderte: »Macht mal nein-nein-nein.«

Auch Trotz ist kein typisches »Zwillingsproblem«

Maximilian hat uns mit seinem Trotzkopf manchmal ganz schön fertig gemacht. Für Streiche war er noch zu klein, für trotzige Wutanfälle hat es schon im Alter von 18 Monaten gereicht. Dann warf er sich vor dem Spielplatz auf den Fußweg, schrie und schlug so lange die Stirn auf den Boden, bis er wegen der kleinen, spitzen Kieselsteine blutete.

Constantin - und das ist das Verzwickte an Zwillingen - machte es seinem Bruder bald nach, obwohl er von Natur aus ein Kind war, dass nie besonders aufmuckte. Können Sie sich vorstellen, wie Passanten (vornehmlich andere Mütter) dem Schauspiel mit Begeisterung folgten? Immer ein genüssliches »wie wird sie reagieren ...?« im Hinterkopf.

In der Öffentlichkeit reagierte ich - gar nicht. Bei so vielen Zuschauern ließ ich der Wut lieber ungebremsten Lauf und wenn Maximilian sich bald ausgetobt hatte, nahm ich ihn in den Arm. Natürlich nicht als Belohnung, sondern, weil er es brauchte, um wieder lieb zu sein.

Eine im nachhinein besonders witzige Episode in Sachen Trotz und Wut ist mir heute noch im Gedächtnis geblieben: Ich muss es gestehen, einmal hat mich Maximilian mit seinem Wutgebrüll wegen einer nassgewordenen (im Plantschbecken) Lieblingshose so genervt, dass ich mir nicht mehr

Auszeit hilft bei Trotzanfällen

Auch unsere Zwillingstochter Roya hatte im Alter von etwa zwei Jahren eine Phase, in der sie sich wütend auf den Boden fallen ließ und brüllte. Es war wirklich Gott sei Dank nur eine kurze Phase von circa zwei bis drei Monaten, aber es kam uns wie eine Ewigkeit vor.

Unserem Kinderarzt schilderte ich auch mal das Problem, dass sich Roya ständig selbst am Tisch den Kopf anschlug und ähnliches selbstverletzendes Verhalten an den Tag legte. Er sagte mir, dass es ihr Versuch sei, Aufmerksamkeit zu bekommen. Und wir sollten versuchen, das einfach zu ignorieren, auch wenn es im Supermarkt oder der Fußgängerzone sei, was natürlich super schwierig ist, da man die missbilligenden Blicke aller anderen auf sich zieht. Das Kind würde von selbst damit aufhören, wenn es merkt, es kommt so nicht weiter.

Wenn es aber den Eltern erst einmal beigebracht hat, dass es damit die Aufmerksamkeit bekommt, und wenn es auch nur negative Aufmerksamkeit ist (sprich Schelte, Wegziehen vom Tisch o.ä.) ist es sehr schwer, dieses Verhalten wieder wegzubekommen. Die einzige Situation, in der man natürlich einschreiten MUSS, ist, wenn die Aktionen selbstgefährdend werden. Bei uns hat sich bewährt, das Kind, welches gerade »austickt« aus der Situation herauszunehmen und im Nebenraum auf einen Stuhl zu setzen, der isoliert steht, also kein Spielzug, Tisch oder ähnliches in der Nähe steht. Roya und Keno (der Zwillingsbruder von Roya) dürfen erst wieder zu uns kommen, wenn sich derjenige, der die Auszeit brauchte, wieder beruhigt hat. Das kann nach zwei, drei Minuten sein, kann aber auch mal zehn Minuten dauern, je nachdem ... Man sagt als Regel, eine solche Auszeit solle maximal circa eine Minute pro Lebensjahr dauern.

Am Anfang ist das natürlich mit ständigem Aufstehen und Weglaufen der beiden auch kraftraubend, aber das haben unsere Zwillinge dann schnell gelernt. Und nun ist es so, dass sich beide relativ schnell wieder beruhigen

und von sich aus nach kurzer Zeit sagen »wieder lieb« und dann kann es weitergehen, bzw. natürlich nicht, sondern neu starten ... (Birte Schoormann)

anders zu helfen wusste. Ich sperrte den randalierenden Maximilian in einen Schuppen, der allerdings kein dunkles Verließ war, sondern reichlich Luft und Licht durch die Holzlatten ließ. Keine fünf Minuten, und Max hatte sich ausgetobt. Und ich hätte meinen Ausrutscher in Sachen Erziehung bestimmt nicht hier zugegeben, wenn die Geschichte nicht ein wirklich witziges Ende gefunden hätte.

Ein paar Tage später hängte ich frisch gewaschene Wäsche im Garten auf. Max wollte sich seinen Schokoladenmund an der blütenweißen Wäsche abwischen. Ich schrie »nein!!!«, Er schrie »doch!!!«. Nachdem er sich den Mund an der frischen Wäsche abgewischt hatte, weil ich ihn nicht schnell genug davon abhalten konnte, rannte er von allein in den Schuppen. Was blieb mir übrig - ich musste lachen, und als Anti-Trotz-Mittel habe ich die Schuppenkur nie mehr benutzt.

Was können Sie tun, wenn Ihre Zwillinge bocken?

○ Trotzalter ist die Phase zwischen anderthalb und drei Jahren, in der manche Kinder mit regelrechten Wutanfällen ihrem Ärger Luft machen oder versuchen, ihren Kopf durchzusetzen. In Amerika spricht man von den »terrible twos«, nicht den schrecklichen zwei Kindern, sondern dem schrecklichen Alter von zwei Jahren. Wie alle Phasen, geht auch diese vorbei. Sie können also auch einfach abwarten, bis es soweit ist.

○ Bei Zwillingen sind die »terrible twos« unter Umständen noch schlechter zu ertragen, weil beide Kinder gleichzeitig davon »befallen« werden. Und Zwillinge stacheln sich gegenseitig an ... Wenn Sie also nicht die Nerven haben, den täglichen Kleinkampf aufzunehmen, könnten Sie versuchen, a) Ihre Zwillinge räumlich (in zwei verschiedenen Zimmern) zu trennen oder b) sich selbst ein Weilchen von den oder dem kleinen Wutbolzen fernzuhalten. Verfrachten Sie die Kinder ins Kinderzimmer, Tür zu, und holen Sie im Wohnzimmer tief Luft (Kopfhörer auf und Musik vom iPod ins Ohr geschraubt). Nach ein paar Minuten haben Sie sich abreagiert - und die Kinder vielleicht auch?

○ Andererseits leiden trotzende Kinder nicht selten auch unter Trennungsängsten. Trotz ist ja so etwas wie der Ausdruck für die Diskrepanz zwischen einer größeren (erwünschten) Unabhängigkeit (von der Mutter) und der bestehenden Abhängigkeit, weil ein Kind in diesem Alter noch viel mehr will, als es schon kann. Wenn Sie das Gefühl haben, Ihr Kind braucht Sie, auch und gerade im Trotzanfall, dann sollten Sie es nicht allein lassen.

○ Die schlechteste Methode, mit trotzigen Kindern umzugehen, ist sie zu verhauen - (obwohl es kaum eine Mutter/einen Vater gibt, der/dem nicht schon mal beinahe die Hand ausgerutscht ist). Das hilft erstens nicht und macht Ihnen zweitens ein schlechtes Gewissen. Vielleicht verhauen Sie - um sich Luft zu machen - lieber ein großes Sofakissen? Den Kindern schadet es manchmal auch gar nicht, zu sehen, dass Eltern auch nur Menschen sind ...

○ Die Kinder anzubrüllen, schafft einem selbst mehr Luft (ein nicht ganz so schlechtes Gewissen) und ... nützt auch nichts.

○ Den Kindern nachzugeben, ist auch keine gute Lösung. Denn schließlich dienen Trotzanfälle dazu, Grenzen abzustecken. Die Kinder möchten ausloten, wie weit sie gehen können. Und das muss man ihnen mit Konsequenz und starken Nerven zeigen. Andererseits sollten Sie nicht immer nur konsequent »konsequent« bleiben wollen. Reagieren Sie situationsbedingt und seien Sie deshalb eben auch einmal offen für andere Lösungen.

○ Am besten ist immer noch, wenn Sie es schaffen, die Kinder sich austoben (mit der Wut quasi ins Leere laufen) zu lassen. Danach können Sie das Kind (oder beide) wieder trösten, vielleicht versuchen, ein Verbot oder Ihr Handeln vernünftig zu erklären. Natürlich wird ein 20 Monate altes Kind manches noch nicht (und schon gar nicht vernünftig) verstehen, doch unser Nicolai (damals ein Trotzkopf wie sein Bruder Max) hat ganz genau kapiert, dass er die spitze Schere nicht haben durfte, wegen der er sich auch zu gern den Kopf auf den Boden haute (von wem er das wohl hatte?).

○ Eine gute Methode ist auch das beliebte »Ablenken«. Leider funktioniert sie nicht immer.

○ Wenn meine trotzigen Jungs mich kniffen oder mir ärgerlich ins Gesicht hauten, gab es bei mir körperliche Gegenwehr: die sogenannte »Notkitzelung«. Dabei kitzelte ich den kleinen Zornteufel gerade soviel, dass, sich die Aggression im wilden Kitzelspiel auflösen konnte.

○ Ein wunderbares Buch in diesem Zusammenhang, ist die »Motzkuh«, die immer dann kommt und ihr Unwesen treibt, wenn Kinder motzig trotzig sind. Statt weiter herumzuzicken, müssen sie dann lachen.

○ Wenn bei Zwillingen ein Wutanfall gleichzeitig kommt, verfahren Sie am besten nach Methode a) (siehe oben), trennen die Kinder und lassen jeden für sich zur Ruhe kommen.

○ Und in der Öffentlichkeit? Bleiben Sie so gelassen, wie Sie nur können. Und lassen Sie sich nicht auf Diskussionen mit Zuschauern ein (»Wenn das meine Tochter wäre, dann hätte ich ihr schon längst ...«), antworten Sie am besten gar nicht auf ungefragt erteilte Erziehungsratschläge.

Ein wütendes, bockendes, brüllendes Kind packen Sie am besten in den Buggy und schieben damit ab (egal, ob Sie nun Ihre Einkäufe nicht erledigen konnten). Ein Kind, das sich vor lauter Wut selbst wehtut, können Sie ruhig eine Weile toben lassen ... und dann, wenn die Wut weg ist, trösten. Ich habe immer wieder festgestellt, dass die Kinder danach gern in den Arm genommen werden, nicht als »Belohnung« für Herumgebocke, sondern als Bestätigung dafür, dass ich sie trotzdem liebhabe ...

Konkurrenz und Streit

Zwillinge - ein Herz und eine Seele? Mitnichten. Es gab Phasen in Maxis und Connys Leben, da stritten sie von morgens acht bis abends acht und das manchmal so erbittert, dass ich dachte, sie zerfleischen sich nochmal. Wir verglichen sie auch immer mit den beiden alten (vermeckerten) Männern auf der Balustrade der Muppet-Show ...
Die erste Phase begann mit etwa 18 Monaten, sie endete mit etwa dreieinhalb. Erst dann waren die beiden in der Lage, auch einmal miteinander zu spielen und nicht immer nur Spielzeug wegzureißen.
Stärker waren diese Streitphasen immer dann ausgeprägt, wenn Max und Constantin zu viel zu nah beieinander waren, etwa eine gemeinsame

Kindergartengruppe besuchten. Weniger Streit gab es immer dann, wenn sie wenigstens vormittags eigene Wege gehen konnten.

Streit und Konkurrenz ist auch bei anderen Zwillingen an der Tagesordnung. »Sie streiten zwar sehr oft, aber die Versöhnung ist danach um so schöner. Wenn die 'Schlägerei' nicht allzu gefährlich wird, lasse ich sie in Ruhe, passe aber auf, dass sie sich nicht verletzen. Meistens kommt aber nach kurzer Zeit einer zu mir gerannt und sucht Trost. Ich versuche aber immer wieder, dass sich die beiden untereinander wieder versöhnen und trösten.« (aus »Zwillingsmütter berichten ...«, 3. Auflage, S. 221.) »Aber Streit und Kämpfe sind doch immer wieder da. Solange nicht die Gefahr besteht, dass sie sich verletzen, greife ich nicht ein. Bei anderen Kindern verhalten sie sich rücksichtsvoller als untereinander. Dort geben sie bereitwillig alles her. Doch zusammen wird erbittert um jedes Teil gekämpft.« (aus »Zwillingsmütter berichten ...«, 3. Auflage, S. 219)

Konkurrenz am stärksten bei zweieiigen Jungen

Abgesehen vom Streit. Konkurrieren Geschwister unterschiedlichen Alters je so wie manche Zwillinge? Nein, das kann ich mir einfach nicht vorstellen. »Ich kann besser lesen als Conny«, meinte Maximilian, unser erstgeborener Zwilling, gleich nach dem ersten Schulstart. Zwar als erster geboren, war er jedoch keineswegs immer der »Erste«. Tatsache ist auch, dass er damals eher schlechter gelesen hat als sein Bruder, aber was heißt das schon. Hauptsache er bestand auf seiner Führungsrolle.

»Ich fahre aber besser Ski als Maxi«, betont Conny, der im Abschlussrennen seines Skikurses leider nur Achter (von 15) geworden ist. Stimmte. Die Skilehrerin hatte bei der Medaillenvergabe gesagt, dass Conny, der beste der Gruppe, als Pechvogel leider gestürzt sei ...

Und so ging es tagtäglich bei uns zu. Schon morgens beim Aufstehen gab es um das »Schneller-angezogen-Sein« ein Gerangel. Manchmal nutzte ich das aus, um beide schneller in ihren Sachen zu haben. Aber wehe, wenn es einen tatsächlichen »Gewinner« gegeben hatte ...

Konkurrenz unter Zwillingen ist möglicherweise ausgeprägter als unter Geschwistern unterschiedlichen Alters. Besonders ausgeprägt, so ist in der Literatur zu lesen, sei sie unter gleichgeschlechtlichen zweieiigen Zwillingen - direkte Vergleichbarkeit zweier unter Umständen sehr unterschiedlicher Menschen.

Ich kann das bestätigen. Werden zweieiige Zwillinge befragt, so ist Konkurrenz vor allem im Sport oder in der Schule an der Tagesordnung.

»Bei uns herrscht ein ständiger Wettbewerb. Mein Zwilling und ich kämpfen um dieselben Dinge seit wir auf der Welt sind - die Liebe unserer Eltern, die Noten in der Schule, im Sport, um die Anerkennung bei den Lehrern, Freunden und um unsere Individualität.« (Zweieiiger Zwilling zitiert in ZWILLINGE)

Die »Manhart'sche Regel«:
Jeder kann etwas besser als der andere

Leopold und Ferdinand sind jetzt fünf Jahre alt. Leopold ist circa acht Zentimeter größer als sein Bruder Ferdinand, worunter dieser immer ein wenig leidet, aber seinem größeren Bruder dennoch in nichts nachsteht! Aus dieser Situation heraus und da die beiden generell immer gerne konkurrieren, habe ich folgende Regel für uns aufgestellt: Es ist nicht wichtig, wie groß man ist, sondern es zählt immer nur, wie gut man etwas kann!

Und da beide auch nicht alles gleich gut können, gilt bei uns eine weitere Regel: Jeder kann etwas besonders gut!

So ist unser Ferdinand sehr wendig und sportlich, er saust wie ein Flitzebogen die Skipiste herunter und wurde dieses Jahr beim Skikursrennen als »Kleinster« natürlich Nummer 1. Stolz wie Oskar versteht sich!

Leopold hat Platz 4 erreicht. Er war nur ganz kurz traurig, als er merkte, dass Ferdi die größere Medaille bekommen hat!

Aber Leopold kann dafür schon wie ein Fisch tauchen und schwimmt durchs ganze Becken (allerdings noch mit Schwimmgürtel). Ferdi dagegen paddelt noch wie ein Hündchen herum.

Aber, ich denke, es ist wichtig, ihnen beizubringen, dass nicht beide alles gleich gut können. Und es gibt bei jedem Kind andere Stärken. Wenn man ihnen das aufzeigt, fühlt sich jedes Kind einmal als »Sieger« und gönnt dem anderen auch, dass er etwas besser kann ...

Das klappt wirklich sehr gut und die beiden haben es auch schon gut verinnerlicht. (Annette Manhart.)

»Rivalität ist ein Teil unseres Zwillingsdaseins. Beinahe alles, was wir tun, zielt darauf ab, den anderen auszustechen.« (aus ZWILLINGE) Ist denn ein bisschen Konkurrenz tatsächlich so viel Aufhebens wert? Ja und nein. Ein Quäntchen »gesunde« Konkurrenz kann Zwillingen als Ansporn dienen. Den ganzen lieben Tag lang wildes Konkurrenzgerangel ist dagegen weder förderlich, noch für die Zwillingsmutter erträglich. Wie also damit umgehen? Ich persönlich versuchte, Kontrahenten zu trennen, das heißt, nicht (nur) räumlich, sondern vor allem, was die jeweiligen Aktivitäten anbelangt. Maximilian schickte ich zum Anziehen in unser Schlafzimmer, Constantin zog sich - nachdem er mir beim Frühstückstischdecken geholfen hat - im (damals noch gemeinsamen Zwillings-) Zimmer an. Maximilian las mir nach dem Mittagessen im Wohnzimmer vor, Constantin nahm ich mir am Nachmittag zur Brust.

Als die beiden älter wurden (und sich leider nur teilweise verschiedene Interessen herauskristallisierten), wollte ich sie auch bei den Freizeitaktivitäten trennen - einer spielt Fußball, der andere Tennis etc. Das ist jedoch nicht ganz so geglückt, wie Sie an anderer Stelle schon lesen konnten.

Außerdem hoffte ich auf etwas mehr Vernunft. Schon früh appellierte ich an die (nicht vorhandene) Vernunft, sagte, dass es doch gar nicht wichtig sei, ob einer immer der beste, schnellste, tollste ist ... Ich versuche, den beiden klarzumachen, dass nicht jeder auf allen Gebieten der erste sein kann.

Beide nickten immer sehr verständig. Doch dann fragte Maximilian hartnäckig: »Aber älter bin ich doch?« »Ja, Du bist älter als Constantin.« Immerhin zwanzig Minuten - und das war eine ganze Menge für einen kleinen ehrgeizigen Jungen.

Streit kommt natürlich auch bei Mädchen-Zwillingen vor. So kennt auch Ursula M., deren Zwillinge Ellen und Silke beim ersten Erscheinen dieses Buches fast 14 Jahre alt waren, viele Situationen, in denen ihre Töchter miteinander konkurrieren. »Die Streitereien beginnen am Frühstückstisch, teilweise mit Ausdrücken, dass einem die Haare zu Berge stehen, und enden oft nur dank der Tatsache, dass der Tag einfach vorüber ist. Ja, selbst noch bevor abends das Licht im Zimmer ausgeknipst wird, gibt's noch einen Grund zum Streiten.

Die Kleidung im Schrank wird von beiden getragen, auch wenn sie anfangs unterschiedlich gekauft wird, plötzlich findet ja auch die andere Wohlgefallen daran - diese Hose, dieses Sweatshirt muss auch probiert werden (wenn's sein muss, unter Protest). Werden aber doppelte Sachen gekauft, hat die eine ständig das Gleiche an (natürlich immer das frischere aus dem Schrank), so dass die andere erst gar nicht rankommt. Deshalb gibt's schon in aller Frühe den ersten Streit.

Silke ist immer eine Spur schneller aus dem Bett, somit immer auch einen Schritt schneller am Schrank, demnach auch eher angezogen. Natürlich will Ellen genau 'das T-Shirt' an diesem Tag anziehen, genau »nur diese Hose«

- und schon haben wir die größte Balgerei! Kleidung ist ein Streitpunkt, da kann die winzigste Kleinigkeit zu einem orkanartigen Sturm werden. (Für jemanden, der das noch nicht miterlebt hat, eigentlich unvorstellbar.) Ein anderer Streitpunkt: Schule! Gewöhnlich hat man Hausaufgaben nach der Schule. Es gibt aber auch heutzutage die Möglichkeit, dass ein Teil der Bücher in der Schule deponiert wird oder nach Gebrauch mit nach Hause genommen werden kann. Also, was macht Ellen? Sie lässt Silke die benötigten Bücher heimschleppen. Warum sollte man auch die Bücher zweimal schleppen? Und daheim fordert sie, natürlich schon gar nicht im höflichsten Ton, die Herausgabe des benötigten Arbeitsmaterials. Verweigert Silke, wird entweder unter schwersten Drohungen die Herausgabe erzwungen oder aber hinterlistig stillschweigend die Hausaufgabe heimlich einfach abgeschrieben, sobald Silke außer Reichweite ist. Natürlich bemerkt das Silke, denn die Schulsachen werden von Ellen rausgeräumt, aber auf gar keinen Fall in den Schulranzen zurückgeräumt. Also ist Silke mehr als erbost - sie zieht aber meistens den kürzeren. Silke lässt sich auch immer wieder in ihrer Gutmütigkeit von ihrer Zwillingsschwester übers Ohr hauen.

Streitpunkt Aufräumen. Die Dinge, die man hier und überall verstreut liegen lassen kann, angefangen vom Bleistift bis hin zu diversen Kleidungsstücken, all diese Sachen gehören zur Benutzung jedem, sobald es aber ums Aufräumen geht, ist plötzlich niemand mehr zuständig bzw. hat überhaupt niemand mit diesem Bleistift geschrieben, niemand hatte die Schuhe oder die herumliegenden Socken an. Es gibt täglich große Debatten darüber, wer für was eigentlich zuständig wäre.

Eltern mit Kindern verschiedenen Alters haben wahrscheinlich auch ähnliche Probleme, aber ich finde es bei den Zwillingen noch stressiger, ganz einfach deshalb, weil der Widerstand mit doppelter Kraft kommt. Die Kinder sind eben körperlich und geistig auf *einer* Ebene, der Sprachschatz ist der gleiche, und diese endlosen Diskussionen mit beiden sind manchmal sehr zermürbend.

Streitpunkt Sport. Beide sind sehr sportlich, beide spielen Fußball. Die Sportlehrer stöhnen, der Trainer stöhnt. Es ist auch auf diesem Gebiet ein ewiger 'Ich-bin-besser-Kampf'. Ist die Tagesform bei der einen nur mal eine Spur besser, dann ist das für die andere gleich eine Tragik. Lehrer und Trainer haben es sich, glaube ich, abgewöhnt, nur mal für eine ein Lob auszusprechen.«

Ute Baurs Zwillinge sind Mädchen - eineiige Zwillinge noch dazu: Sie schreibt:»Unsere Kinder sind nun schon gut sechs Jahre alt. Doch richtig begriffen, was da vor sich geht, habe ich erst im vergangenen Sommer. Dana und Helen waren damals fünfeinhalb.

Zuerst wunderte ich mich über Bemerkungen wie: 'Ich wünschte, ich hätte keine Schwester' oder 'Ich wünschte, sie wäre tot'. Sicher, bei uns sind Streitereien seit jeher an der Tagesordnung, und schon immer achteten beide darauf, dass die Schwester nicht zu lange bei Oma auf dem Schoß saß oder von jemand bevorzugt wurde. Doch jetzt plötzlich wurden diese Eifersüchteleien massiver, etwas Hass mischte sich ein, obwohl sie sonst oft als Einheit auftraten und, wenn es darauf ankam, immer zusammenhielten.«

Ute Baur war durch die neue Entwicklung geschockt, denn sie war von Anfang an immer sehr darauf bedacht gewesen, jedes Kind als eigene Person zu sehen und zu behandeln. Im Kindergarten besuchten Dana und Helen verschiedene Gruppen, die Kleidung ist auch nicht immer gleich. Seit Anfang des Jahres hatten sie verschiedene Frisuren und wurden dann auch nicht mehr so oft verwechselt. Dennoch scheint es gerade für Außenstehende sehr schwer zu sein, zu verstehen, dass Zwillinge nicht gleich sind, dass sie nicht alles gleich gut können und auch nicht immer das gleiche mögen.

Der Alltag sieht dann so aus: »Du hast aber ein schönes Bild gemalt, hat Deine Schwester auch so schön gemalt?« Wenn nicht, dann gucken die Erwachsenen komisch. Doch auch gleichaltrige Spielkameraden verhalten sich Dana und Helen gegenüber kaum anders - wahrscheinlich hören sie von Erwachsenen, dass Zwillinge nun mal immer gleich sein müssen. »Du kannst schon Fahrradfahren und Deine Schwester?« fragen die Nachbarn. Sind Verwandte oder Freunde zu Besuch heißt es oft: »Nun sind wir mal gespannt, wer zuerst aufgegessen, Zähne geputzt, den Schlafanzug an hat oder im Bett liegt ...« Ute Baur sagt: »Von morgens bis abends ein wahrer Eierlauf. Vielleicht ist es bei Geschwistern unterschiedlichen Alters ähnlich. Doch da kann man wenigstens mal sagen: 'Schau, Du bist halt noch kleiner oder schon größer ...' Wenigstens ein kleiner Trost für eine Kinderseele.«

Wie empfindlich und sensibel die Kinder auch Kleinigkeiten registrieren, zeigte Helen. Die Mutter: »Eines Abends hatte ich noch im Bad zu tun, und die Kinder sollten schon oben in ihr Kinderzimmer gehen. Nachdem immer noch aus dem Wohnzimmer Geräusche zu hören waren, rief ich: 'Ihr seid ja immer noch nicht oben.' Daraufhin sagte Helen: 'Mami, wie viele Kinder haben wir denn noch? Dana ist doch schon oben!' An diesem Abend nahm ich mir vor, auch auf meine eigenen Äußerungen besser zu achten.

In den nächsten Tagen sprach ich dann auch Nachbarn, Freunde und Verwandte an, erklärte ihnen das Problem und bat sie, in Zukunft nicht immer gedankenlos auch gleich das andere Kind nach seinem Können zu fragen. Ich stieß auf viel Verständnis, und alle gaben sich wirklich Mühe.«

Einer ist immer unterlegen

Konkurrenzkampf gleichberechtigter Partner ist eine Sache - wenn immer nur ein Kind unterlegen ist, ist das eine andere. Bei uns war das so. Von Geburt an war Zwilling Constantin immer derjenige, der zurückstecken musste. Erst musste er warten, bis Max, der Schreier, seine Flasche getrunken hatte (gleichzeitig Füttern ging nicht), dann nahm ihm Max alles Spielzeug weg, Kinder am Spielplatz »standen« nur auf »die Kleine mit den Locken« (Max), später hatte vor allem Max Spielkameraden, Conny blieb immer nur im Schlepptau.

Dann brillierte Max im Sport, hatte Erfolge in der Schule ... Constantin musste wie immer zurückstecken. Es war sehr schwierig, ihn zu stärken, ohne gleichzeitig Maxis Erfolge herabzuwürdigen. Es fiel uns auch ganz einfach schwer, denn Max war damals so erfolgreich, dass er einfach alles »überstrahlte«. Seine Lehrerin sagte: »Ich beglückwünsche Sie zu diesem Kind.« Beim Eishockey machte Max genug Tore, um an Platz 4 der sogenannten »Skorerliste« zu stehen und um Conny, der noch nie eines gemacht hat, in den Schatten zu stellen.

Auch Ute Baur, die Mutter eineiiger Zwillinge, macht sich Gedanken darüber, dass eine ihrer Töchter immer zurückstecken muss. »Eine unserer Töchter ist etwas sensibler und verkraftet Niederlagen nicht so leicht. Dem dauernden Konkurrenzkampf und der ständigen Angst, eventuell schlechter zu sein als die Schwester, ausgesetzt, lernt sie auch nur schwer, Niederlagen zu verarbeiten. Sie resigniert. Während sich Dana eher angespornt fühlt, wenn Helen etwas besser kann, steckt Helen sehr schnell auf. Zum Beispiel beim Fahrradfahren: Obwohl Helen das Radfahren leichter zu lernen schien und sie die Nase vorn hatte, gab sie lieber auf, als Dana drauf und dran war, sie einzuholen. Wir brauchten viel Geduld, um Helen zum Weitermachen zu ermutigen. Im Kindergarten hat es Helen

Gegensätzlicher können Zwillinge nicht sein

Unsere Zwillinge Tino und Kai sind inzwischen vier Jahre alt. Sie sind zweieiig und optisch wie auch charakterlich sehr unterschiedlich. Tino, der Erstgeborene (er ist 15 Minuten älter), ist hellblond, klein (8 Zentimeter kleiner als sein Bruder) und hat einen zierlichen, feinen Körperbau. Kai ist hellbraun,

großgewachsen und hat einen schlanken, aber muskulösen Körperbau. Tino ist sehr introvertiert (wie der Papa) und Kai sehr extrovertiert (wie »das Mami«).

Tino und Kai hängen sehr aneinander und gleichzeitig ist das Konkurrenzverhalten und die Rivalität bei beiden sehr ausgeprägt: jeder will das »Größte, Beste, Schönste« haben, aber mindestens das, was gerade der Bruder in den Händen hat.

Kai ist dabei dominanter und auch körperlich aggressiver, Tino, der Kleinere, Zierlichere, ruft halt häufig Mami um Hilfe und klagt sein Leid oder versucht indirekt, das Objekt der Begierde dem Bruder abzuluchsen!

Wenn es gewalttätig wird, schreite ich natürlich ein - ansonsten nicht - ich weiß ja, dass sie sich inzwischen beide mit ihren jeweiligen »Waffen« behaupten und sich aber auch bald einigen können.

Auswärts mit anderen Kindern oder im Beisein anderer Erwachsener wird übrigens so gut wie nie gestritten und beide fügen sich gut in eine Gruppe (Kinder) ein, egal ob sie zusammen sind oder getrennt.

Seit August 2011 gehen Tino und Kai getrennt in eine Spielgruppe in unserem Dorf: Tino, der Scheue, am Mittwoch Vormittag und Kai am Donnerstag Vormittag. Das klappt super, obwohl natürlich mein »introvertierter« Tino am Anfang Trennungsschmerz vom Mami hatte. Wenn ich allerdings außer Sicht- und Hörweite war, war alles wieder ok. Kai machte die Trennung von mir nie etwas aus - das Angebot an Spielmöglichkeiten und mit anderen Kinder zu spielen ist jeweils sehr attraktiv für Kai. Tino verkriecht sich anfangs immer in sein Schneckenhaus, bis er sich anderen Menschen (auch sprachlich) öffnet. Ab Sommer 2012 werden Tino und Kai in den Kindergarten gehen. Ich gebe sie in getrennte Kindergartengruppen. (Verena Richiger) etwas geholfen, dass sie in einer eigenen Gruppe ist. Dadurch wurde sie selbstbewusster, wenn sie sich auch immer noch schwerer tut, auf andere Kinder zuzugehen. Dana ist viel kontaktfreudiger.

Durch ihr Verhalten gerät Helen leider oft ins Hintertreffen, obwohl es eigentlich nicht nötig wäre. Es scheint uns, sie möchte lieber etwas gar nicht können, als schlechter als ihre Schwester zu sein.«

Wie kann man nun ausgleichend eingreifen, ohne einen zu loben, der es nicht verdient hat und einen zu ducken, der es noch viel weniger verdient hat?

Wie können Eltern dem unterlegenen Zwilling helfen?

Dominiert immer einer der Zwillinge (und das meist schon vom Babyalter an), so können viele Eltern nicht einfach zusehen, wenn immer einer alles einstecken muss und der andere »austeilt«. Allein schon das ohrenbetäubende Gebrüll, das zwangsläufig folgt, wenn ein Zwilling dem anderen wieder Spielzeug entrissen hat, lässt Eltern in diese Streitigkeiten eingreifen. Aber wie - ohne den dominanten immer nur zu ducken und den schwächeren Zwilling immer nur in Schutz zu nehmen?

○ Solange die Kinder noch klein sind, kann man nicht an ihre Vernunft appellieren. Da hilft nichts, wenn einer dem anderen immer Spielzeug entreisst, dann müssen Sie eingreifen und die Kontrahenten notfalls trennen.

○ Wenn sich Streitigkeiten dieser Art auf verbaler Ebene austragen lassen, die Kinder sich also mit Worten verständigen lassen, können Sie auch schon mal versuchen, dem dominanteren Kind mit Worten beizukommen.

○ Es nützt aber nichts, das stets unterlegene Kind immer nur zu trösten. Wichtiger wäre, wenn Sie dessen Selbstbewusstsein stärken können. Es ist auch nicht richtig, nur zum »Zurückhauen« zu ermuntern. Bei unseren Kindern war der ansonsten immer unterlegene Constantin im Vorteil, denn er konnte wenigstens so schnell rennen, dass ihn Max nicht einholen konnte.

Bei den vorangegangenen Tipps bin ich davon ausgegangen, dass sich die Dominanz des einen Zwillings vor allem durch Aggression, also beispielsweise durch Wegreissen von Spielzeug, äußert. Doch das ist nur eine Facette des dominanten Verhaltens. Es fängt doch schon damit an, dass einer im unvermeidbaren Vergleich ständig schlechter abschneidet. Beispiel: Unsere Zwillinge Maximilian und Constantin, ersterer war bei den Klassenbesten, letzterer musste viel üben, um in seiner Klasse mithalten zu können. Und so versuchte ich auch auf diesem Gebiet, den Guten zu loben, ohne den anderen dadurch herunterzusetzen.

○ Brachte Max wieder einmal ein fehlerfreies Diktat nach Hause, dann freute ich mich und kommentierte es entsprechend. Constantin bekam das gleiche Lob auch schon, wenn es mal bei »nur« drei Fehlern geblieben war.

○ Ich lobte Max nicht überschwenglich und möglichst nur dann, wenn Conny außer Hörweite war. Das ist vielleicht nicht die allerbeste Lösung, allerdings »verstand« Max auch schon mal, warum ich das so machte.

○ Oder, wenn Max etwas gut gemacht hatte, freute ich mich mit ihm und setzte aber auch hinzu, dass Conny dies und jenes auch gut gemacht hätte. Beispiel Fußball: Max hatte wieder einmal zwei Tore geschossen. »Ja«, sage ich, »das war super, hab' ich gesehen. Aber hast Du auch die tolle Vorlage gesehen, die Conny dem Jascha gemacht hat?« So im gemeinsamen Gespräch habe ich Constantin immer wieder auch zu etwas (verdienter!) Anerkennung verholfen.

○ Vielleicht denken Sie jetzt: »Was für rhetorische Feinheiten? Muss ich mir denn wirklich jedes Wort vorher überlegen?« Doch, ja. Zwillinge haben bedauerlicherweise besonders feine Antennen für solche Dinge.

○ Andererseits musste Constantin auch anerkennen, dass Maximilian ihm in vielen Dingen überlegen war. Ich habe ihn dann gebeten, sich doch nicht immer mit Max zu messen. Ich sagte beispielsweise: »Du bist doch ein anderer Mensch, lass doch Deinen Bruder! Du kannst dafür andere Sachen besser!« Ich bildete mir ein, dass diese Gespräche dem damals etwa neunjährigen Constantin durchaus geholfen haben, vermeintliche Niederlagen besser zu verdauen. Eines wussten wir beide jedenfalls ganz genau: Max konnte nicht (oder nur schlecht) verlieren. Vielleicht ist das inzwischen etwas besser geworden? Ich muss Max mal fragen, wie das heute so beim Schafkopfen ist. (Schafkopfen ist ein Kartenspiel).
Ein Grund dafür, dass Max immer dominieren wollte und seinen Kopf in der Regel durchsetzte? Max ist einfach so einer, kommt aber durchaus auch sehr gut bei anderen an, denn er bestimmt, wo's langgeht und alle Kinder - so sagte seine Lehrerin - wollten Maxis Freunde sein.
Constantin dagegen hatte wie vorher schon beschrieben keine (eigenen) Freunde. Das lag einerseits daran, dass seine Klassenkameraden weiter weg wohnten (das hatte man nun davon, dass sie in zwei verschiedene Klassen gingen), andererseits lag es daran, dass er im Schlepptau von Max keine Not an Spielkameraden hatte. Kinder, die jemand zum Spielen abholen wollten, fragten allerdings damals nur nach Max.
Als alle drei erwachsen waren, sah es anders aus: Kam ein Freund oder rief jemand an, fragte ich: »Wen möchtest Du haben: Du hast die Auswahl zwischen Max, Conny und Nicki ...«
Beobachtete ich damals den etwa neunjährigen Constantin, wie er mit

anderen Kindern umging, so bemerkte ich nicht, dass er benachteiligt gewesen wäre. Manche Kinder schienen gerade auch ihn zu bevorzugen, weil er eben nicht so extrem tonangebend war, wie sein Bruder.

○ Können Sie Ihrem unterlegenen Zwilling helfen, eigene Freunde zu finden? Das dürfte wohl sehr schwierig sein. Freunde kann man nicht so einfach finden, das muss von selbst kommen. Ich habe allerdings Conny angeboten, ihn ruhig auch einmal zu einem weiter entfernt wohnenden Klassenkameraden zu fahren.

○ Ich könnte mir auch vorstellen, dass man so etwas unterstützen kann, in dem man Zwillingen Gelegenheit gibt, in der Freizeit unterschiedlichen Interessen nachzugehen. Leider haben uns da ja unsere Kinder einen Strich durch die Rechnung gemacht und spielten beide Fußball und später auch Eishockey.

Vielleicht konnte ich nur ein bisschen ausgleichend wirken, aber ein bisschen ist oft schon sehr viel. Das Wichtigste in der Erziehung von Zwillingen ist vor allem, dass Eltern jedes Kind seinen eigenen Weg gehen lassen. So haben sich auch unsere Zwillinge eines Tages zwangsläufig, aber ohne jeden Stress, getrennt und Constantin konnte viele (positive) Erfahrungen abseits von seinem allzu dominanten Bruder Maximilian machen.

Streit unter Zwillingen immer ein Thema

Zum Thema »Streit und Rivalität« unter Zwillingen trafen sich auch die Eltern des Zürcher Zwillingselterntreffs. Die Gesprächsleitung hatte Zwillingsmutter Elisabeth Erb, aus deren Bericht (in der »Zwillings-Ziitig« abgedruckt) hier zitiert wird.
»Grundsätzlich gilt, Eifersucht und Rivalität gehören zum menschlichen Leben, niemand ist dagegen gefeit. Übermäßige Gefühle dieser Art deuten auf einen empfundenen Mangel hin, der objektiv für den Beobachter eventuell nicht nachfühlbar ist, für das betroffene Kind jedoch immer Realität ist.
In welchen Erscheinungsformen tritt Eifersucht und Rivalität auf? Streitigkeiten um Dinge, Reihenfolge (wer kommt zuerst?), später um Freunde, Leistung (xy ist mein Freund, ich bin besser als Du), Zuwendung (Du, Mami oder Papi, hast den anderen lieber). Manchmal kommt es zu aggressiven, erbitterten Kämpfen, die für die Kinder selbst, die Familie, die Kameraden schwer zu ertragen sind. Diese Art der Rivalität wird von uns Eltern meist als negativ abgelehnt, doch ist zu fragen, ob nicht eine gesunde Rivalität möglich und notwendig ist, um sich mit der Umwelt auseinanderzusetzen.

Manchmal fühlt sich nur eines der Kinder zurückgesetzt und reagiert mit Abwehr, während das andere als das ausgeglichenere Kind, das »liebere« scheint und eher einlenkt. Oft provoziert dies das aggressive Verhalten des Geschwisterkindes.

Zwillinge mit einer engen Bindung: Oft wird ein bestimmtes Rollenverhältnis zwischen ihnen schon früh eingenommen - (introvertiert, extrovertiert ...). Es besteht die Gefahr, dass sich das unterlegen fühlende Kind aufgibt zugunsten des als stärker empfundenen. Dieses Kind entwickelt sich manchmal auf Kosten des anderen. Eifersuchtsgefühle können verstärkt vorhanden sein und sich zum Beispiel in erhöhter Krankheitsanfälligkeit, Unfallgefährdung, Leistungsschwäche (»ich kann es ja doch nie so gut wie meine Schwester/mein Bruder«), besonders Bravsein und anderen Symptomen äußern.

Wir haben versucht, die Ursachen zu ergründen: Zwillinge werden von Geburt an immer wieder miteinander verglichen, ganz besonders eineiige. Zuerst auf äußere Verschiedenheiten hin, dann in Bezug auf Entwicklungsunterschiede, später immer mehr auf Intelligenz- und Begabungsmerkmale hin. Sehr schnell spürt ein Kind, ob Zwilling oder nicht, wenn ein Geschwisterkind mit Vorzügen, die anerkannt werden, Vorteile genießt und vielleicht sogar ausdrücklich als Vorbild hingestellt wird. (»Deine Schwester/dein Bruder hält Ordnung, nimm Dir an ihr/ihm ein Vorbild ...«) Ein Kind, das sich immer wieder oder dauernd unterlegen oder nicht angenommen fühlt, wehrt sich mit seinen individuellen Möglichkeiten,

Carlos und Julius Kötter wurden schon im Kindergarten immer wieder miteinander verglichen. Die Grundschule absolvierten sie in getrennten Klassen. Auf der Mittelschule sind sie wieder zusammen.

Dauerstreit - das Problem kennen wir!

Carl-Leon und Marc-André - es trennt sie genau eine Minute - sind eigentlich ständig dabei, sich zu messen. Es vergeht kein Tag, an dem mir nicht einer der beiden erzählt, was er gegenüber seinem Bruder wieder besser geschafft hat. Wir machen dann ganz deutlich klar, dass wir beide genauso lieb haben. Marc-André ist dabei ein ganz hervorragender Schauspieler. Carl-Leon ist der ehrlichere bei der Bekanntgabe der Missetaten, hat aber häufig in der Schule »die Pappnase« auf, was die Ehrlichkeit angeht. Problem ist hier nur, dass die Lehrer nur sehen, was die Kinder schaffen, nicht wie sie eigentlich gestrickt sind.

Zu Hause lösen wir das »Kampftheater«, in dem wir sie gnadenlos auseinander sperren. Inzwischen fangen die beiden an, uns gefallen zu wollen, was zur Folge hat, dass sie sich »benehmen wollen«. Sie sind gerade zehn Jahre alt geworden, mal sehen, was daraus wird.

Ich habe erzieherisch jetzt echt mal die »Brutal-Nummer« gefahren, will heißen, sie mussten, um ihr Video-Spiel spielen zu können, sich den ganzen Tag gut benehmen. Natürlich waren sie stinksauer auf mich, aber der Zweck heiligt die Mittel. Es hat hervorragend funktioniert.

Eine Grundschul-Rektorin gab mir mal den Tipp (aus eigener Erfahrung), dass man den Kindern genau das streichen soll, was ihnen Spaß macht. Dann setzen sie alles daran, es wieder zu bekommen. Es klappt bei uns auch zunehmend (Star Wars, etc.). Es hört sich sehr hart an, aber es funktioniert ... Meine Herren zicken zwar ziemlich, aber immerhin sind sie sehr brav, denn der Entzug des Lieblingsspielzeugs bzw. der Lieblingsbeschäftigung wirkt sehr deutlich. Es bleibt weiterhin sehr interessant. Ich weiß nach wie vor

nicht, ob sie sich miteinander oder gegeneinander entwickeln. Langsam fängt allerdings der Ehrgeiz an, zu wirken. Sie versuchen, den Bruder auszustechen. (Susanne-Ariane Kind).

Carl und Marc und das tägliche Kampftheater

im schlimmsten Fall gibt es sich selbst auf und benötigt fachliche Hilfe. Zweieiige Zwillinge, besonders die Kombination Knabe/Mädchen, rivalisieren manchmal besonders stark, was in der unterschiedlichen Persönlichkeitsstruktur und Entwicklungsgeschwindigkeit begründet sein kann. In Karchers »Wie ein Ei dem anderen« (Anm. d. Red.: Dieses Buch ist leider vergriffen und wird nicht neu aufgelegt) heißt es: Streit ist notwendig, damit die Zwillinge Abstand voneinander gewinnen.
Wie können wir Eltern uns verhalten? Bewusst wahrnehmen, dass jedes Kind ein Individuum mit eigenen Qualitäten und Schwächen ist und als solches einmaliges Menschenkind ernst genommen und geliebt sein will. Vergleiche sollten auf ein Minimum beschränkt werden (Selbsterziehung der Eltern!). Eltern sollten Gelegenheiten schaffen, bei denen das Selbstvertrauen der Kinder gestärkt wird.«

Wie können Eltern Streitigkeiten begegnen?

Zunächst einmal: Ein gewisses Maß an Streitigkeiten und Auseinandersetzung muss sein. Nur wer sich durchsetzen kann, hat auch im Umgang mit anderen Kindern und später im Leben eine Chance. Streit hilft gerade Zwillingskindern auch bei der oft so schwierigen Identitätsfindung.
Trotzdem kann es für Mütternerven (sie sind ja tagsüber am meisten betroffen) ziemlich anstrengend sein, wenn sich die Zwillinge rund um die Uhr streiten. Der Geräuschpegel ist enorm und irgendwann möchte man einfach auch mal nur seine Ruhe haben. Also, was tun?

○ Solange die Streitigkeiten nicht allzu handgreiflich ausgetragen werden, sollten Sie Ihre Zwillinge ruhig einmal streiten lassen. Streit - siehe oben - hat ja auch durchaus positive Seiten.

○ Kleine Kinder, die sich noch nicht verbal - also mit Worten - auseinandersetzen können, tragen Streit natürlich handgreiflich aus. Zwillinge beißen sich sehr oft. Ich fand das auch etwas abartig, dass Maxi und Conny zeitweise von blauen Flecken - Bissstellen - übersät waren, doch ich hatte von diesem Phänomen in amerikanischer Literatur gelesen. Dass sich gerade Zwillinge (keine Altershierarchie!) beißen, ist also ganz normal.

○ Wenn's zu handgreiflich wird, sollten Sie Ihre Kinder (räumlich) trennen. Je älter die Zwillinge, desto öfter können Sie aber auch Ihre Kinder ermutigen, nicht gleich zuzuhauen oder zu beißen, sondern mit Worten zu argumentieren.

○ Bei Auseinandersetzungen nicht mehr ganz so kleiner Kinder, kann man versuchen, eine Art »Streitgespräch« zu inszenieren. Jedes Zwillingskind setzt sich auf einen Stuhl, die Mutter dazwischen und dann wird jedem

Zeit gegeben, seinen Standpunkt darzulegen. Und dann wird gemeinsam nach einer Lösung gesucht.

○ Übrigens hat es fast keinen Sinn, das beliebteste Streitobjekt »Spielzeug« doppelt anzuschaffen. Zwillinge wollen, gerade wenn sie noch klein sind, immer genau das haben, was der andere gerade hat.

Wir hatten trotzdem fast alle Dinge gleich und zumindest doppelt gekauft. Es hat wenigstens unsere Hoffnung auf weniger Streitgeschehen genährt ...

Tätlichkeiten unter den Zwillingen

Ein besonderer Aspekt beim Streit unter Zwillingen ist die tätliche Auseinandersetzung: Es prallen (meist) zwei in etwa gleich starke Kontrahenten aufeinander. Die Kämpfe sind einfach erbitterter, denn ein Sieger ist oft nicht so leicht zu ermitteln.
Da Zwillinge natürlich auch schon im Kleinkindalter, wenn sie noch nicht sprechen können, ihre Auseinandersetzungen haben, werden diese oft mit Fäusten und - was gerade bei Zwillingen deutlich häufiger vorkommt - mit Beißen ausgetragen. »Was soll ich bloß machen, meine Kinder beißen sich so schlimm?« rief mich eine Mutter an, als ich nach 21 Uhr eigentlich keine große Lust dazu hatte, anderer Leute Probleme zu lösen. Andererseits muss die Verzweiflung groß gewesen sein, wenn sie keinen anderen Zeitpunkt für dieses Gespräch finden konnte.
Eltern sind befremdet, dass ihre Kinder scheinbar »tierische« Auseinandersetzungsformen anwenden. Doch das ist leicht erklärt: Wer sich nicht mit Worten wehren kann, beißt halt schnell mal zu.
Unsere eigenen Zwillinge waren im Alter von anderthalb bis drei Jahren von blauen Flecken übersät. Ich scherzte immer, sie sähen wie misshandelte Kinder aus. Doch die beiden misshandelten sich gegenseitig. Sie bissen sich gegenseitig - in den Rücken, in den Kopf und überhaupt in jedes Körperteil, das sich der ersten Wut bot. Als ich es verstanden hatte, warum sie sich bissen, fand ich es recht plausibel und gar nicht mehr so abartig. Vielleicht konnte man als Mutter ja vernünftig reagieren?

Was können Eltern tun?

○ Wenn Streitigkeiten tatsächlich in wüste Kämpfe ausarten: Eingreifen. Es muss nicht sein, dass sich die Kinder gegenseitig verletzen.

○ Ich trennte die Kontrahenten und »sperrte« jeden in ein eigenes Zimmer, bis sie sich wieder einigermaßen beruhigt hatten. Voraussetzung: Das »Wut-Zimmer« war einer Gummizelle ähnlich und das jeweilige Kind (das besonders wütende Kind) konnte sich nicht verletzen.

○ Gab es Tage, an denen Streit in der Luft lag, wurden alle angezogen und wir gingen nach draußen spazieren. Merke: Auch Kinder haben Tage, an denen sie besser im Bett geblieben wären (Decke über'n Kopf und durch) ... beim Toben im Freien entspannt sich manche kritische Lage.

Richtig streiten kann man lernen

Meine Zwillinge Paula und Leon sind 4,5 Jahre alt und das Streiten ist auch bei uns ein Thema. Allerdings sehe ich das Streiten von Zwillingen oder Geschwisterkinder als durchaus notwendig an und das habe ich meinen Kindern auch erklärt. Denn wann im Leben kann man nochmal so einfach lernen, sich mit anderen auseinanderzusetzen bzw. durchzusetzen?
Damit das Streiten aber nicht zu heftig wird, müssen die folgenden Regeln eingehalten werden:

● Es darf nicht geschlagen, gehauen, getreten, gebissen, gezwickt ... werden. Wer das doch macht, geht bei mir konsequent ins Zimmer (das letzte Mal war jetzt ungefähr vor drei, vier Monaten, das finde ich schon eine lange Zeit!)

● Es darf diskutiert, aber nicht angeschrieen werden!

● Außerdem versuche ich, mich nicht in den Streit verwickeln zu lassen und wenn es die Situation zulässt, dann sage ich oft, sie sollen das »unter sich« klären.

Bei uns hält sich das Thema Geschwisterstreit inzwischen wirklich sehr im Rahmen. Das war aber nicht immer so. Seit ich ihnen unsere Regeln

mit damals ungefähr drei Jahren erklärt habe, ist es sehr entspannt. Sie haben durchaus ihre verschiedenen Meinungen, aber ich finde es ganz toll, wie sie es jetzt schon meist alleine schaffen, sich auseinanderzusetzen. (Saskia Strässer)

Streit und Schreien

Das Schlimmste am Streit ist wohl das ohrenbetäubende Geschrei mit dem alle Auseinandersetzungen einhergehen. Streit ist leider laut. Kindergeschrei kann Eltern den letzten Nerv rauben und selbst dagegen anzuschreien, ist keine Lösung.

Der schlimmste Anruf, den ich je zum Thema Schreien bekommen hatte, war der eines Zwillingsvaters, dessen Frau völlig durchdrehte. Ihre Zwillinge - extreme Frühchen, teilweise taub - schrien den lieben langen Tag dermaßen schrill, dass diese Mutter kurz davor war, ihren Kindern etwas anzutun. Während ich mich mit dem Vater ganz ruhig unterhielt, schrie auch seine Frau hysterisch im Hintergrund, sie halte das nicht mehr aus, sie würde sich oder die Kinder umbringen etc.

Ich selbst habe das Schreien meiner Kinder auch kaum ausgehalten. Von morgens acht Uhr bis abends acht Uhr herrschte bei uns Kriegszustand, als Max und Conny anderthalb bis dreieinhalb Jahre alt waren. Ich schrie dagegen an. Schließlich war ich nur noch in der Lage, ganz heisere Laute von mir zu geben. Die Hals-Nasen-Ohren-Ärztin, zu der ich in die Sprechstunde ging, meinte: »Werfen Sie doch lieber Geschirr an die Wand, statt zu schreien.« Meine Stimmbänder waren überbeansprucht. Ein kinderloser Urlaub von fünf Tagen Dauer löste das Problem.

Danach hatte ich gelernt, »stimmbandschonend« zu schreien. Denn nötig schien es mir leider immer noch.

Schreien Sie nicht zurück

◯ Wenn Kinder streiten geht's laut zu. Doch Sie sollten nicht versuchen, dieses Gebrüll durch eigenes Schreien zu übertönen. Damit schaden Sie Ihren Stimmbändern und die Kinder hören auch nicht auf Sie. Sie stumpfen gegenüber Mutters Schimpfkanonaden regelrecht ab.

◯ Schlimmer noch. In Familien, in denen viel geschrien wird, wird lautes Sprechen oder Schreien zum Schluss gar nicht mehr gehört. Es scheint so, als ob Kinder gegenüber lauten Äußerungen ihrer Eltern abstumpfen. Schreien sollte wirklich nur etwas für absolute Ausnahmesituationen sein.

◯ Wenn Sie in eine Krise wie die oben beschriebene geraten, scheuen Sie sich nicht, professionelle Hilfe zu suchen. Erziehungsberatungsstellen sind die richtige Anlaufstelle.

Streit vermeiden - besondere Techniken helfen

Jetzt haben Sie lesen können, dass Zwillinge streiten und wie Eltern versuchen können, mit dem Streit umzugehen. Aber warum streiten sich

Zwillinge? Übrigens auch eineiige, bei denen man immer voraussetzt, dass sie ein Herz und eine Seele sind (und dann wirkt Streit noch ver-störender auf die Eltern).

Zwillinge stehen immer in enormer Konkurrenz zueinander - es geht immer darum, besser zu sein, mehr wahrgenommen zu werden, mehr Aufmerksamkeit bei Eltern zu bekommen ... nicht hintendran stehen zu müssen. Es fehlt die natürliche Altershierarchie.

Daran wird man nichts ändern können, aber vielleicht gibt es einen Trick, um Streitpotential zu mindern und Zwillinge zu friedlicherem Miteinander anzuregen?

Ein Grund für Streit unter Zwillingen ist, dass sie vieles miteinander teilen müssen. Ein anderer, dass jeder zuerst dran sein will. Denken Sie mal an folgende Situation: Die Zwillinge haben beim Einkaufen vorm Supermarkt ein Schaukeltier entdeckt, auf dem sie für ein paar Minuten reiten können, wenn Sie es mit einer Münze füttern. Aber - wer darf zuerst? Schon gibt es einen Grund für Streit und Geschrei.

Dagegen gibt es ein ganz einfaches Mittel ... blättern Sie mal um. Denn auch schon kleinen Zwillingen kann man das Abwechseln und das Abwarten beibringen.

Abwechseln und bis 10 zählen

Wer kennt das nicht: unsere Liebsten streiten mal wieder, weil beide unbedingt genau jetzt das gleiche wollen (Mamas Schoß, ein bestimmtes Spielzeug etc.). Wir haben sehr gute Erfahrungen mit dem schönen Wort »abwechselnd« gemacht.

Anfangs haben wir jeden gefragt, was er/sie will. Manchmal war sogar damit schon das Problem gelöst. In den anderen Fällen haben wir sie mit einbezogen und gefragt, was man da machen könnte, wie wir das lösen können. Dann haben wir gesagt: »Ich habe eine Idee: Wie wäre es, wenn Ihr Euch abwechselt?« Beim ersten Mal mussten wir das noch erklären: »Erst hat Stefanie das xxx (was immer das sein mag) eine Weile, dann der Sebastian, dann wieder die Stefanie …« Unsere Zwillinge haben das schon mit Anfang zwei schnell verstanden. Sie haben eine gewisse Zeit genau das, was sie haben wollten. Und sie wissen, dass sie es nach einer kleinen Pause auch wieder haben können.

Wir waren begeistert, wie gut das geklappt hat. Nach kurzer Zeit reichte es oft, wenn wir ihnen einfach »Abwechselnd!« zugerufen haben. Sicher lässt sich dadurch nicht jeder Streit vermeiden. Aber bei uns sind dadurch die schwierigen Situationen deutlich weniger geworden. Unsere Kinder haben die Methode sogar recht schnell selbst zur Konfliktlösung verwendet: Sebastian sagte bald schon mal von sich aus »ABEWEXLN« und ließ seiner Schwester den Vortritt. Und Stefanie hat inzwischen auf dem Spielplatz schon manche Mutter damit überrascht, als sie mit dem Wort »ABEWEXLN« die Schaukel für deren Kind frei gemacht hat.

Das Prozedere kann man sogar noch verbessern: wir sagen unseren beiden, dass wir bis Zehn zählen und dass danach getauscht wird. Nach den ersten beiden Versuchen kannten sie das Vorgehen und waren begeistert. Sie wollten von sich aus, dass wir gleich wieder »ZÄHLEN« und sie so wieder tauschen »durften«. Je nach Situation zählen wir langsam - oder noch langsamer (wenn es eilt, kann man auch mal ganz schnell zählen).

Inzwischen zählen wir bei vielen verschiedenen Anlässen, zum Beispiel, wenn wir ein Kind umziehen wollen oder beim Einkaufen weitergehen wollen. Eigentlich immer, wenn ein Kind sich von seinem Spielen oder Trödeln nicht losreißen kann, wir aber nicht noch länger warten können oder wollen. Sogar Abends beim Ins-Bett-bringen zählen wir beim Händchenhalten ganz langsam bis Zehn - und dürfen dann (fast immer) problemlos gehen.

Man kann das Vorgehen sogar umkehren, zum Beispiel, wenn die Kinder unsere Aufmerksamkeit wollen, wir aber noch schnell etwas fertig machen wollen. Dann kündigen wir an, dass wir bis Zehn zählen und dann Zeit haben. So sehen die Kinder, dass auch wir uns an die Vereinbarungen halten.

Wichtig ist in allen Fällen, dass wir vor dem Zählen den Kindern Bescheid sagen. Und wenn möglich, holen wir dabei auch gleich deren Zustimmung ein, machen also mit ihnen aus, dass bei Zehn die gewünschte Veränderung erfolgt (also abwechseln, weitergehen etc.). Durch das Zählen bis Zehn fällt es uns leichter, ruhig zu bleiben (so mancher Ärger ist dadurch auch bei uns schon verflogen). Auch können die Kinder abschätzen, wie viel Zeit ungefähr noch bleibt. Und ganz nebenbei lernen sie so auch noch die Zahlen kennen.

Bei manchen Beschäftigungen haben wir auch noch eine andere Vorgehensweise - und wieder hat es mit Zahlen zu tun. Wenn man die Wiederholungen von etwas gut zählen kann und sich die Kinder nicht losreißen können (zum Beispiel beim Rutschen am Spielplatz), funktioniert bei uns die Ansage »noch zweimal« oder auch »noch dreimal« sehr gut. Das wirkt bei unseren beiden viel besser als »noch einmal«, denn dann wollten sie immer »noch einmal« und »noch einmal« und es fand sich doch kein Ende. Aber bei »noch zweimal« wissen sie, dass nicht gleich Schluss ist. Sie können noch einen Durchgang genießen und sich allmählich trennen.

Wir erinnern dann auch daran, dass jetzt »das letzte Mal« kommt. Das klappt meistens sehr gut, unsere Kinder können das so wesentlich besser akzeptieren. Und wenn es ausnahmsweise doch noch »ein allerletztes Mal« gibt, ist das auch in Ordnung. (Andreas Theuer und Doris Stelzer mit Stefanie und Sebastian Theuer)

Warum soll es Streit um den Lastwagen geben? Sebastian und Stefanie haben schon früh gelernt, abzuwechseln.

Zwillinge und ihre Geschwister

Viele Zwillinge haben bereits Geschwister, wenn sie auf die Welt kommen, denn die Wahrscheinlichkeit, Zwillinge zu bekommen, steigt mit zunehmendem Alter, einem Alter also, in dem viele Frauen bereits ein Kind haben. Für ältere kleine Geschwister ist die Ankunft von Zwillingen in vielen Fällen ein Problem. Plötzlich müssen sie ihre Bezugspersonen nicht nur teilen, Mama und Papa haben eigentlich gar keine Zeit mehr für ihr erstgeborenes Kind.

Eifersucht gibt's ja auch schon bei Kindern, die nur ein Geschwisterchen bekommen. Wie soll da ein kleines Kind nicht erst recht eifersüchtig reagieren, wenn zwei »Invasoren« auftauchen?

»Unser Ältester war ja gerade anderthalb, als die Zwillinge kamen. Ich habe auch oft Angst gehabt, dass er im Bewunderungstrubel untergeht. In so einem Fall würde ich den Eltern viel Einfühlungsvermögen für das älteste Kind wünschen, und raten, den Zwillingstrubel möglichst gering zu halten. Unsere Zwillinge werden in der Familie nicht als 'die Zwillinge' bezeichnet, sondern als 'die Kleinen'. Wir haben nur noch wenig Kleidung im Partnerlook, und wenn wir ohne Zwillingsbuggy unterwegs sind, fallen wir meist gar nicht mehr auf.« (Irmgard Steinberg in ZWILLINGE)

Die Eifersucht richtet sich allerdings nicht gegen die Zwillinge, also die Babys selbst, sondern viel häufiger gegen die Mutter oder andere Bezugspersonen. »Ich in der Küche, meine drei Mini-Monster im Wohnzimmer, Konstantin - damals vier -, die Zwillinge etwas über ein Jahr. Dialog zwischen mir und dem Ältesten: 'Konstantin, warum schreien Deine Geschwister so?' Konstantin: 'Ich habe gerade ausprobiert, ob Zwillinge fliegen können ... also, entweder sie können's wirklich nicht oder wir müssen noch lange üben!'« (Sylvia Erfurth in einem Leserbrief an die Zeitschrift ZWILLINGE)

Doch in diesem Buch geht es um die Zwillinge. Wie wirkt sich die Eifersucht des älteren Kindes auf die Zwillinge aus? Welche Beziehung haben die Zwillinge zu ihren Geschwistern?

Eltern berichten vielfach davon, dass Zwillinge ihre Geschwister vom gemeinsamen Spiel ausschließen. Sie brauchen keine Mitspieler von »außen«. Das gibt zusätzlichen Zündstoff. »In den ersten Jahren, in denen unsere Zwillinge zwar viel miteinander spielten, aber größere Spielhandlungen, Phantasiespiele oder gemeinsames Malen und Bilderbuchbetrachten noch nicht über längere Zeit miteinander durchhielten, konnte Gideon leichter einen Zwilling für sich und seine Spielidee gewinnen. Solche ausdauernden gemeinsamen Spiele entwickeln die Zwillinge zunehmend, seit sie im Kindergarten sind; Gideon muss sich seither viel einfallen lassen, um in ihr Spiel hineinzukommen. Der große Bruder muss, um mitspielen zu dürfen, bitten. Und er wird auch abgelehnt, wenn er in die Spielidee der beiden nicht hineinpasst.« (aus

Rita Haberkorn, »Zwillinge«, Rowohlt März 1986, S. 50, dieses Buch ist inzwischen leider vergriffen.)

Auch Ungerechtigkeiten machen Zwillingen und deren Geschwistern oft zu schaffen. Geschwister fühlen sich zurückgesetzt, weil nur Zwillinge anscheinend etwas Besonderes sind. Und Zwillinge fühlen sich zurückgesetzt, weil von ihnen immer erwartet wird, zu teilen und das einzelne Kind scheinbar vorgezogen wird.

»Meine Eltern waren einerseits stolz auf ihre Zwillinge, waren andererseits jedoch von der Macht, die von ihnen ausging, zeitweise recht strapaziert. Aus diesem Grund wurde die ältere Schwester geschützt, das heißt, bevorzugt. Für uns Zwillinge bedeutete dies Ungerechtigkeit von seiten der Eltern uns gegenüber, was uns beiden offensichtlich schwer zu schaffen machte: Bettnässen, Nägelbeißen über viele Jahre hinweg waren wohl die Folge ...« (Erika in »Zwillinge erzählen ... «, S. 46)

Doch es gibt auch den Fall, dass die Zwillinge zuerst da sind und dann ein Kind geboren wird. Auch Zwillinge kennen Eifersucht, obwohl sie ja von Anfang an gewohnt sind, mit einem Geschwisterkind aufzuwachsen, Eltern also nicht allein für sich zu haben.

Je geringer der Abstand zwischen den Zwillingen und dem nachgeborenen Kind, desto stressiger das Familienleben. »Dominik wird übrigens mit der neuen Situation gut fertig, er liebt seinen neuen Bruder abgöttisch. Desiree

Mittendrin oder »außen vor«? Ältere Geschwister haben es oft nicht leicht. Jüngere aber auch nicht. Johanna fühlt sich hier wohl zwischen Georg und Franz Rabe. Und wenn's Streit gibt, zählt die Mutter bis drei ...

mag ihren neuen Bruder auch sehr, aber sie hat sich in ihrem Verhalten sehr geändert. Sie verhält sich zeitweise sehr sonderbar (Eifersucht?), um nicht zu sagen aufsässig und trotzig ...« (Angelika Antes in ZWILLINGE)
»Wir waren gespannt, wie Alexander und Florian auf ihre Schwester reagieren würden - Zwillinge hin, Zwillinge her - sie war eine Konkurrenz. Aber es klappte gut, Alexander, der sonst ständig an meinem Hosenbein klebte, hatte eine neue Liebe gefunden und Florian kehrte den großen Bruder hervor.« (Monika Schendzielorz in ZWILLINGE)
Unsere Zwillinge, Maximilian und Constantin, haben sich sehr über ihren kleinen Bruder gefreut. Eifersucht war für sie, die sechs Jahre älter sind, überhaupt kein Thema. Allerdings buhlten sie ständig um die Gunst ihres kleinen Bruders, der - ein Schlitzohr durch und durch - spielte die beiden gegeneinander aus. Häufigste Frage an Nicki war damals:»Bist Du mein Freund oder mein Kumpel?« Wobei Kumpel natürlich weniger wert ist, als Freund.
Zunächst bevorzugte Nicolai den ruhigeren Conny. Max, der ihn ständig drücken und herzen wollte, stieß er weg.
Später, als Nicki im Schulalter war, stritt er sich sehr häufig vor allem mit Constantin. Unter'm Tisch traten sie einander. Da ich an der Stirnseite unseres Esstisches saß, waren meist meine Füße im Weg und ich die Leidtragende.
Als Constantin mit 16 Jahren bereits außer Haus war, hat sich Max (nicht umgekehrt) sehr an seinen »kleinen« Bruder Nicolai angeschlossen. Später, wenn er von der Uni kam, fragte er gleich:»Und, wo ist der Kleine?« Der Kleine kommt aber auch gut mit Max aus und inzwischen auch ebenso gut mit Conny, wenn Constantin mal zu Hause ist. Alle Diskrepanzen von früher sind wie weggeblasen, seit die Jungs älter sind. Streit, wie ich ihn im Erwachsenenalter noch oft mit meinen drei jüngeren Schwestern hatte (und habe), das gibt es unter den ungleichen Brüdern nicht.
Fazit: Zwillinge haben meist eine intensivere Beziehung zueinander, als sie es zu ihren anderen Geschwistern haben. Dabei ist es egal, ob es sich um ein- oder zweieiige Zwillinge handelt. Zwillinge sind von Anfang an zusammen, das bindet einfach anders. Zu ihren jüngeren Geschwistern können sie aber auch eine sehr gute Beziehung haben. Die Konstellationen können sich aber durchaus über die Zeit hinweg verschieben, wie bei uns. Problematisch aus Sicht der Zwillinge sind die Geschwisterbeziehungen dann, wenn das ältere oder das jüngere Geschwisterkind einen Zwilling vorzieht. Es ist einfach nicht schön für den jeweils anderen Zwilling, so abgelehnt zu werden. »Fabian wird nun bald vier Jahre alt und die Zwillinge zwei. Seit ein paar Monaten spielen alle drei gut zusammen (Streit gehört dazu!), wobei man sagen kann, dass die Mädchen sich eigentlich genug sind, aber auch sehr gern mit Fabian spielen. Fabian scheint dabei Helen zu bevorzugen. Melissa hingegen ist diejenige, die am meisten nach ihrem Bruder fragt.« (Christa Hoffmann in ZWILLINGE)

Sollen Eltern ausgleichend in die Geschwisterbeziehung »eingreifen« und wenn ja, wie?

O Zunächst einmal: Streit und Kabbeleien unter Geschwistern sind einfach normal. Also - eine Portion Streit gehört dazu, und ein Eingreifen ist nicht immer erforderlich oder gar wünschenswert.

O Vernachlässigen Sie Ihr älteres Kind nicht zugunsten der Zwillinge. Wenn Sie, die Mutter, keine Zeit für das Kind haben, spannen Sie den Vater, die Oma, andere Bezugspersonen ein. Das Verhältnis der Geschwister wird später umso besser, wenn es auch von Anfang an weitgehend harmonisch verläuft.

O Sorgen Sie deshalb auch dafür, dass die Umwelt sich auch mit ihrem »Einling« beschäftigt. Weisen Sie Bekannte, aber auch Fremde deutlich auf die Problematik hin.

O Schaffen Sie Ihrem älteren Kind »Freiräume«, in denen es von den - anfangs zerstörerischen - Zwillingen ungestört spielen kann.

O Auch ältere große Geschwister haben so ihre Probleme mit doppeltem Nachwuchs. Erwarten Sie nicht, dass Sie sie zu Hilfsdiensten einspannen können. Manche Kinder sind einfach überfordert, wenn man sie ständig zum Füttern und Spazierengehen miteinspannt. Ein Beispiel: Eine meiner früheren Arbeitskolleginnen hatte Zwillingsbrüder. Mit Schrecken erinnerte sie sich noch Jahre später daran, dass sie mit diesen spazierengehen musste. Sie nahm den Zwillingswagen mit zum Sportplatz und ließ ihn samt Inhalt dort stehen, ohne sich groß um die beiden zu kümmern.

O Kommt das dritte Kind nach den Zwillingen, so ist die Problematik sicher weniger stark zu spüren. Lediglich ungerecht verteilte Gunst des/ der Jüngeren könnten das Familienleben stören. Da können Sie eigentlich nicht eingreifen. Liebe (und eine gewisse Vorliebe für einen Zwilling) lassen sich nicht erzwingen und nicht verhindern.

Rita Haberkorn, Zwillingsmutter und Pädagogin, berichtet über den »Geschwisteralltag« ihrer Zwillinge:

»Wenn unsere drei Kinder zufällig nur zwei Tafeln Schokolade geschenkt bekommen, dann kann auch heute noch folgende Aufteilung durch den 13jährigen Bruder Gideon vorgeschlagen werden: 'Eine Tafel bekomme ich und die andere teilen sich die Zwillinge.' So selten dieses Ereignis eintritt und so schnell er es korrigiert, sobald es ihm bewusst wird, so latent ist dieses Schema doch wohl noch in seinem Geschwisterleben präsent. Und nur dann, wenn Hannah und Jonathan als Einheit von ihm zusammengefasst werden, spricht Gideon von »den Zwillingen«, statt sie beim Namen zu nennen.

Eine Mutter meinte im Gespräch mit mir über die Situation der älteren Schwester der heute erwachsenen Zwillinge: 'Wegen der besonderen Belastung durch die Zwillinge in den ersten vier Jahren habe ich die vier Jahre ältere Tochter vernachlässigt. Ich weiß heute gar nicht mehr, wo sie eigentlich war.' Die später massiv auftretenden Probleme dieser Tochter führt die Mutter auf ihre vor allem psychische Vernachlässigung zurück. Ihr fehlte neben der Kraft auch das notwendige Wissen für die besondere Problematik. (vgl. Haberkorn, »Zwillinge«, Rowohlt Verlag 1986, S. 120). Dass Zwillinge den Mutterstolz und ähnliche Gefühle in besonderem Maß ansprechen, wissen wir. Ergänzend zu diesen Facetten der Traum einer Zwillingsmutter: Sie steht am offenen Grab, denn eines ihrer noch jungen Zwillingskinder ist gestorben. Sie ist unendlich traurig, denn sie hat mehr verloren als dieses Kind, um das sie trauert. Sie hat zudem keine Zwillinge mehr und damit selbst auch den Status als Zwillingsmutter verloren.

Kein anderes »normales« Geschwisterkind wird eine annähernd gute Chance beim Kampf um die Zuwendung der Mutter/Eltern haben, wenn mit den Zwillingen starke narzisstische Gefühle aufleben, die für das emotionale Gleichgewicht der Erwachsenen eine besondere Bedeutung erlangen, nicht aber als solche offen erkannt werden. Vom älteren Geschwisterkind wird ja nicht gesehen, wie sehr jedes der Zwillingskinder seinen Kampf um Zuwendung und Individualität kämpft - da hat es seinen Zwillingsgeschwistern vieles voraus.

Gideon in der Rückschau auf die Anfangszeit mit den Geschwistern: 'Andere Familien bekommen ein Baby, und da hat der Vater Zeit für das ältere Kind. Ihr hattet beide ein Baby auf dem Arm, und keiner hatte Zeit für mich.' Vier Jahre Einzelkind und plötzlich kreisten Aufmerksamkeit und Gesprächsthemen vor allem um die beiden Neuankömmlinge, die ihn aus dem Zentrum verdrängten. Außerdem lösten sie emotional mehr bei den Eltern und anderen Erwachsenen aus, als wäre nur ein Kind geboren. Das anfangs zitierte Beispiel mit der Schokolade zeigt, dass es auch in Gideons Wahrnehmung das Subsystem innerhalb der Geschwistergruppe gibt. Auch wenn sich deren Grenzen längst zu verwischen scheinen, ist diese Zuordnung in unserem Familiensystem noch immer stärker als etwa die Koalition der Brüder gegenüber der Schwester. Die gemeinsame Lebensgeschichte und die von außen geprägte, über emotionale Zuwendung und Beachtung durch die Umwelt gestützte Bande stabilisieren das Subsystem und lassen damit ältere Geschwister eher außen vor.

In der Phase, als Hannah und Jonathan schon kräftig streiten konnten und Gideon seine Eifersucht noch längst nicht bewältigt hatte, war es für uns oft weniger anstrengend, wenn einer etwas mit ihm allein unternahm, während der andere sich mit den in der Regel recht friedlich

spielenden Gleichaltrigen vergnügte. Kamen die drei zusammen, gab es Zeiten mit viel Auseinandersetzung, wenn letztendlich die Solidarität zwischen Hannah und Jonathan stärker war als die mögliche Attraktivität des älteren Bruders. Der stand am Ende oft allein da, hatte Geschwister, die ihm den Alleinanspruch an die Eltern genommen hatten, die ihn aber als Spielpartner im Prinzip nicht brauchten.« (Rita Haberkorn in ZWILLINGE)

Wie empfinden Geschwister von Zwillingen ihre Situation?

Einen langen Brief hat die zwölfeinhalbjährige Cordula Ressing dazu an ZWILLINGE geschrieben: »Ich bin eine genervte Schwester von Zwillingen und noch einer anderen Schwester. Unsere eineiigen Zwillingsmädchen, Catharina und Dorothee, die wahre Temperamentsbündel sind, lassen mich seit zwei Jahren am Rande eines Nervenzusammenbruchs stehen. Da ich die älteste von vier Mädchen bin - Claudia (10 Jahre), Catharina und Dorothee (2 Jahre), ich, Cordula (12,5 Jahre), wurde und werde ich etwas mehr als meine Schwester Claudia in Anspruch genommen.
Beim Spazierengehen tönt es von allen Seiten: 'Ach, wie niedlich!', 'Nein, sind die aber putzig!' Bei diesen Sprüchen wäre ich den Leuten am liebsten ins Gesicht gesprungen. Hatten die eine Ahnung!!! Ganz selten bedachte jemand, dass es wahrscheinlich auch viel Arbeit mit den beiden gibt. Aber selbst dann bemitleidete man immer meine Eltern, an Claudia und mich dachte anscheinend niemand.
Andauerndes Aufpassen schränkte in den ersten anderthalb Jahren viel Freizeit ein. Hinzu kam das ständige Wickeln und die vollgemachten, stinkenden Windeln und früher das Füttern mit der Flasche, bei dem mir fast die Arme abfielen, wenn Catharina und Dorothee trotz vergrößerter Löcher in den Schnullern eine geschlagene Stunde brauchten, bis sie ihre Flasche ausgetrunken hatten.
Catharina und Dorothee krabbelten nur kurze Zeit, und als sie anfingen zu

laufen, war nichts mehr vor ihnen sicher. Von den Verwüstungen in meinem Zimmer möchte ich gar nicht reden. In ein paar Heften von mir haben die zwei ihre Malkünste verewigt. Selbstverständlich mit Kuli und Filzstiften. Meine Freundinnen nahmen die total bemalten Hefte in der Schule mit Gelächter auf. Ich fand es allerdings nicht besonders witzig, wenn meine Hausaufgaben unter den vielen Kreisen und Strichen kaum noch lesbar waren.

Mein Vater schraubte alle Türklinken in die senkrechte Lage ..., damit die Zwillinge die Türen nicht mehr aufkriegen konnten. Es dauerte allerdings nicht lange, bis die beiden trotz dieser Einrichtung die Türen aufmachten. Also musste jedes Zimmer nach dem Betreten wieder abgeschlossen werden, was aber in der Zeit leider andauernd vergessen wurde. So kam es, dass die Toilette beliebter Aufenthaltsort meiner Schwestern wurde. Da Catharina einen besonderen Hang zum Haarewaschen hat, war sie immer überglücklich, wenn das Klowasser über ihren Kopf lief, während Dorothee es vorzog, die Klobürste ins Wasser zu tauchen und damit jubelnd durchs Haus zu hüpfen. Auch Claudias Barbiepuppen erhielten eine kostenlose Säuberung in unserer Toilette. Heute unternehmen sie nur noch selten einen Ausflug aufs Klo, weil wir uns inzwischen an das ständige Abschließen gewöhnt haben.

Das Hauptnahrungsmittel der Zwillinge bestand im Krabbelalter aus Blumenerde. Sie aßen sie kiloweise! (Die Vergiftungszentrale wurde nicht nur in diesem Fall von uns angerufen).

Wenn ich mit den beiden allein bin, ist es die reinste Folter. Während ich Catharina aus unserem Aquarium ziehe, sitzt Dorothee in der Küche und badet im Orangensaft. (Das war eines der milden Beispiele!) Unser Aquarium mussten wir vor kurzer Zeit verkaufen, denn die Fische taten uns nach den fast täglichen Mordanschlägen meiner Schwestern sehr leid. Im Aquarium landeten Magnete, Streichhölzer, Unmengen von Papier, Pappe und vieles andere.«

Meine ältere Tochter war plötzlich unsichtbar

Wie wenig einfühlsam Außenstehende auf Geschwister von Zwillingen reagieren, zeigt ein Beitrag, den Kerstin Müller-Jäckel schickte. »Meine Tochter war dreieinhalb Jahre alt, als ihre Brüder zur Welt kamen. Sie hatte die Schwangerschaft schon mit viel Interesse begleitet und war nun überglücklich, gleich zwei Brüder erhalten zu haben. Aber neben den Geschwistern erhielt sie noch etwas anderes. Etwas, worauf weder sie noch ich, noch mein Mann vorbereitet waren. Etwas völlig Unerwartetes. Es ist eine Eigenschaft, die kommt und geht, ohne dass sie sie oder wir sie steuern können. Meine Tochter wird auf einmal unsichtbar. Nicht etwa, dass sie das will oder Spaß daran hätte, nein, es geschieht einfach.

Aber das Ganze ist noch komplizierter. Es ist nämlich so, dass es nur bei

Außenstehenden funktioniert. Wir - innerhalb unserer Familie - nehmen Elisabeth nachwie vor wahr.

Es ist nicht zu glauben? Bitte - hier einige Beispiele: Wir gehen spazieren und werden von anderen Spaziergängern angesprochen: 'Ach, was haben Sie für zwei nette Kinder!' Zwei? Ich hatte doch eben noch drei Kinder oder ist eines davon nicht nett? Ich bin verwirrt und frage nach. Die Dame zeigt auf die Zwillinge und ich erkenne: meine Tochter ist für die unsichtbar.

Ein anderes Beispiel: Unser Nachbar ist Imker und ich gehe Honig kaufen. Die Kinder begleiten mich. Er, ein durchaus freundlicher älterer Herr, schenkt den Jungs Honigproben. Und meine Tochter? Geht leer aus. Ich verstehe: Sie ist schon wieder unsichtbar.

Auch aus der Verwandtschaft gibt es zahlreiche Beispiele: Wir sind zum mehrtägigen Besuch bei Verwandten. Eine schöne Zeit liegt hinter uns, der Abschied ist da. Meine Schwägerin zaubert zwei Brezeln hervor, gibt sie den Jungs mit den Worten: 'Damit die Kinder während der Fahrt etwas zu knabbern haben ...' Und meine Tochter? Mal wieder unsichtbar! Und mal wieder traurig deswegen.

Die Reihe der Beispiele ließe sich beliebig fortsetzen. Die Zwillinge werden bald drei Jahre alt und immer noch passieren uns solche Sachen. Ich will nicht missverstanden werden. Alle Leute aus den vorgenannten Beispielen sind nette Leute und alle waren durchaus ein wenig betroffen, als ich sie auf die Situation aufmerksam machte. Aber es ist nunmal geschehen und meine Tochter ist mittlerweile in solchen Situationen sehr

Elisabeth wurde für Außenstehende unsichtbar, als ihre Brüder Simon und Jakob geboren wurden. Wurden Geschenke verteilt, gng sie leer aus. Wurden die Kinder bewundert, dann nur die Zwillinge.

dünnhäutig geworden. Mir wird dadurch immer wieder bewusst, dass nicht nur die Zwillinge in einer besonderen Situation leben. Für ältere Geschwister ist es ebenfalls eine große Aufgabe, sich in dieser Situation zurecht zu finden.

Dabei findet man als interessierte Eltern zu diesem Thema recht wenig Information. Wenn über Zwillinge und ihre Familien geschrieben wird, finden ältere Geschwister häufig nicht einmal Erwähnung. Und auch in der Literatur über Geschwister finden Zwillinge häufig gar nicht statt.

Die 'Unsichtbarkeit' von älteren Geschwistern ist sicher nicht nur ein Symptom dessen, was passiert, wenn ein älteres Kind gleich doppelt entthront wird. Interessant wäre es, zu erfahren, was die Entwicklungspsychologie dazu sagt.

Auch ich gehörte zu den Unsichtbaren

Noch während des Lesens dieses Artikels über Geschwister von Zwillingen und wie sie für Außenstehende »unsichtbar« werden, stand für mich fest, dass ich unbedingt darauf antworten musste.

Es ist mir bewusst, dass dies ein sehr persönlicher Text ist, welcher wahrscheinlich – so aus dem Kontext heraus gerissen – auch missverstanden werden könnte. Dennoch möchte ich hier aus der Sicht der Erstgeborenen meine Gedanken zum Thema niederschreiben:

Ich wuchs auf mit meiner Mutter, meinem fünf Jahre jüngeren Bruder und meinen beiden sieben Jahre jüngeren Zwillingsschwestern. Mein Bruder war der lang ersehnte Stammhalter, welcher die Ehe hätte retten sollen, und die beiden eineiigen Schwestern die Attraktion in unserem Quartier. Als Erstgeborene verstand ich schnell, dass meine Mutter jetzt nicht mehr so viel Zeit für mich hatte. Da ich von Natur aus ein eher ruhiges und gutmütiges Kind war, welches sich loyal meiner Mutter gegenüber verhielt, ging das alles bis zu einem bestimmten Zeitpunkt gut.

Ich war es auch gewohnt, dass alle die beiden »blonden Engel« sehen wollten. Bei diesen Besuchen erhielten jeweils meine Schwestern ein Geschenk und mein Bruder und ich gingen dabei leer aus. Meine Mutter versuchte, uns jeweils zu erklären, dass die Leute nicht genug Geld hatten, für alle vier etwas zu kaufen. Dieser Verzicht hätte sicherlich nicht so geschmerzt, wenn ich mich mehr be- und auch geachtet gefühlt hätte.

Vielmals habe ich mich bei dieser Art von Besuch in mein Zimmer zurückgezogen. Es gab aber auch Situationen, wo fremde Leute meine Mutter auf die beiden ansprachen und dann nur über die Zwillinge und deren Besonderheiten sprachen. Für meinen Bruder und mich gab es höchstens ein Kopftätscheln oder den Kommentar, dass es doch toll sein musste, solche Schwestern zu haben.

Neidlos muss ich zugestehen, dass meine Schwestern sehr hübsche Kinder waren – und das noch im Doppelpack zu sehen, war etwas ganz Spezielles.

Jüngere Geschwister haben noch den Babybonus, ältere dagegen stehen mit leeren Händen da. Und bevor jetzt alle aufschreien und sagen, es ist doch Aufgabe der Eltern für Gerechtigkeit zu sorgen, sage ich hier gleich, dass das sicher stimmt. Aber es gibt Situationen, die man auch als Eltern nicht beeinflussen kann.

Trotz allem ist Elisabeth eine überzeugte, sehr fürsorgliche große Schwester. Ich wünsche ihr sehr, dass sie und ihre Brüder in Zukunft als Geschwister und nicht mehr nur als die Zwillinge und die große Schwester der Zwillinge wahrgenommen werden.« (Kerstin Müller-Jäckel in ZWILLINGE).

Da musste man einfach stehen bleiben. Egal, welches Alter meine Schwestern hatten, viele Nachbarinnen strickten oder häkelten regelmäßig für sie und das in doppelter Ausführung. Es schien mir zeitweise, als sei ein Wettbewerb unter den handarbeitstüchtigen Damen entfacht.

Aber auch meine Mutter war stets darauf bedacht, den beiden Mädchen dasselbe anzuziehen und daher musste alles in doppelter Ausführung her. Es war, als wären die beiden Anziehpuppen, welche jeden Tag noch schöner angezogen werden mussten. Dies zog natürlich die Aufmerksamkeit noch mehr auf die Zwillinge und weg von meinem Bruder und mir.

Zum Glück hatte ich immer ein inniges Verhältnis zu meinem Bruder. Denn er interessierte sich für mich und verteidigte mich auch mal - die beiden anderen hatten ja sich. Meine Schwestern hielten zusammen, unternahmen alles miteinander, hatten dieselben Interessen und Freundinnen und waren auch so unzertrennlich. So kam es, dass ich nie wirklich den Kontakt zu meinen Schwestern gefunden hatte.

Heute - paradoxerweise - bin ich selbst Mutter von Zwillingen. Ich bin sehr glücklich darüber, dass ich ein Mädchen und einen Jungen habe und daher auch weniger zu Vergleichen oder übersteigerten Ansprüchen neige. Bei der Erziehung meiner Kinder achte ich gezielt darauf, dass beide als Individuen wahrgenommen und ihnen der nötige Platz für die Persönlichkeitsentwicklung gegeben wird.

Auch war es mir mit der Geburt meiner beiden klar, dass ich kein weiteres Kind haben wollte. Es scheint mir, dass Zwillinge einen ganz besonderen Draht zueinander haben und wenn man selbst Zwilling ist, finde ich das eine einzigartige Bereicherung fürs Leben. Da sollte man nicht mit einem dritten Kind »dazwischen funken«.

Es spielt sicherlich nicht nur der Altersunterschied oder das Geschlecht der Kinder eine Rolle, sondern auch, wie man als Eltern damit umgeht. Zweifelsohne können engagierte Eltern einen wichtigen Beitrag zu einer gelungenen Geschwisterbeziehung beitragen. (T. N.)

Verwaiste Zwillinge - Neues in Internet und Literatur

Das Thema »Verwaiste Zwillinge wird inzwischen wirklich ernst genommen. Das beweisen nicht nur mehrere Bücher, sondern auch der Internetauftritt einer Betroffenen. Katrin Mehling ahnte jahrelang, dass etwas fehlte. Sie fühlte sich schuldig, war stets furchtbar traurig und einsam. »Ich hab' mich verlassen gefühlt«, sagte sie.

Bis zum sechsten Monat hatte ihre Mutter geglaubt, sie bekäme Zwillinge. Da es damals noch keinen Ultraschall gab, hieß es dann »Fehlalarm! Sie bekommen doch nur ein sehr großes Kind!« Tatsächlich hatte Katrin eine Zwillingsschwester, die noch während der Schwangerschaft starb. Wie damals üblich wurde der Mutter, die wegen des Kaiserschnittes eine Vollnarkose bekommen hatte, nichts von dem toten zweiten Kind gesagt. »Man wollte sie wohl nicht damit belasten«, meint Katrin, die erst 2010 von der Existenz ihrer Zwillingsschwester erfahren hat.

Die eigene Erfahrung hat Katrin Mehling jetzt in einen Internetauftritt gepackt, der anderen verwaisten Zwillingen den langen Leidensweg etwas verkürzen soll. Hier können sich Betroffene austauschen und informieren:

www.alleingeborener-zwilling.de

»Gefühlsspagat« von Claudia Müller-Fluri, (erschienen im TWINMEDIA-Verlag, Schweiz, 14,50 Euro) ist ein neues Buch, das mit dem Tod eines Zwillings zu tun hat. Die Autorin beschreibt sehr eindringlich, wie sie sich fühlte während ihrer komplizierten Zwillingsschwangerschaft, wie eines der Babys tot geboren wurde und das andere Zwillingskind ums Überleben kämpft. Und - der Titel sagt es - Claudia Müller-Fluri kämpft mit den zwiespätigen Gefühlen - der Freude über das lebende Kind und der unsagbaren Trauer über das Baby, das im Bauch gestorben ist.

Claudia Müller-Fluri

Gefühlsspagat

Wenn ein Mehrling während der
Schwangerschaft stirbt

Das Buch kann im Buchhandel, unter www.twins.de oder direkt unter www.twinmedia.ch bezogen werden.

Zwillinge in Kindergarten und Schule

Sind Zwillinge weniger intelligent als andere Kinder?

Untersuchungen (in Amerika) haben festgestellt, dass der IQ von Zwillingen beim Schuleintritt einige Punkte unter dem Intelligenzquotienten vergleichbarer einzeln geborener Kinder liegt.

Sind deshalb Zwillinge weniger intelligent? Sicher nicht. Diese Intelligenztests basieren zu einem großen Teil auch auf sprachlichen Leistungen. Und da sind Zwillinge tatsächlich gegenüber einzeln geborenen Kindern etwas im Hintertreffen, wie in den nächsten Kapiteln zu sehen sein wird.

Sprachprobleme bei Zwillingen

Zwillinge sind also nicht weniger intelligent als andere Kinder, sie sind allerdings manchmal sprachlich hinten dran. Das liegt zum Großteil daran, dass sie immer mit einem Kind der gleichen Altersstufe (und damit Sprachentwicklung) zusammen sind, dass sie weniger Sprachanreize von außen bekommen und an einigen anderen Dingen. Leider gibt es bisher nur wenig deutschsprachige Literatur zu diesem Thema. Die Studentin Susanne Hegele hat sich in einer Seminararbeit mit der Zwillingssprache befasst. Ihre wichtigsten Ergebnisse hier:

Besonderheiten der sogenannten »Zwillingssprache«

Selbst bei normal entwickelten Zwillingen werden bei der Sprachentwicklung auffällig oft Störungen festgestellt. Meist handelt es sich dabei um einen Rückstand der Sprechfähigkeit.

Bei der »Zwillingssprache« handelt es sich um eine für Außenstehende unverständliche Sondersprache, die der Kommunikation unter den Zwillingen dient. In der Literatur ist in diesem Zusammenhang oft die Rede von einer »Geheimsprache«, und es sind besonders die Autoren, die selbst Zwilling sind, die betonen, es handele sich hierbei um ein separates Kommunikationssystem, das heimlich und ausschließlich unter den Paarlingen zusätzlich zur normalen Sprache verwendet werde.

Bei der Zwillingssprache dagegen handelt es sich um eine Erscheinungsform retardierten (verspäteten) Spracherwerbs. Die Kinder sind nicht in der Lage, sich über die normale Umgangssprache zu verständigen. Ihre anfänglichen Versuche, über ihre eigene Sprache mit der Außenwelt zu kommunizieren, belegen, dass dieses System nicht dem Zweck dient, etwas zu verbergen, sondern vielmehr, die Umgangssprache zu ersetzen.

Wie entsteht die Zwillingssprache?

In den ersten Stadien des Spracherwerbs bilden die Kleinkinder verschiedene, zum Teil recht lautmalerische Silben und Phantasiewörter, indem sie versuchen, Elemente der sie umgebenden Alltagssprache zu imitieren. Im Laufe der Entwicklung werden dann Lautkombinationen mit bestimmten Situationen assoziiert und Gegenstände sprachlich erfasst.

In diesem Stadium der Babysprache ist die Interaktion mit Eltern, Geschwistern oder anderen Bezugspersonen wichtig, um sowohl die Aussprache als auch die Verwendung einzelner Wörter kontrollieren und korrigieren zu können. Die Orientierung am Sprachmodell kompetenter Sprecher und das Feedback durch Bestätigung oder Korrektur der Bezugsperson sind notwendig für den Übergang zur Erwachsenensprache.

Dieses Korrektiv scheint bei der Entstehung der »Zwillingssprache« nicht in ausreichendem Umfang zur Verfügung gestanden zu haben. Die Kinder waren sich gegenseitig Haupt-Kommunikations- und Sozialisationspartner und damit fixiert auf das gleichermaßen unreife Sprachmodell des Co-Zwillings. Gemeinsam formten und interpretierten sie die Worte und verstärkten Elemente, die weit von der normalen Sprechweise abwichen, und erfanden auf diese Art eine gemeinsame Sprache.

Wie lang sprechen Zwillinge so?

In Untersuchungen wird betont, dass der Zeitpunkt, zu dem die Zwillinge zu sprechen begannen, von der Familie offensichtlich übersehen wurde. Die Eltern konnten aus dem scheinbar bedeutungslosen »Plappern« ihrer Kinder keinen Sinn heraushören.

Der Zeitraum der Entstehung der »Zwillingssprache« konnte deshalb nur ungefähr geschätzt werden (bei Lübbe* auf etwa 2,5 Jahre). Das Ende der Zwillingssprache dagegen wird von den Eltern mit Erleichterung registriert. In vielen Fällen benutzen die Kinder die Zwillingssprache nicht länger als bis zum Ende des dritten Lebensjahres, vorausgesetzt, es werden von der Umwelt genügend Anregungen zu zielgerichtetem Spiel geboten.

Bei eineiigen Zwillingen scheint diese Sprache häufiger aufzutreten als bei zweieiigen. Außerdem scheinen Jungen davon häufiger betroffen zu sein als Mädchen. Nach Schätzungen tritt diese Sondersprache bei etwa 40 Prozent aller Zwillinge auf.

Wie klingt die Zwillingssprache?

Der verspätete Spracherwerb macht sich beim Wortschatz und auch in der Grammatik bemerkbar, das heißt, das Lexikon eines Kindes, das eine »Zwillingssprache« spricht, ist weniger umfangreich als das eines »normal sprechenden« Kindes. Das ausdrucksvolle Sprechen wird durch Mimik und Gestik untermalt. Die Wörter besitzen oft lautmalerische Qualitäten. Artikulation

*) Henning Lübbe, Sprachwissenschaftler, empirische Studie über den verzögerten Spracherweb eines Zwillingspaares, 1984.

und Wortbedeutungen sind relativ flexibel. Oft wird das Gesprochene nur im Zusammenhang mit einer bestimmten Situation verständlich.

Es fallen kurze, unvollständige Sätze auf. Zwillingssprache hat eine grammatikalisch ärmere Struktur als die normale Sprache. Die Worte werden ohne bestimmten Artikel aneinandergehängt. Eine grammatikalische Wortordnung scheint auf den ersten Blick nicht zu existieren. Es gibt keine Verhältniswörter (wie »in«), keine Mehrzahlbildung, oft nur sehr einfache Verbformen. (Es wird aber auch von grammatikalisch komplexeren Systemen bei der Zwillingssprache berichtet.) Außerdem stellen die Kinder auffällig wenig Fragen.

Im Fall einer normalen Sprachentwicklung wird die Baby-Sprache von den Eltern weitgehend verstanden. Unverständlich für Eltern und auch für weitere Geschwister dagegen bleibt oft die »Zwillingssprache«, obwohl sie auch zum überwiegenden Teil aus »Baby-Wörtern« besteht. Die einzelnen Wörter werden aber zu »Sätzen« kombiniert, und diese oft in schnellem Tempo geäußert.

Zudem enthalten die Sätze eine Reihe scheinbar autonomer Wortschöpfungen, die ihrerseits allerdings auch aus Imitationsversuchen entstanden sein könnten. Hierzu zählen auch sinntragende Geräusche wie Quietschen und Knurren. Obwohl die Anzahl der »autonomen Wörter« in dieser Sondersprache allgemein nicht sehr groß ist, tragen sie vermutlich dennoch beträchtlich zur Unverständlichkeit der Zwillingssprache bei.

Dem Hörer wird einiges an Interpretationskunst abverlangt, um ein bestimmtes Wort, trotz der wechselnden Artikulation wiederzuerkennen. Darüber hinaus wird das Verständnis erschwert durch die den Kindern eigene Art, sich auszudrücken. Ein Wort kann unterschiedliche Bezüge

ausdrücken, verschiedene Wortformen können aber auch nur ein einziges Konzept beschreiben.

Außenstehende können die Kinder gewöhnlich gar nicht verstehen, während es den Eltern manchmal gelingt, ihnen wenigstens weitgehend zu folgen. Ein Geschwister, das sehr viel mit den Zwillingen spielt, kann die Sprache von ihnen lernen und sie am Ende besser verstehen als die Eltern.

Mögliche Gründe für die Entstehung der Zwillingssprache

Die Frage nach den Ursachen der Sondersprache können die Eltern meist nicht beantworten. In der Literatur werden für dieses Phänomen verschiedene Faktoren verantwortlich gemacht. Dennoch gibt es keine allgemeingültige Erklärung für das Auftreten solch paarinterner Kommunikationssysteme. In früheren Werken wurden oft die Komplikationen einer Mehrlingsschwangerschaft als Ursache genannt. Man war der Ansicht, der sprachliche Rückstand sei auf die schwere Geburt zurückzuführen und auf die Tatsache, dass die meisten Zwillinge zu früh auf die Welt kommen. In der Folge ergäben sich oft gesundheitliche Komplikationen, die Kinder seien anfälliger für Krankheiten und in der weiteren Entwicklung gehemmt.

Der geringe allgemeine Entwicklungsrückstand wird aber bald aufgeholt und spielt zum Zeitpunkt des Spracherwerbs keine erhebliche Rolle mehr. In neueren Werken dagegen wird eher die Meinung vertreten, speziell Zwillinge betreffend, äußere Lebensumstände seien ausschlaggebend für deren Tendenz zu sprachlichen Retardierungen.

Die Geburt von Zwillingen stellt die ganze Familie vor eine neue, besondere Situation. Geschwister müssen eine Rückstellung zugunsten der Paarlinge akzeptieren, die Eltern müssen lernen, zu beiden Einzelwesen eine Beziehung herzustellen, und die Zwillinge müssen zwei besonders starke emotionale Bindungen, - die zur Mutter und die zum Co-Zwilling - zur gleichen Zeit eingehen. Zunächst einmal bedeutet es für die Eltern eine ungleich schwerere Belastung, wenn die Familie auf einen Schlag um zwei Kinder des gleichen Alters anwächst. Die gleichen Bedürfnisse zweier Kinder müssen meist zur selben Zeit befriedigt werden. Viele Mütter empfinden diese Situation als eine Belastung, die sie alleine nicht bewältigen können. Die Energie der Eltern reicht oft nur für die nötigsten Arbeiten. Viele Mütter bedauern deshalb, nicht mehr Zeit zu haben, um mit ihren Kindern zu spielen und ihnen genügend Zuwendung zukommen zu lassen. Dieses Haushalten mit den Kräften scheint sich auch in der Sprache von Zwillingseltern auszuwirken.

Weniger Ansprache, weniger Sprache

Untersuchungen an Zwillingsfamilien haben ergeben, dass Zwillingseltern durchschnittlich weniger mit ihren Kindern sprechen als Eltern anderer Familien. Sie geben weniger Befehle und beharren weniger auf deren Ausführung. Sie geben weniger Erklärungen und antworten den Kindern seltener. Sie bieten weniger Anregungen, erteilen weniger Lob und Anerkennung. Insgesamt sind ihre Äußerungen grammatikalisch weniger komplex und kürzer.

Die sprachliche Zuwendung, die Zwillinge von ihren Eltern erfahren, ist also in ihrem Wesen und auch quantitativ ärmer als die einzeln geborener Kinder. Viele Eltern handeln in dem Irrglauben, die Kinder benötigten gar nicht soviel Zuwendung, da sie sich ausgiebig mit sich selbst beschäftigen und miteinander ganz zufrieden scheinen.

Aus Mangel an Angeboten oder Gelegenheit, kommunizieren die Kinder dann relativ mehr mit dem Zwillingspartner als mit den Eltern. Wenn die Eltern die Lautbildungen und Worte der Kinder nicht in ausreichendem Umfang aufnehmen, erweitern oder korrigieren, kann es dazu kommen, dass das Stadium der Baby-Sprache ausgedehnt wird. Die Fixierung auf den Co-Zwilling begünstigt die Bildung der »Zwillingssprache«.

Eine weitere Besonderheit der Zwillingssituation ist die Zahl der wichtigsten Kommunikationspartner. Zwillinge müssen schon früh lernen, ein Gespräch mit drei Teilnehmern zu meistern. Die Entscheidung, wann das Kind in die Unterhaltung ein- und wann es aussteigt, erfordert viel Konzentration und ist für die Kinder wichtiger als der Erwerb grammatikalischer Fähigkeiten. Das Sprechen zu dritt fördert infolge der Konkurrenz unter den Kindern die schnelle Reaktion auf Fragen. Ein einzeln geborenes Kind wird, wenn es nicht antwortet, in der Regel mehrmals dazu aufgefordert. Wenn die Zwillinge aber als Paar angesprochen werden, kann es passieren, dass einer schneller antwortet als der andere. Die nächste Frage wird dann unter Umständen gleich an denjenigen gerichtet, der »gesprächswilliger« erscheint. Im ungünstigsten Fall könnte ein Zwilling das Reden dann völlig seinem Partner überlassen.

Als Folge dieses Konkurrenzkampfes fallen die Antworten aber meist auch kürzer aus. Das schnelle Reagieren fällt den Kindern offenbar schwer und bedingt dadurch eine Verzögerung auf anderen Gebieten des Spracherwerbs. Das sogenannte triadische Sprechen fällt aber auch den Eltern schwer. Es ist mühsam, mit zwei Kindern zu sprechen, beiden gleichviel Beachtung zu schenken und dennoch das stillere zum Reden zu bewegen.

Weniger Ansprache - weniger Sprache

Zwillinge werden weniger direkt angesprochen und lernen nicht nur mit der Mutter, sondern vom gleichaltrigen Geschwisterkind sprechen. Da dieses ebenfalls noch nicht richtig spricht, kommt es möglicherweise zu einer Verzögerung beim Spracherwerb. Dies verliert sich in den meisten Fällen bis zum Schuleintritt.

Häufig beantwortet ein Zwilling eine Frage, die an seinen Partner gerichtet war, oder die Frage eines Kindes wird so schnell vom anderen beantwortet, dass die Eltern sich nicht mehr einschalten können.

Es besteht immer die Gefahr, dass ein Kind sich ausgeschlossen fühlt und schweigt oder aus Protest die Unterhaltung mit dem anderen Kind stört.

Es kommt öfter vor, dass ein Geschwister, das sehr viel mit den Zwillingen spielt, die Sprache mit und von ihnen lernt und dann als Dolmetscher gegenüber den Eltern fungiert (Lübbe). Aber die Frage, inwieweit diese Geschwister selbst an der Entstehung der »Zwillingssprache« beteiligt sind, ist noch nicht völlig geklärt. Auf jeden Fall scheint ihr Einfluss nicht groß genug zu sein, um den Zwillingen die normale Sprache beizubringen. Das kann auf ein Desinteresse der älteren Geschwister zurückzuführen sein, meistens jedoch sind es die Zwillinge selbst, die alle anderen Personen vom gemeinsamen Spiel ausschließen.

Symbiotische Beziehung der Kinder

Die Zwillinge haben von Geburt an eine besondere, enge Bindung. Meist schlafen sie in der ersten Zeit im gleichen Bett und spüren die Nähe und Wärme des Anderen. Bald nehmen sie Kontakt mit dem Partner auf, lächeln ihn an, berühren ihn und geben körpersprachliche Signale.

Sie verbringen die überwiegende Zeit bei- und miteinander. Aus dem zeitlich und räumlich engen Beisammensein erwächst eine unzertrennliche Einheit. Diese enge Paarverbundenheit führt zu einer starken Fixierung aufeinander, die verschiedene Auswirkungen hat.

Die gemeinsamen Aktivitäten und Erfahrungen führen dazu, dass die Kinder intuitiv Gedanken und Wünsche des Co-Zwillings erfassen. Sie lernen einander ohne Worte zu verstehen. Nur wenige Dinge müssen sprachlich ausgedrückt werden. So ergibt sich viel zu selten die Notwendigkeit der sprachlichen Kommunikation.

Aber auch fehlerhaft produzierte Worte und falsch zusammengesetzte Sätze werden vom Partner verstanden, da er nicht nur über dasselbe Vorwissen verfügt, sondern sich auch in derselben außersprachlichen Situation befindet und die Gedanken des anderen errät. Die Notwendigkeit zur Korrektur der eigenen Äußerung ist daher nicht gegeben.

Zwillinge erfahren zudem früh, dass die Eltern schwer erreichbar sind. Die sich selbst überlassenen Kinder entwickeln eine eigene Sprache und isolieren sich damit um so mehr von ihrer Umwelt. Sie merken, dass es leichter ist miteinander zu kommunizieren, als mit anderen Personen, die unbekannte Sprachregeln verwenden.

Die Kinder finden sich damit ab und gehen abgesondert von der Umwelt ein Zweckbündnis ein. In ihrer engen Paarverbundenheit verspüren sie kein Bedürfnis nach Kommunikation mit anderen Kontaktpersonen. Sie unterhalten sich in der »Zwillingssprache« und haben keinen Anlass mehr, die Umgebungssprache zu erlernen.

Die symbiotische Beziehung der Kinder und ein Drang nach Konformität, der überwiegend durch das stereotype Zwillingsklischee der Umwelt suggeriert wird, führt dazu, dass individuelle Bestrebungen zugunsten der Paargemeinschaft unterbunden werden.

Die Kinder haben als Einzelwesen kein Selbstvertrauen. Durch das Gleichartigkeitsstreben ist die gesamte Ich-Entwicklung verzögert. Die Identifikation mit dem Partner erschwert eine Eigenidentifikation und scheint damit in unmittelbarem Zusammenhang mit schlechteren verbalen Intelligenzleistungen zu stehen.

Allgemein fällt eine geringere Redefreudigkeit von Zwillingen auf, die in Zusammenhang mit den sprachlichen Defiziten stehen könnte. Im Umgang mit anderen Kindern oder Fremden verhalten sich Zwillinge oft zurückhaltend und scheu.

Deshalb kommt es öfter vor, dass Zwillinge in den ersten Jahren weniger Kontakt mit anderen Kindern haben. Der Wunsch nach einem Spielgefährten ist offenbar nicht groß genug, um die Scheu zu überwinden. Reize und Anregungen durch andere, insbesondere auch durch ältere Kinder, die die Weiterentwicklung stimulieren könnten, fehlen dann.

Der Mangel an Kommunikation mit Dritten wiederum verstärkt die Defizite in der Sprachentwicklung.

Bei einer Annäherung der Zwillinge an die Außenwelt erweist sich oft ein Kind als das extrovertiertere (in der Literatur oft als »Außenminister« bezeichnet), während das andere Kind für den Zusammenhalt der Paareinheit zuständig zu sein scheint.

Folgen für die Kinder

Offensichtlich negative Folgen der »Zwillingssprache« sind zweifellos die vielen frustrierenden Missverständnisse zwischen den Eltern und ihren Kindern, sowie die starke Isolation des Paares.

In schwerwiegenderen Fällen ist die Sprachentwicklung bis zum geplanten Schuleintritt verzögert und das Allgemeinwissen bleibt aufgrund mangelnden Informationsaustausches hinter dem der Altersgenossen zurück. Man kann davon ausgehen, dass mit der sprachlichen auch zugleich die kognitive Entwicklung gestört ist, allerdings nicht unbedingt in gleichem Maße. Dies äußert sich häufig in einem monotonen, primitiv wirkenden Spielverhalten.

Trotz der Möglichkeit später die Entwicklungsrückstände zu kompensieren, kann eine Einengung vorhandener Anregungen und Aktivierungsmöglichkeiten nicht ausgeschlossen werden.

Trennung ist oft schon eine erste »Therapie«

In schwereren Fällen müssen die Eltern die Faktoren, die die Zwillingssprache verursacht haben, beseitigen. Dies kann geschehen, in dem man die Zwillinge

- so oft dies ohne allzuviel Protest der Kinder möglich ist - trennt. Es hat sich in den meisten Fällen bewährt, die Kinder in zwei verschiedenen Kindergartengruppen betreuen zu lassen, denn dort kann jedes Kind eigene Freunde finden und im Kontakt zu anderen Kindern aus der Paarbeziehung heraustreten.

Darüberhinaus ist es hilfreich, spezielle Bereiche für jedes der Kinder zu fördern. Wenn ein Zwilling an interessanten Angeboten seiner Umwelt teilhaben will, so verbessert das Kind auch die Wirksamkeit seines Sprechens.

Es sollte darauf geachtet werden, dass die Kinder auch von ihrer Umwelt als zwei verschiedene Persönlichkeiten wahrgenommen und unterschieden werden. Sie sollten jeweils mit ihrem eigenen Namen angesprochen werden und verschieden gekleidet sein.

So soll die Einheit gelöst werden und beiden jeweils der Weg in die eigene Identitätsentwicklung mit eigenen Interessen und Freunden erleichtert werden. Die Kinder sollen zu sozialer Reife im Sinne eines relativ selbständigen und eigenständigen Verhaltens in der Gruppe geführt werden.

In Situationen, die jedes Kind für sich erlebt, erkennt es, wie wichtig die Kommunikation mit einer gemeinsamen Sprache ist.

(Der Beitrag wurde in ZWILLINGE abgedruckt. Susanne Hegele hatte uns ihre Diplomarbeit freundlicherweise zur Verfügung gestellt.)

Wie Eltern mit den Sprachproblemen ihrer Zwillinge umgehen

Für Liane Sexauer ist Sprachlosigkeit bei Zwillingen ein Thema, das sie seit Jahren beschäftigt und mit dem sie konfrontiert ist: »Oft denke ich, wir sind die einzigen, die dieses Problem haben. Wir haben drei Kinder: Carsten, acht Jahre, Stephan und Alexander, sechs Jahre.

Und so fing alles an: Bei der Vorsorgeuntersuchung (Alter der Kinder zwei Jahre) wies ich unseren Kinderarzt darauf hin, dass Stephan und Alexander nicht redeten. 'Gn-gn' war ein Laut, der in allen Tonlagen verwendet wurde. Die beiden unterhielten sich damit und wussten auch, was damit jeweils gemeint war.

'Es sind Zwillinge und Buben, das kommt schon noch', versuchte mich der Arzt zu beruhigen. Wir warteten. Nach vier weiteren Monaten wandte ich mich an die Erziehungs- und Familienberatung. Wir machten eine Spieltherapie. Doch diese Therapie brachte auch nichts.

Mit drei Jahren sprachen sie 'Eis, Fisch, heiß, Mama, Papa, Stein' und immerhin auch 'Pipi'.

Ich übte, erklärte, ich redete, aber von Seiten der Kinder kam keine Reaktion. Sie machten sich ein Spiel daraus. Zwillinge müssen sich die Mutter teilen, dann war da noch der 'große' Bruder, der auch noch Zeit benötigte. Ich empfand es deshalb immer so, dass sie sich mit dem Reden verweigerten, weil sie dann mehr Aufmerksamkeit bekamen. Hinzu kam noch, dass sie es lange Zeit nicht für notwendig hielten. Sie hatten sich und verstanden sich. Das genügte ihnen. Stephan und Alexander sind eineiige Zwillinge.

Dann kam die Zeit der Rivalität. Stephan ist der dominantere. Alexander zeigte öfter die Bereitschaft zum Sprechen, wurde aber von Stephan unterdrückt. Meistens geschah dies durch einen 'vernichtenden' Blick, manchmal auch durch ein 'nein'.

Wenn die Kinder nicht reden, fragt man sich natürlich, warum, wieso? Organisch wurde alles abgeklärt.

Mit dreieinhalb fingen wir die erste logopädische Therapie an. Es brachte den anfänglichen Erfolg, dass die Kinder endlich bereit waren, sprechen zu wollen. Hoffnung kam auf. Nach einem halben Jahr machten wir eine Pause. Das Ergebnis war mager.

Der Kinderarzt meinte, wenn sie in den Kindergarten kommen, fangen sie schon an. Mit dreieinhalb kamen sie in den Kindergarten. Einen kleinen Schub machten sie auch.

Die ganze Zeit sind wir, von kurzen Pausen unterbrochen, in logopädischer und ärztlicher Beobachtung und Behandlung.

Heutiger Stand der Sprache: Außenstehende verstehen sie recht schwer. Da heißt es genau zuhören. Sie reden sehr vernuschelt und der Satzbau ist total verdreht. Selbst wir, die immer um sie herum sind, haben oftmals unsere Schwierigkeiten.

Verstehe ich es nicht und fordere Alexander auf, es nochmals zu sagen, wiederholt er es nochmal. Verstehe ich es dann immer noch nicht, sagt er, ich höre nicht richtig zu. Es frustet ihn, aber auch mich.

Stephan ist da auch etwas anders, er wiederholt, wenn er nicht verstanden wird, öfter, oder er formuliert das, was er sagen will, anders. Alexander resigniert schneller und sagt gar nichts mehr.

Je älter die Kinder werden, desto problematischer wird das Problem. Auch im Kindergarten. Alexander kam zum Beispiel vor kurzem heim und sagte,

Probates Mittel gegen zu langsamen Spracherwerb: Lesen, lesen und nochmals lesen. Hier gucken sich Tristan und Annika Bilderbücher an.

jemand hat zu ihm gesagt, er solle jetzt endlich richtig reden lernen. Ein paar Tage später kam er, jemand hat zu ihm gesagt, er redet wie ein Ausländer. Und gerade Alexander nimmt sich sowas zu Herzen und isoliert sich dann. So prägt auch die Außenwelt.

Sprachlosigkeit, Sprachverweigerung und die möglichen Folgen - davon können wir berichten. Was sind die Ursachen? (Zum Teil sind sie mir bekannt). Aber wie kann man die sprachliche Fehlentwicklung nur verhindern? Theorie und Praxis bringt man manchmal nicht in Einklang.

Wie soll es weitergehen im Hinblick auf die Schule? Beide sollten vom Alter her nächstes Jahr eingeschult werden. Frühzeitiges Erkennen, frühzeitige Förderung, all' das habe ich getan und dennoch haben unsere Kinder Sprachschwierigkeiten.«

Auch Marion Filter konnte ein Lied davon singen, wie schwierig die Sprachentwicklung bei Zwillingen sein kann. Heute sind ihre Jungs erwachsen und von Sprachproblemen kann keine Rede mehr sein. Damals jedoch schrieb Zwillingsmutter Filter an ZWILLINGE:»Erst gestern ist es mir wieder passiert: Ich holte die Jungs um 12 Uhr vom Kindergarten ab, und Bastian quengelte: 'A Betti, a Betti!'

Ich war recht verwundert, ihn scheinbar müde vorzufinden, denn seit dem zweiten Lebensjahr machen die Zwillinge schon keinen Mittagsschlaf mehr. 'Ist gut', sage ich (angenehm überrascht über die Möglichkeit, einen ruhigen Mittag zu erleben), 'wenn wir daheim sind, kannst du dich sofort hinlegen, wenn du so müde bist.'

Die Reaktion war katastrophal - Bastian bäumte sich mit wütendem Gekreische und weinerlich verzerrtem Gesicht auf und protestierte lautstark: 'A Betti! A Betti!' Durch die Schluchzer, Schniefer und die Heulerei verstand ich ihn noch schlechter als zuvor ... offensichtlich hat sein Anliegen wohl etwas mit einem Bett zu tun?! Ich rate also noch ein Weilchen herum, was Bastian wohl meinen könnte - seine Reaktionen bleiben jedoch stets die gleichen. Schließlich werde auch ich ärgerlich. 'Sprich langsam und deutlich, ohne zu weinen, damit ich dich endlich verstehe!' fordere ich von ihm - wie so oft jeden Tag.

Und wieder wende ich mich hilflos an seinen Bruder Daniel, der ein bisschen besser sprechen kann, ob er mir Bastians Anliegen nicht übersetzen könne (sofern er seinen Zwillingsbruder versteht).

Daniel kann: 'Pa - betti!' sagt er bemüht langsam und deutlich zu mir, als sei ich diejenige, die ein bisschen beschränkt ist. Und endlich fällt auch bei mir der Groschen, dank einer klassischen, unerklärlich-mütterlichen Eingebung: »Spaghetti! Du möchtest heute mittag Spaghetti essen!«

Heftiges Kopfnicken. Die Zornestränen versiegen. Erleichtert steigen wir ins Auto, fahren heim ... und essen dann doch Pfannkuchen.

Diese Verständigungsschwierigkeiten haben wir laufend, und es nervt mich absolut, meine inzwischen viereinhalbjährigen Kindergartenkinder auf dem sprachlichen Niveau von Zweijährigen zu haben. Es vermittelt mir den Eindruck, als würden wir dem Kleinkinderalter nie entwachsen.

Dabei haben wir schon viel versucht, um diesen sprachlichen Mangel auszugleichen ... bereits mit drei Jahren kamen Daniel und Bastian in den Kindergarten, in der Hoffnung, sie wären durch das Miteinander mit anderen Kindern und »Fräuleins« gezwungen, deutlicher zu sprechen und es sich richtig von den anderen Kindern abzuhören. Der Effekt war nicht überwältigend - an ihr Gemauschele und Genuschele haben sich die anderen Kinder längst gewöhnt. Sie raten so lange, bis sie das Richtige getroffen haben. Und die älteren Mädchen in der Gruppe sind entzückt, in den Zwillingen Ersatzpuppenbabys gefunden zu haben, die sie hätscheln und umsorgen können.

Im vierten Lebensjahr wollten wir sie nach den geringen Erfolgen in einem Sprachheilkindergarten anmelden. Den Aufnahmetest hielt ich für bloße Routine, da für mich das Unvermögen der Kinder zu sprechen klar auf der Hand lag. Das Verblüffende geschah: Sie schnitten zu gut ab, so dass sie nicht aufgenommen wurden. »Die Fähigkeit, alle Buchstaben zu sagen, ist vorhanden«, erklärte mir die Logopädin. »Lediglich die Kombinationen stimmen noch nicht so ganz, doch das kommt sicher auch bald von selbst.«

»Und die Grammatik? Und die Satzbildung?« beharrte ich, eisern entschlossen, um die Plätze im Sprachheilkindergarten zu kämpfen. Die Logopädin bemühte sich genauso eifrig, all meine Argumente zu entkräften und meine Zweifel zu zerstreuen. Es war ein zähes Ringen.

Zu guter Letzt sagte sie, sie glaube, die Zwillinge wären auf alle Fälle besser in einem normalen Kindergarten aufgehoben, wo sie immerhin »richtiges Deutsch« von den anderen Kindern hörten. Die Gefahr, sich die Sprachfehler der sprachbehinderten Kinder abzulauschen und anzueignen sei im Sprachheilkindergarten fast größer.

Außerdem könnte ich, wenn sie wirklich keine Fortschritte machten, im nächsten Jahr nochmals vorstellig werden - es sei immer noch ausreichend, in einem Alter von fünf Jahren mit einer gezielten Förderung zu beginnen.

Ich wagte einen weiteren verzweifelten Versuch: Ich wollte die Sprachblockade mit Homöopathie angehen ... mit hoffendem Ohr glaubte ich sogar, eine Verbesserung zu hören. Doch die sprachliche Verbesserung entpuppte sich als Selbsttäuschung: Ich hatte endlich einen Erfolg sehen wollen.

Sogar den Keuchhusten der beiden durchstand ich hoffnungsvoll, da in meinem Buch über Kinderkrankheiten stand, dass durch diese körperliche Erkrankung die Kinder auch geistig-seelische Entwicklungen durchmachen, dass sogar »in ihrer Sprachentwicklung gestörte Kinder (verspätetes Erlernen der Sprache, Schwierigkeiten mit einzelnen Vokalen oder Konsonanten, auch Stottern) sprunghafte Fortschritte zeigen« (zitiert aus »Kinderkrankheiten natürlich behandeln«, Seite 64, von Dr. med. H. M. Stellmann).

Doch zeigte sich leider bei uns nicht, was Herr Stellmann versprach, obgleich wir den Keuchhusten nach seinen Methoden behandelten und von selbst ausheilen ließen.

Nun sind also unsere Jungs mittlerweile viereinhalb Jahre alt, noch ein halbes Jahr dauert es, bis ich einen erneuten Versuch in dem Sprachheilkindergarten wagen kann. Ich überlege jetzt, ob ich sie nicht gleich von einer Logopädin behandeln lassen soll. Doch Logopäden sind hier auf dem Land bisher sehr rar und daher stark frequentiert, so dass es lange Wartezeiten gibt.«

Sprachverweigerung - ein Sonderproblem

Der Schweizer Joseph Echle hat die Sprachverweigerung als Erziehungsproblem bei Zwillingen zum Thema seiner Diplomarbeit gemacht. Er ist Vater von Zwillingen, die Sprache eine lange Zeit verweigerten: »Nach problemloser Schwangerschaft kamen die Zwillinge zehn Tage vor Termin ohne Komplikationen innerhalb von 13 Minuten gesund zur Welt, Richard mit 2.760 Gramm/48 Zentimeter und Christoph mit 3.060 Gramm/47 Zentimeter. Meine Frau durfte in der Klinik die Kinder bei sich im Zimmer haben und - soweit möglich - selbst betreuen. Richard und Christoph haben noch zwei ältere Geschwister: Joseph (1981) und Regula (1983 geboren).

Alle Entwicklungsschritte, aber auch Krankheiten, verliefen parallel. Innerhalb von 24 Stunden machten beide Etappe für Etappe durch. So kam jeder Zahn bei beiden innerhalb Tagesfrist, als ob jemand einen Wecker gestellt hätte. Bei Krankheiten genügte <u>ein</u> Hausbesuch des Arztes. Wurde der zweite einen Tag später gleichfalls krank, so konnte die Diagnose, die der Arzt gestellt hatte, auch für dieses Kind übernommen werden.

Der gesamte Entwicklungsverlauf zeigt jedoch ein leicht verzögertes Bild (dafür aber immer miteinander): Sitzen mit neun, Stehen mit 15 und Gehen mit 18 Monaten. Die Entwicklung im feinmotorischen Bereich verläuft normal, partiell etwas verlangsamt, was mit der Sprachentwicklung zusammenhängt. Da beide nicht mit uns sprechen, waren und sind wir oft versucht, ihnen Tätigkeiten abzunehmen, die Richard und Christoph an sich selbst ausführen könnten. (Man verfällt dem Irrtum 'sprachlos = hilflos = pflegebedürftiges Kleinkind'!) Um die Entwicklungsschritte nicht unnötig zu verzögern, ist eine bewusste konsequente Erziehungshaltung unabdingbar. Dies ist in der Praxis des Alltags eine schwierige und oft nervenaufreibende Aufgabe, besonders wenn noch weitere Kinder Aufmerksamkeit und Zuwendung erfahren wollen.

Die Sprachentwicklung begann völlig normal. Richard und Christoph lallten und plapperten den lieben langen Tag miteinander. Später erfanden sie Worte, von denen niemand weiß, was sie bedeuten sollen, aber kein 'Mama' und kein 'Papa'. Auch typische Kinderwörter wie ein 'Wauwau' kamen nicht über ihre Lippen. Das erste klar zugeordnete Wort fiel anlässlich eines Mittagessens. Wir hatten uns gerade ein Glas Wein eingeschenkt, als sie ihre Gläser erhoben und uns 'Prost' zuriefen. Der Trinkspruch wurde bei jedem Essen wiederholt, verlor sich aber nach einigen Wochen wieder.

Untereinander pflegen Richard und Christoph bis heute eine eigenwillige und vielschichtige sprachliche Verständigung. Ihre 'Fremdsprache' ist mit viel Gestik und Mimik verbunden. Häufig genügt ein Blick, und der andere weiß, was zu tun ist. Weder wir Eltern noch ihre Geschwister können diese Sprache verstehen. Das erschwert den Alltag, die Sauberkeitserziehung und die Pflege eines geordneten Essens mit all seinen Spielregeln im besonderen.

Gegenwärtig wird ihre Sprache allerdings 'verständlicher', das heißt, wir erahnen schneller den Sinn ihrer Aussage.

In der Sauberkeitserziehung macht die Sprachlosigkeit besondere Mühe. Da wird gezappelt, herumgerannt oder werden die Beine zusammengepresst, um zu zeigen, dass 'man mal muss'. Gelegentlich bringen sie den Topf. Gegenwärtig versuchen wir, sie allein aufs WC zu schicken, mit dem Risiko, dass das Geschäft auch mal daneben geht.

Am Tisch erhalten Richard und Christoph in der Regel die erste Portion Essen und Getränk 'gratis'. Mit der Zeit gelang es uns, ihnen für die zweite Runde ein 'Bitte' abzulocken. Ohne diese Bitte stellten wir uns taub, warteten auf eine sprachliche Äußerung. Solange wir konsequent durchhielten, klappte es auch bald einmal.

In den letzten Wochen wurden wir etwas nachlässiger und gingen wieder spontan auf die nonverbal geäußerten Wünsche der Zwillinge ein. 'Man sieht und spürt ja, was die Kinder wollen.'

Die Folge blieb nicht aus: Das 'Bitte' verschwand aus dem Sprachrepertoire. Wir dürfen wieder von vorne beginnen. Aber Richard und Christoph sind in der Zwischenzeit ein Stück raffinierter und geschickter geworden und entwickeln eine erstaunliche Selbständigkeit. Dabei helfen sie sich gegenseitig und sorgen dafür, dass jeder auf seine Rechnung kommt.

Um einen Wunsch nicht äußern zu müssen, organisieren sie sich im Rahmen eines Selbstbedienungssystems. Dieses System funktioniert den ganzen Tag bestens: Erhalten sie Gewünschtes nicht gleich, weil wir im gleichen Sinne 'nicht verstehen wollen' wie sie 'nicht sprechen wollen', beschaffen sie es sich selbst, auch wenn es noch so gut versorgt oder gar eingeschlossen wurde. Beim Znüni oder Zvieri (Anm. d. Red.: Bezeichnung bestimmter Mahlzeiten) marschieren beide mit Apfel und Messer auf und lächeln mit stolzem Charme, dass jede konsequente Erziehungshaltung dahinschmilzt wie Schnee im Frühling ...

Richard und Christoph können sprechen, was verschiedene Erlebnisse bestätigen. Nur zweimal haben wir erlebt, wie sie 'Mama' riefen. Beide Male steckten sie in einer derart verwirkten Lage, dass sie vermutlich nicht anders konnten. Die ersten klaren sprachlichen Äußerungen erlebten wir zwischen zweieinhalb und drei Jahren.

Bei einem Spaziergang blieben die beiden etwas zurück und begannen mit zwei uns unbekannten älteren Frauen ein Gespräch. Wenige Tage später forderte Richard deutlich Christoph zum Mitkommen auf. Kurz vor dem dritten Geburtstag stürzte Christoph von einem Stuhl und erlitt eine Platzwunde am

Kinn. Die Wunde musste ärztlich versorgt werden. Beim Eingriff beschimpfte er den Arzt mit klaren Sätzen: 'Hör auf'/'Es macht weh'/'Lass mich los'! Zwei Monate darauf spielte ein kleines Mädchen mit den Zwillingen. Plötzlich kam es aufgeregt zu uns gerannt und fragte, warum wir sie angelogen hätten, die Kleinen könnten ja sprechen.

Obwohl sie altersmäßig zu klein waren, durften wir die Zwillinge ab Herbst 1988 in eine Spielgruppe schicken - allerdings getrennt je einmal pro Woche. Anfangs fanden keine sprachlichen Äußerungen mit der Leiterin oder mit anderen Kindern statt. Nach knapp drei Monaten begannen sie vereinzelt mit den Kindern zu sprechen. Bei Gruppenspielen und beim Singen machen beide mit. Sie singen allerdings eigene Texte zu den Melodien.

Überhaupt singen beide sehr gern. Frühmorgens, oft schon um sechs Uhr, tönt es aus ihren Betten 'S' Elfiglöggli lütet scho ...', und der Liedtext trifft schon recht nah die Originalsprache.

Mittlerweile gehören zum Wortschatz Begrüßungs- und Abschiedskürzel wie 'Hoi', 'Tschüß' oder 'Tschau'. Die Sprachverweigerung ist auf gutem Wege, sich abzubauen. Das beweisen auch spontane, freche Äußerungen, die zu unpassendsten Gelegenheiten angebracht werden. Als ich sie einmal spät nachts wiederholt ins Bett befördern will, riefen sie mir von weitem entgegen: 'Hoi Dicke'!«

Wann kann von einer sprachlichen Retardierung gesprochen werden?

Wie andere Kinder auch, fangen Zwillinge in ganz unterschiedlichen Altersstufen zu sprechen an. Manche sagen ihr erstes, klar verständliches Wort noch vor dem ersten Geburtstag, andere brabbeln im Alter von 18 Monaten immer noch unverständlich vor sich hin.

Unsere eigenen Zwillinge begannen mit etwa 14 (Maxi) und 16 Monaten (Conny) zu sprechen. Max war aufgrund seines ganzen Wesens kommunikationsbereiter und sprach schnell viel und bald auch recht gut. Constantin war ein eher verschlossener Typ, der später auch in der Schule (Sprach-)Probleme hatte. Er sprach viel weniger, deutlich schlechter (was die Grammatik und Aussprache anbelangte) und ich bin sicher, dass seine Rechtschreibprobleme in der Schule auch mit seiner - von uns weitgehend unkorrigierten - falschen Aussprache zu tun hatten. Wir machten unbewusst den Fehler, ihn nicht zu korrigieren, weil wir ihn ja verstanden. Heute bin ich aber auch sicher, dass seine Lese-/Rechtschreibschwäche - also eine sogenannte Teilleistungsstörung - mit seiner Frühgeburtlichkeit zu tun hatte. Ehemalige Frühchen haben nicht selten solche Defizite. Eine dahingehende Diagnose erhielt ich jedoch nie.

Ich rannte in Constantins Schuljahren von Pontius zu Pilatus. Wir probierten sämtliche Möglichkeiten des Übens von Texten und Diktaten aus. Fehlanzeige. Ich war auch alternativen Methoden gegenüber aufgeschlossen.

Wir probierten es mit Kinesiologie, eine Methode, die die Kommunikation zwischen rechter und linker Hirnhälfte begünstigen sollte und diesbezügliche Blockaden lösen konnte. Von jetzt auf gleich wurden aus den 30 Fehlern in einem geübten Diktat im Format DIN A5 zwei bis drei Fehler. Aus einer glatten 6 wurden Einser und Zweier als Noten. Dies hielt eine Weile vor, dann baute Constantin wieder ab. Die Hauptschule schloss er mit drei Fünfern im Zeugnis ab. Von »Quali« keine Spur.

Wann sollten Eltern wirklich beunruhigt sein? Zwillingseltern sollten auf jeden Fall gewissenhaft alle Vorsorgeuntersuchungen in Anspruch nehmen. Ihr Kinderarzt kann Ihnen sagen, ob Ihre Zwillinge sprachlich zurück sind. Er ist es auch, der Sie zu einem ersten Besuch beim Logopäden schickt. Doch selbst dann, wenn Ihnen Ihr Kinderarzt eine Behandlung beim Logopäden empfiehlt, sollten Sie nicht in Panik ausbrechen. Kinder entwickeln sich so unterschiedlich, dass gerade im Alter zwischen etwa drei und fünf Jahren einfach noch eine Menge Spielraum gegeben ist, in dem sich noch manche Entwicklung zur korrekten Sprache vollziehen kann.

Ein Beispiel: Das älteste Kind meiner Schwester Ariane, der kleine Carl, sprach bereits mit zwei Jahren perfekte Sätze. Er hatte einen großen (und korrekt ausgesprochenen Wortschatz) und konnte bereits Sätze in der (korrekten) Vergangenheit bilden. Unser drittes Kind Nicolai fing überhaupt erst mit 18 Monaten an, erste verständliche Worte zu sprechen. Mit zwei Jahren war er weit davon entfernt, sich mit uns korrekt sprachlich zu verständigen. Und auch mit dreieinhalb Jahren sprach er zwar viel,

aber auch viel falsch, das heißt grammatikalisch nicht richtig. Wenn ich ihn - sprachlich - mit seinen Zwillingsbrüdern vergleiche, so war eher Nicolai »hinten dran«. Das hat sich aber auch bis zum Schuleintritt vollkommen gegeben.

Was können Eltern tun, deren Zwillinge schlecht sprechen?

○ Sprechen Sie erst einmal mit Ihrem Kinderarzt. Er kennt nicht nur die »Normwerte«, sondern auch Ihre Kinder, so dass er beurteilen kann, ob und wann Sie mit einer Behandlung beginnen sollten.

○ Logopäden versuchen, Ihrem Kind die Sprache auf spielerischem Weg näherzubringen. Und so sind die Termine beim Logopäden für das Kind weniger mit Lernstress, denn mit Spaß verbunden. Bei Zwillingen halte ich es für ratsam, getrennt mit ihnen zum Logopäden zu gehen, bzw. halt mit dem jeweiligen Zwilling, der gerade nicht dran ist, außerhalb des Behandlungszimmers zu warten.

○ Die (Sprach-)Übungen müssen zu Hause fortgesetzt werden, wenn sie Erfolg haben sollen. Auch da gilt: Nehmen Sie sich jeden Zwilling einzeln vor. Da haben Sie beide mehr Ruhe, auch wenn die Beschäftigung mit Bilderbuch und/oder Bildkärtchen eigentlich ein Spiel ist.
Ist nur ein Zwilling von Sprachproblemen betroffen (bei uns war das so, Conny sprach das »R« nicht), lernt der Betroffene auf jeden Fall mehr, wenn das besser sprechende Kind nicht immer alles vorsagt.

○ Trennung ist gerade für Zwillinge mit Sprachproblemen wichtig, da die sprachlichen Probleme, wie Sie oben lesen konnten, zu einem Teil auch durch die zu enge Bindung der beiden Kinder entstanden sein könnten. Doch hier müssen Eltern wirklich sensibel vorgehen und nichts durch übertriebenen Aktionismus erzwingen wollen.

Nicht alle Zwillinge sind von Sprachproblemen betroffen

Hier muss einmal zwischendurch gesagt werden, dass nicht zwangsläufig alle Zwillinge sprachliche Probleme haben. Es ist eher eine Minderheit, die aufgrund der vorgenannten Einflüsse sprachlich zurück sein kann. Wenn hier ein Thema aufgegriffen wird, so gehe ich keineswegs davon aus, dass alle Zwillinge davon »betroffen« sind. Auch Zwillinge können durchaus ganz »normale«, überhaupt nicht auffällige, leichterziehbare Kinder sein, die völlig problemlos aufwachsen. Deshalb ist es auch gar nicht nötig, dass sich Eltern durch die hier besprochenen Problemfälle verunsichern lassen, noch bevor sie davon überhaupt betroffen sein könnten.

○ Unterstützt wird die korrekte sprachliche Entwicklung schon durch ganz einfache Dinge, die Sie sich nur bewusst machen müssen:
- wenden Sie sich immer nur einem Kind ganz gezielt zu;
- sprechen Sie jedes Kind einzeln an;
- fixieren Sie das Kind, mit dem Sie sprechen direkt (Blickkontakt);
- bestehen Sie auf einer Antwort desjenigen Zwillings, den Sie etwas gefragt haben, das heißt, lassen Sie nicht ein Kind für das andere sprechen;
- verbessern Sie falsche Aussprache oder Grammatik. Klar, Sie verstehen Ihre Kinder auch so, aber Ihre Kinder lernen auf diese Weise nicht, wie man richtig spricht. Natürlich sind die Kinder durch Verbesserungen auch frustriert. Sie können es ja auf die »nette Tour« versuchen und nicht vor fremden Zuhörern. Dann wird dieses Verbessern wohl auch nicht missverstanden;
- schauen Sie zusammen Bilderbücher an, lassen Sie die Kinder erklären, was es dort zu sehen gibt (gut geeignet sind die Bilderbücher von Ali Mitgutsch) und lesen Sie abends Geschichten vor (zum Beispiel von Ursula Wölfel »27 Suppengeschichten«);
- achten Sie darauf, dass jedes Kind ausreichend zu Wort kommt und nicht immer nur das vorlautere.

Zweisprachigkeit und Zwillinge

Wenn manche Zwillinge offensichtlich Probleme haben, Sprache zu erlernen und anzuwenden, wie soll das dann erst mit zweisprachiger Erziehung klappen? Sylvia Peters-Fiorita ist mit einem Italiener verheiratet und lebt mit ihren Kindern in Italien. Alessandra und Isabella, die Zwillinge der Familie, wachsen zweisprachig auf - und das ohne Probleme: »Mein Mann und ich waren übereingekommen, dass wir zu Hause nur Deutsch reden. Mit Ausnahme meiner Schwiegermutter, die kein Wort Deutsch sprach. Die Kinder haben also von Anfang an beide Sprachen gehört. Beide Mädchen sprachen früh und klar. Doch ihre Forderungen wie 'trinken', 'spielen' usw. kamen auf Deutsch. Bot meine Schwiegermutter sich zum Spielen an, haben sie alles genauso verstanden, nur antworteten sie auf Deutsch.
Mit zwei Jahren kamen sie dann regelmäßig mit anderen Kindern und Personen in Kontakt. Jeden Nachmittag fuhren wir raus zum Spielen und auch ich unterhielt mich Italienisch. Augenblicklich holten sie in Italienisch auf. Trotzdem sprachen wir zu Hause nur Deutsch, bis sie in den Kindergarten kamen. Sie sprachen ihrem Alter entsprechend beide Sprachen ohne Probleme. Und nach Meinung anderer Personen sogar ausgezeichnet.
Ab der Kindergartenzeit hat es sich dann eingeschlichen, dass ich mit den Kindern auch Italienisch rede. Sprechen sie mit mir Italienisch, so antworte ich in dieser Sprache. Es kommt vor, dass ich nicht sicher bin,

ob ich etwas richtig sage, so antworte ich auf Deutsch. Sage ich etwas Falsches, so korrigieren sie mich und ich bedanke mich und wiederhole richtig. So wie auch sie jede Kritik hinnehmen und nach zweimal korrigieren ist es dann drin.

Alessandra und Isabella sind auch in der Lage zu übersetzen, was sie manchmal für ihre großen Schwestern tun. Ich bin jetzt sogar soweit gegangen, ihnen Englisch näher zu bringen, das heißt, hin und wieder sage ich etwas auf Englisch. Die beiden reagieren sehr gut und ich denke, mit zwei, drei Wörtern im Monat dürfte eigentlich nichts schiefgehen.«

Auch meine (Halb-)Schwestern Olivia und Viola (natürlich Zwillinge) wuchsen zweisprachig auf. Sie lebten zeitweilig in Monte Carlo und besuchten dort die Schule. Zuerst hatten sie Deutsch gelernt, das Französische kam erst, als sie im Kindergartenalter nach Monte Carlo übersiedelten.

Beide Eltern, mein Vater und die Mutter der beiden, waren Deutsche und sprachen Deutsch mit ihnen. Die Zwillinge hatten keine Probleme (mit der fremden Sprache) in der monegassischen Schule und nach ihrer Rückkehr nach Deutschland auch keine größeren Probleme, sich auch hier wieder - sprachlich - einzugewöhnen. Sie sprechen beide Sprachen perfekt, nur mit dem Schreiben in deutscher Sprache taten sie sich anfangs nicht immer so leicht.

Fazit: Nicht alle Zwillinge haben Sprachprobleme. Ich denke sogar, dass es eher eine Minderheit ist. Und auch die zweisprachige Erziehung ist problemlos möglich.

Linkshändigkeit - ein Thema bei Zwillingen?

Tatsächlich gibt es deutlich mehr Linkshänder unter Zwillingen als in der Normalbevölkerung. Wir greifen es an dieser Stelle auf, gerade weil die vorher ausführlich behandelte Sprache, aber auch manuelle Fähigkeiten Grundbedingungen für einen erfolgreichen Kindergarten- und später Schulbesuch sind.

Keine Klarheit über die Gründe für Linkshändigkeit

Linkshändigkeit soll bei Zwillingen häufiger anzutreffen sein. Zwillingsforscherin Nancy Segal hat im amerikanischen TWINS Magazine über neue und ältere Aspekte der Händigkeit von Zwillingen berichtet. Wir haben ihren Beitrag in Auszügen übersetzt. Viele Untersuchungen haben festgestellt, dass es unter Zwillingen einen deutlich höheren Anteil an Linkshändern gibt. Etwa 20 Prozent der Zwillinge - egal ob ein- oder zweieiig - sind diesen Studien zufolge Linkshänder und damit doppelt soviele wie in der Gesamtbevölkerung.

Einige Forscher bezweifeln dieses Ergebnis. So meint Dr. I. C. McManus (Bedford College, London), dass die »Händigkeit« bei Zwillingen und anderen Untersuchungspersonen nie mit der gleichen Untersuchungsmethode gemessen wurde und dass ausschließlich Studien, die vor 1930 gemacht wurden, solche Ergebnisse, wie oben genannt, aufwiesen. Auch Untersuchungen jüngeren Datums, haben den angeblich deutlich höheren Linkshänderanteil unter Zwillingen nicht bestätigen können.

Die meisten Menschen bevorzugen eine Hand - also entweder die rechte (wie die meisten Menschen) oder die linke. Nur wenige Menschen benutzen beide Hände mit der gleichen Sicherheit und gleich oft. Die gebräuchlichste Methode, die Händigkeit einer Person festzustellen ist, sie zu befragen, bei welchen Tätigkeiten sie welche Hand benutzt. Die meisten dieser Fragebögen umfassen zwischen 14 und 20 solcher Fragen, die je nach dem wie sie beantwortet werden, einen mehr oder weniger eindeutigen Grad von Rechts- oder Linkshändigkeit feststellen lassen.

Eine in den USA besonders beliebte Untersuchung ist der Fragebogen nach Crovitz-Oldfield, der Tätigkeiten untersucht, die mit nur einer Hand ausgeführt werden wie zum Beispiel Schreiben, Malen und Tätigkeiten, für die man beide Hände braucht, wie Kartoffelschälen und eine Nähnadel einfädeln. Nach Möglichkeit sollten die Angaben der Testpersonen auch »kontrolliert« werden, denn gerade bei Tätigkeiten, für die man zwei Hände braucht, schleichen sich schon einmal Fehler ein.

Warum soll es nun gerade unter Zwillingen besonders viele Linkshänder geben? Dieses Phänomen haben Thomas Nagylaki und Jerre Levy von der Universität von Chicago untersucht. Die erste Erklärung, die die beiden fanden, war, dass Zwillinge schwierigere Bedingungen während Schwangerschaft und Geburt zu meistern hätten, zum Beispiel, weil sie in sehr beengten interuterinen Verhältnissen aufwachsen. Aber auch die höheren Geburtsrisiken könnten zu einer Beeinflussung des Gehirns und damit zur Linkshändigkeit führen.

Die belgischen Ärzte Derom und Thiery sowie New Yorker Forscher fanden heraus, dass sich vor allem zweitgeborene Zwillinge zu Linkshändern entwickeln, denn gerade sie erleiden möglicherweise häufiger ein sogenanntes Geburtstrauma. Es gibt allerdings auch Untersuchungen, die diesen Ergebnissen widersprechen.

Dr. Joseph Christian von der Indiana Universität wiederum stellte fest, dass die Linkshändigkeit von erst- und zweitgeborenen Zwillingen im Verhältnis 5 zu 1 vorkommt. Charles E. Boklage von der East Carolina Universität fand jedoch heraus, dass eher die zweitgeborenen Zwillingskinder zu Linkshändern wurden. Solche unterschiedlichen Ergebnisse lassen sich möglicherweise mit falschen Angaben über die Erst- und Zweitgeburtlichkeit erklären.

Ein weiterer möglicher Erklärungsansatz für den höheren Anteil an Linkshändern bei eineiigen Zwillingen ist die Sache mit dem späten Zeitpunkt der Teilung des befruchteten Eis. Forscher sprechen in dem Zusammenhang von spiegelbildlichen Anlagen. In so einem Fall sind zum Beispiel die

Muster von Fingerabdrücken, Haarwirbel oder Unregelmäßigkeiten des Gebisses spiegelbildlich angeordnet.

Boklage wiederum geht eher davon aus, dass sich in der embryonalen Entwicklung aller Zwillingen Dinge abspielen, die die Händigkeit beeinflussen. Boklage führt in diesem Zusammenhang auch die Möglichkeit an, dass sich eine Eizelle geteilt hat, bevor beide Hälften von je einer Samenzelle befruchtet wurden. Diese »dritte Dimension« von Zwillingen wird erst in jüngerer Zeit diskutiert. Man weiß noch nicht, wie häufig diese Art von Zwillingen vorkommt, aber es sind schon einige Fälle in der Literatur dokumentiert worden.

Und wie sind Rechts- und Linkshändigkeit bei getrennt aufgewachsenen Zwillingen verteilt? 1978 und 1988 untersuchte Nancy Segal, Leiterin der Zwillingsforschung an der California State University, in Chicago und Minneapolis Zwillinge, die gemeinsam und Zwillinge, die getrennt aufgewachsen waren. 16 Prozent der Zwillingskinder, die zusammen groß geworden waren, waren Linkshänder und bei den getrennt aufgewachsenen waren es 12 Prozent. Das ist etwas mehr als der Prozentsatz von Linkshändern (10 Prozent) in der Gesamtbevölkerung.

Große Unterschiede zwischen ein- und zweieiigen Zwillingen fand Nancy Segal nicht heraus. Bei den eineiigen war der Prozentsatz etwas höher (34 Prozent eineiige, 21 Prozent zweieiige, zusammen aufgewachsene; 23 Prozent eineiige, 18 Prozent zweieiige, getrennt aufgewachsene Zwillinge). Fazit der Studie: Der Anteil an Linkshändern war bei beiden Zwillingsgruppen - zusammen und getrennt aufgewachsene - in etwa gleich hoch.

Nancy Segal hat in einer anderen Studie untersucht, in wieweit Händigkeit und Intelligenz (gemessen als IQ = Intelligenzquotient) zusammenhängen. Die Untersuchung bezieht sich nur auf eineiige Zwillinge. Segal hatte angenommen, dass linkshändige Kinder mit geringerem Geburtsgewicht einen geringeren IQ haben und dass andere linkshändige Kinder, die ein höheres Geburtsgewicht haben, mit einer späten Teilung des befruchteten Eis und einer ohne medizinische Probleme verlaufenen Schwangerschaft einhergehen, was insgesamt zu einem höheren IQ führt. Die Annahmen konnten durch die erhobenen Daten bestätigt werden.

Fazit: Geringeres Geburtsgewicht innerhalb eines eineiigen Zwillingspaares kann mit einem geringen IQ nur dann in Verbindung gebracht werden, wenn das geringere Geburtsgewicht mit Linkshändigkeit einhergeht. Nancy Segal betont allerdings, dass diese Studie durch weitere Untersuchungen bestätigt werden muss. Im übrigen seien Intelligenz, Händigkeit und Geburtsgewicht durch zahlreiche genetische und umweltbedingte Faktoren beeinflusst, so dass nicht alle eineiigen Zwillinge, die Linkshänder sind und bei der Geburt weniger als ihr Zwillingspartner gewogen haben, gleichzeitig einen geringeren IQ aufweisen.

Linkshändigkeit bei Zwillingen - ein Thema, das keines ist? Kaum. Allein in meinem Freundeskreis gibt es außer meinen Zwillingen zwei weitere Zwillingspaare, in denen ein Kind Linkshänder ist. Bei uns ist es Maximilian, der schon im Alter von drei Jahren eine deutliche Vorliebe für's linke Händchen hatte. Meine Bedenken, dies könne ihm in der Schule (schlechte Schrift?!) zum Nachteil gereichen, hat sich glücklicherweise als unbegründet erwiesen. Max machte wirklich alles »mit links«. Schwierigkeiten gab es nur in der Handarbeitsstunde, denn die Fachlehrerin konnte das linkshändige Häkeln und Stricken nicht erklären. Ich auch nicht.

Sorge um Linkshändigkeit ist unbegründet

Vielleicht ist durch das hier abgedruckte Zitat aus der amerikanischen Zeitschrift TWINS ein falsches Bild entstanden, und Sie machen sich jetzt Sorgen, ob Ihre Kinder »normal« sind oder gar einen geringeren Intelligenzquotienten haben. Doch die Feststellung des sogenannten IQ ist fragwürdig - das Ergebnis hängt entscheidend von der Testmethode ab und wird durch so viele Dinge beeinflusst, dass meiner Meinung nach ein exakter IQ (und damit mit anderen IQs vergleichbarer Wert) gar nicht gemessen werden kann.

Fazit: Linkshänder sind nicht ungeschickter oder gar »dümmer« als Rechtshänder. Sie haben nur das Pech, in einer weitgehend durch Rechtshänder bestimmten und auf diese ausgerichteten Welt zu leben. Ich möchte Ihnen hier vor allem Tipps zur Unterstützung Ihres linkshändigen Kindes geben und

Constantin (links) ist Rechtshänder. Maximilian, sein Zwillingsbruder hat buchstäblich alles »mit links« gemacht. Beim Kegeln in Südtirol halten sie die Kugeln komischerweise genau in der anderen Hand. Aber vielleicht kegelt man so?

natürlich die überraschende Tatsache, dass gerade unter Zwillingen deutlich mehr Menschen Linkshänder sind, darstellen.

»Linkshänder hat es schon zu allen Zeiten gegeben«, schrieb auch Rita Haberkorn im ZWILLINGE-Sonderheft 'Kindergarten & Schule', das durch ihr Taschenbuch »Zwillinge - gemeinsame und eigene Wege in der Paarbeziehung« abgelöst wurde und heute nur noch antiquarisch erhältlich ist. »So haben genauere Betrachtungen von Höhlenzeichnungen in Spanien ergeben, dass dort eine annähernd gleiche Anzahl bogenschießender Linkshänder wie Rechtshänder abgebildet ist (Wiborg, S. 8). Untersuchungen lassen den vorsichtigen Schluss zu, 'dass erst mit der Einführung spezieller Werkzeuge, deren Handhabung einen Lernprozess voraussetzte, auch eine Ausdifferenzierung der Händigkeit begann' (S. 11).

Zwischen Links- und Rechtshändern gibt es gleitende Übergänge. Die Händigkeit ist durch Erziehungseinflüsse nicht entscheidend veränderbar, wohl aber kann sie dadurch verdeckt werden. Die Missachtung der Linkshändigkeit oder Umerziehungsmaßnahmen führen in der Regel zu Leistungs- und Verhaltensstörungen.

Nach Aussagen des Instituts für ärztlich-pädagogische Jugendhilfe der Universität Marburg beträgt

- der Anteil der Linkshänder an der Gesamtbevölkerung etwa 7 bis 10 Prozent;
- der Anteil bei Mehrlingskindern das Doppelte, also 14 bis 20 Prozent;
- bei eineiigen Zwillingen ist bei 14 Prozent der Kinder eines ein Linkshänder,
- bei zweieiigen Zwillingen bei 25 Prozent.

Warum soll man linkshändige Kinder nicht umerziehen?

- Linkshändigkeit, die von der Umwelt toleriert wird, stellt keinen Nachteil der Persönlichkeit des Kindes dar;
- »angeborene« Linkshändigkeit (im Gegensatz zu anerzogener Rechtshändigkeit) hat nichts mit Sprachauffälligkeiten, Legasthenie, geringen Schulleistungen, Verhaltensauffälligkeiten zu tun;
- dass man mit der linken Hand grundsätzlich nicht »schön« schreiben könne, stimmt nicht. Links schreibende Kinder, die rechtzeitig zu einer für sie adäquaten Schreibhaltung und -technik angehalten werden, unterscheiden sich hinsichtlich Leserlichkeit, Flüssigkeit und Sorgfalt der Schrift nicht von Rechtshändern.

In der Folge von Umerziehungsversuchen auf die rechte Hand kann es zu den oben beschriebenen Leistungs- und Verhaltensstörungen kommen, die aber ihre Ursache nicht in der Linkshändigkeit selbst haben, sondern in dem massiven psychischen Druck, der auf das Kind durch den Versuch einer Umerziehung zur Rechtshändigkeit ausgeübt wird.« (Rita Haberkorn in »Kindergarten & Schule«, ehemaliges Sonderheft der Zeitschrift ZWILLINGE)

Wie können Sie linkshändiges Schreiben unterstützen?

◯ Halten Sie das Kind konsequent beim Malen und Schreiben zum ausschließlichen Gebrauch der linken Hand an und weisen Sie auch andere an der Erziehung beteiligte Personen darauf hin. Heute werden Linkshänder nicht mehr umerzogen.

◯ In der Schule sollten Linkshänder immer auf der linken Seite einer Schulbank sitzen, da sich Links- und Rechtshänder bei ihren gegenläufigen Schreibbewegungen stören können. Keine Probleme gibt es, wenn zwei Linkshänder nebeneinander sitzen.

◯ Der Arbeitsplatz sollte von rechts und von vorne beleuchtet werden.

◯ Linkshänder sollten ihr Heft oder Blatt schräg legen (Richtwert: um circa 30 Grad nach rechts geneigt). Das erleichtert das Schreiben einerseits, und das Geschriebene wird dabei nicht verwischt. Am besten machen Sie zu Hause mit Klebestreifen eine entsprechende Markierung auf den Schreibtisch, an deren kann das Blatt, das beschrieben werden soll, problemlos ausgerichtet werden.

◯ Das Kind soll beim Schreiben gerade sitzen und das Stiftende sollte etwa in Richtung auf die linke Schulter zeigen. Der Stift soll möglichst locker und nicht zu steil gehalten, die Hand beim Schreiben nicht zu stark einwärts gedreht werden.

◯ Wichtig sind auch Lockerungsübungen der Schreibhand, die die Schreibbewegung von links nach rechts nachvollziehen.

◯ Als Schreibgerät empfehlen sich Filzstifte, die nicht so leicht verwischen. Für das Schreiben mit Tinte gibt es spezielle L-Linkshänder-Federn. Darüber

Linkshänderprodukte & Beratung

Für Linkshänder gibt es heute Hilfen in allen Situationen. Linkshänder und Diplom-Pädagoge Frank Steinkopf bietet über ein online-Shop spezielle Produkte und Literatur an, aber auch die entsprechende Beratung, wenn gewünscht. Sein Angebot finden Sie unter

www.left-handers-world.de

hinaus sind auch Scheren, Lineale und Spitzer für Linkshänder erhältlich. Die speziellen Linkshänderfüller sollten vor allem von Schreibanfängern genutzt werden. Später spielt es keine so große Rolle mehr.

Die Zwillinge kommen in den Kindergarten

Wenn Ihre Zwillinge ins Kindergartenalter wachsen, ist schon vieles für Sie als Eltern leichter geworden. Die Kinder brauchen keinen (doppeltbreiten) Kinderwagen mehr, sie sind den Windeln entwachsen, schlafen längst durch und das Leben als Familie macht nach den harten Anfangszeiten einfach wieder mehr Spaß. Dennoch: die Sorgen hören nicht auf. Sie werden sich Gedanken machen, ob Sie Ihre Zwillinge in eine gemeinsame Gruppe im Kindergarten geben sollen oder nicht - vorausgesetzt Sie sind unter den Glücklichen, die überhaupt einen Kindergartenplatz für ihre Zwillinge bekommen haben.

Zwillinge getrennt oder gemeinsam in den Kindergarten?

Der Schritt in den Kindergarten bedeutet für so ein Kind von drei bis vier Jahren das erste Mal eine Trennung von der Mutter, beziehungsweise von der gewohnten häuslichen Atmosphäre. Selbst für Kinder, die es gewöhnt sind, dass sie nicht immer rund um die Uhr bei der Mutter sind und dass sie auch einmal von Dritten (Oma, Freundin, Tagesmutter) betreut werden, ist der Gang zum Kindergarten erst einmal ein großer Einschnitt. Zwillinge bewältigen diesen Einschnitt zunächst scheinbar leichter, wenn sie zu zweit sind. Andererseits hemmt die Anwesenheit des einen nicht selten den anderen. Und so werden viele Eltern auch über eine Trennung der Kinder bereits im Kindergarten nachdenken.

Was sollten Sie beim Eintritt Ihrer Zwillinge in den Kindergarten bedenken:

○ Geben Sie Ihre Zwillinge nicht zu früh in den Kindergarten. Auch, wenn es sehr verlockend scheint, die kleinen »Quälgeister« nach drei harten Anfangsjahren endlich einmal stundenweise »loszuwerden«, es zahlt sich nicht aus, wenn Ihre Kinder zu früh in den Kindergarten kommen. Unser Beispiel: Max und Conny waren dreieinhalb, als wir sie auf unser Drängen im Kindergarten unterbringen konnten. Sie waren die jüngsten in ihrer Gruppe, die aus 25 Kindern (Conny war eigentlich der 26., rutschte aber als Zwilling mit durch), überwiegend Jungen, fast alle fünf und sechs Jahre alt, bestand. Max wurde durch den täglichen »Überlebenskampf« aggressiv und war überfordert; er fing an, Fingernägel zu beißen. Conny weigerte sich nach den Weihnachtsferien gänzlich, in den Kindergarten zu gehen. Es hatte einen direkten Anlass dafür gegeben, der nicht herauszufinden war. Den Kindergärtnerinnen war es egal. Fazit: Viel zu früh für beide. Die Anmeldung der Zwillinge muss allerdings in manchen Fällen schon recht bald nach der Geburt erfolgen - Kindergartenplatz-Mangel!

○ Nur kurz erwähnt sei hier auch, die Möglichkeit, die Kinder in eine Kinderkrippe zu geben. Sicher: Heutige Mütter planen oft ihren baldigen Wiedereinstieg in den Beruf. Die finanzielle Notwendigkeit spricht dafür, aber auch die lange, teure Ausbildung, die natürlich nicht umsonst gewesen sein soll. Die fortwährende Kinderkrippenplatz-Diskussion zeigt, wie sehr sich die Zeiten diesbezüglich geändert haben.

Ich denke, Zwillinge wird man in dieser Situation in eine gemeinsame Krippengruppe (falls es Gruppen gibt) geben und man sollte sich nicht zu viele Gedanken darum machen, ob es der individuellen Entwicklung schadet. Diese Sorgen würde ich auf einen späteren Zeitpunkt verschieben. In dem Alter in dem die Zwillinge in eine Krippe kommen, spielt die individuelle Erziehung noch keine so große Rolle. Jetzt steht im Vordergrund, dass die Kinder sich zu zweit sicherer fühlen und weniger Trennungsängste haben.

○ Natürlich ist es für die Kinder immer einfacher, wenn sie - zunächst - in eine gemeinsame Gruppe kommen. So sind sie in der zunächst fremden Umgebung zu zweit, können sich aneinander halten und brauchen - erst einmal - keinen Kontakt zu anderen Kindern zu suchen. Je jünger die Zwillinge, umso gewichtiger ist dieser Gesichtspunkt zu beurteilen. Dass daraus keine endgültige zwanghafte Zusammengehörigkeit und kein gemeinsamer Kindergartengruppen- und Schulbesuch folgt, zeigt unser Beispiel.

Nach unserem ersten - missglückten - Kindergartenversuch (wenigstens, was Conny betraf) warteten wir, bis wir nach Landsberg umgezogen waren. Die Zwillinge waren zu diesem Zeitpunkt viereinhalb. Wir wollten sie gleich in getrennte Gruppen geben, doch aufgrund organisatorischer Anforderungen besuchten sie schließlich doch wieder eine gemeinsame Gruppe. Diesmal machte Constantin - scheinbar - ohne Probleme mit.

Nach einem weiteren Jahr empfahl uns die Erzieherin, die beiden zu trennen. Nach der Sommerpause wechselte Max die Gruppe, und Conny blieb in seiner vertrauten Umgebung. Zuerst weinte Max, verbiss sich aber bald tapfer die Tränen. Nach zwei Tagen war das ausgestanden. Und Constantin, der sich zuerst so an mich geklammert hatte, dass ich ihm die Finger einzeln und mit Gewalt aufbiegen musste, ging schließlich auch wieder problemlos »in seine Gruppe«. Später besuchten die beiden getrennte Schulklassen - auf eigenen Wunsch und ganz ohne Probleme.

○ Oft hat die Kindergartenleitung feste Vorstellungen davon, wie sie mit Zwillingen oder Geschwistern verfährt. Ich rate Ihnen zum offenen

Gespräch mit Erzieherinnen und Kindergartenleitung. Machen Sie Ihren Standpunkt - egal, ob Sie für eine gemeinsame Gruppe oder dagegen sind - klar. Erst einmal für die Zwillingsproblematik sensibilisiert, lassen sich starre Regeln durchaus lockern.

O Genauso schlimm wie Kindergärten mit allzu festen Regeln, sind Kindergärten, in denen die Zwillingsproblematik gänzlich unbekannt ist und Zwillinge allenfalls einen Ausruf wie »ach, wie süß« hervorbringen. In Maxis und Connys erstem Kindergarten war das so. »Zwillinge, die gehören doch zusammen«, meinte die Leiterin der Gruppe. Im zweiten Kindergarten gab es zwar eine »Geschwisterregelung« (immer zusammen), doch Ausnahmen waren durchaus vorstellbar. Also: Das Gespräch suchen!

O Viele Kindergärten haben die Möglichkeit, dass Zwillinge zwar in verschiedenen Gruppen betreut werden, sich jedoch beim Spiel im Freien oder in den Pausen besuchen dürfen.

O Außerdem kann die Entscheidung in den meisten Fällen revidiert werden, wenn sie sich als falsch herausstellt. Doch zu früh aufgeben, sollten Sie auch nicht. Ein bisschen Trennungsschmerz darf's schon sein.

O Was ist, wenn ein Zwilling früher reif ist für den Kindergarten? Dazu schreibt Rita Haberkorn im ZWILLINGE-Sonderheft 'Kindergarten und Schule': »Sie sollten die unterschiedliche Entwicklung Ihrer Kinder ernst nehmen und entsprechende Lösungen suchen. Statt den 'jüngeren' Zwilling gemeinsam mit dem anderen in den Kindergarten zu geben und ihn in dessen Obhut zu lassen, kann er ruhig wieder mit nach Hause, aber nicht, ohne zuvor seiner künftigen Erzieherin und Gruppe einen kleinen Besuch abgestattet zu haben. So weiß er, wo sein Platz im Kindergarten langfristig ist. Vielleicht wird er einige Wochen später ebenso gerne gehen wie das Zwillingsgeschwisterchen. Die Eltern sollten auf keinen Fall dem reiferen Kind die Betreuerrolle für die Zeit im Kindergarten übertragen. Die muss es vermutlich im Alltag ohnehin spielen: Um also nicht Verhaltens- und Reaktionsmuster aus dem familialen Erfahrungsumfeld im Kindergarten zu reproduzieren, sollte jedem Zwilling der seiner Entwicklung angemessene Zeitpunkt des Übergangs gegeben werden - wie jedem einzeln geborenen Kind auch. Wenn Zwillinge zu früh in den Kindergarten kommen, bleiben sie i. d. R. aus Angst vor Überforderung auf Wunsch der Eltern zusammen.«

O Wenn die Trennung im Kindergarten nicht klappt, hilft nur eines: Wagen Sie einen zweiten Versuch in der Grundschule. Rita Haberkorn dazu: »Spätestens in der Pubertät streben die Kinder nach Eigenständigkeit, die durch unterschiedliche Klassenzuordnung erleichtert wird. Wann auch immer dieser Zeitpunkt gewählt wird, die Eltern können ihn flankierend und vorbereitend durch die eigene konsequente Haltung und die Bereitstellung vielfältiger Möglichkeiten individueller Erfahrungsbereiche unterstützen.«

Wie entscheiden sich Zwillingseltern?

Zwillingsmutter Rita Anklam schildert, wie sie das Problem gelöst hat: »Unsere Zwillingsmädchen Sabine und Yvonne kamen im September in den Kindergarten. Seit Januar freuten sie sich darauf und suchten häufig Kontakt zu den Nachbarskindern, öfters auch ohne mich. Allein stritten sie sehr oft und heftig, meistens um 'nichts'! Den Vormittag verbrachte ich mit mindestens einer Stunde Einkaufen zu Fuß, was kein Problem war. Kaum waren wir aber wieder zu Hause, ging das Streiten los. Sie waren bis zum Sommer wirklich kindergartenreif.

Angeregt durch das Sonderheft 'Kindergarten und Schule' und andere Literatur, überlegte ich hin und her, ob ich sie getrennt oder miteinander in den Kindergarten geben soll.

Die Entscheidung wurde mir bei der Anmeldung insofern abgenommen, als ich sonst organisatorische Schwierigkeiten bekommen hätte. So konnte es beispielsweise vorkommen, dass eine Gruppe nach dem Turnen an der Turnhalle abgeholt werden kann, die andere im Kindergarten am anderen Ortsende. Manchmal finden Spielnachmittage mit Müttern gleichzeitig statt, am Erntedankfest waren die Gruppen zu gleicher Zeit in verschiedenen Kirchen. Erfahrungsgemäß wollten die Kinder in solchen Fällen die Mutter bei sich haben, meinte die Kindergartenleiterin. Da die Kinder sehr anhänglich sind, unsere Oma 80 Kilometer entfernt wohnt und wir noch keine Kinder von den 'Neuen' kannten, habe ich mich dafür entschieden, sie im ersten Jahr in die gleiche Gruppe zu geben.

Für den Anfang wählte ich den Beginn um 9 Uhr (ab 7.30 Uhr möglich) und zunächst nur vormittags als 'Muss', nachmittags (13.30 - 16.00 Uhr) freiwillig. Die erste Woche war für alle Beteiligten sehr anstrengend. Ich möchte dies deshalb so ausführlich schreiben, weil es anderen Müttern vielleicht auch so ergeht. Ein Patentrezept, wie man auf solches Verhalten reagieren soll/kann, habe ich natürlich nicht.

Yvonne wachte am ersten Tag zeitig auf mit den Worten: 'Ich will nicht in den Kindergarten!' Dabei schrie und stampfte sie. Sie ließ sich nur widerwillig anziehen, wollte nichts zum Essen mitnehmen und tobte so zwei Stunden lang: 'Wenn ein Kind etwas nicht will, dann muss es das auch nicht!' Wo sie das gehört hat, weiß ich heute noch nicht. Mit ruhigem Zureden war sie nicht zu besänftigen, Anschreien nützte natürlich auch nichts. So kam ich kurz vor 9 Uhr völlig entnervt am Kindergarten an, an der einen Hand die ruhige Sabine, an der anderen die brüllende, stampfende Yvonne. Vom Auto zur Kindergartentür war Sabine dann auch soweit und sagte mit weinerlicher Stimme: 'Wenn Yvonne nicht mag, bleib ich auch nicht hier.' Ich konnte nur noch antworten: 'Beide Kinder bleiben im Kindergarten.' Ich hielt mich drinnen noch 15 Minuten auf, dann verabschiedete ich mich. Die beiden Erzieherinnen nahmen je ein um sich schlagendes, schreiendes Kind auf den Arm und stellten es auf die Fensterbank zum Winken. Beide riefen: 'Hierbleiben!' So verließ ich mit seltsamen Gefühlen den Ort des Geschehens. Wie ich den Vormittag verbrachte, will ich nicht schildern. Die Ruhe und das 'Endlich-Zeit-für-mich-haben' konnte ich jedenfalls nicht genießen!

Pünktlich um 11.30 Uhr holte ich sie wieder ab. Zwei strahlende Mädchen hüpften heraus und sagten mit verklärtem Blick: 'Schön war's.'

Am zweiten und dritten Tag begann bei Yvonne die Zeremonie von vorne mit dem Unterschied, dass sie als Zugabe dauernd ihre Kindergartentasche versteckte und ich mit der Devise 'Durchhalten - nicht nachgeben' schon gelassener reagieren konnte. Ich gab Yvonne einfach keine Antwort und versuchte, mich mit Sabine in 'normalem' Ton zu unterhalten und Yvonne zu ignorieren. Beim Abgeben im Kindergarten hatte ich wieder zwei schreiende, beim Abholen zwei strahlende Kinder. Die Erzieherinnen berichteten mir, dass die beiden sich immer sofort beruhigt hätten, nachdem ich aus ihrem Blickfeld verschwunden war.

Am vierten Tag unterdrückte Yvonne nur noch ein paar Tränen und fragte, wann ich sie abhole. Am fünften Tag wachte Sabine auf: 'Ich will heute nicht in den Kindergarten.' Bevor ich reagieren konnte, sagte Yvonne: 'Aber ich mag gehen. Weißt du, da sind doch so tolle Spielsachen und andere Kinder zum Spielen. Das willst du doch, oder?' (Wo sie das gehört hat, weiß ich!) Sabine war sofort ruhig, beide gingen anstandslos mit.

Nach dem Wochenende machte ich mich auf die gleiche Prozedur gefasst, es geschah aber nichts. Sie fragten nur, wann ich sie abhole und gingen problemlos in den Kindergarten.

Jetzt, nach circa sieben Wochen, freuen sie sich morgens schon auf den Kindergarten, sind um 8.30 Uhr dort, hüpfen hinein und kommen strahlend heraus. Zu Hause streiten sie nicht mehr so viel wie vorher, sind insgesamt ausgeglichener. Sie erzählen viel vom Kindergartengeschehen. Am interessantesten ist es, wenn sie dies im Rollenspiel nachspielen. Sie benutzen die Worte der Erzieherinnen und sind abwechselnd ein anderes Kind aus der Gruppe. So erfahre ich ohne direktes Fragen noch mehr. Sie berichten auch, neben wem sie beim Essen gesessen sind, sehr selten beide nebeneinander. Beim Spaziergang gehen sie meistens neben anderen Kindern. Seit sie im Kindergarten sind, geht Sabine häufig allein zu den Nachbarskindern zum Spielen, während Yvonne lieber bei mir bleibt.

Da sich Sabine und Yvonne für Außenstehende sehr ähnlich sehen, habe ich sie von klein auf unterschiedlich angezogen. Als Eselsbrücke gilt: rOtes oder rOsa Kleidungsstück trägt YvOnne, weil in dem Namen ein 'O' ist. So muss man die Kinder nicht ständig danach fragen, was sie überhaupt nicht leiden können.

Seit die beiden im Kindergarten sind, bügle ich zusätzlich gekaufte, kleine Namensetiketten vorne auf den Pullover. Das geht morgens schnell, falls Sabine auch mal etwas Rotes anziehen will, und ist für die Erzieherinnen eine zusätzliche

Hilfe, die beiden gleich beim Begrüßen mit richtigem Namen anzusprechen. Mit den Erzieherinnen bleibe ich in ständigem Kontakt über das Verhalten von Sabine und Yvonne. Im Kindergarten scheinen sie sich anders zu benehmen als zu Hause: Kein Streiten, kein 'ich will', sie bleiben dort beim Essen sitzen, machen alles mit, sind eher ruhig und angepasst. Die eine Erzieherin erlebte sie neulich beim Turnen und war ganz erstaunt, wie lebhaft, lustig und laut die zwei sein können 'So kenne ich sie im Kindergarten gar nicht', meinte sie zu mir. Sie trauen sich auch dort nicht zu sagen, wenn sie von anderen Kindern geschubst oder geärgert werden. Sie erzählen mir dies dann abends. Zu Hause sind die Reaktionen sehr heftig, wenn sie sich gegenseitig ärgern!

Übrigens: Yvonne wachte heute morgen um 6 Uhr auf mit den Worten: 'Zieh mich an, damit ich gleich in den Kindergarten gehen kann ...'

Zusammenfassend möchte ich Folgendes feststellen:

○ Ob und wann Zwillinge in gleiche oder getrennte Gruppen in den Kindergarten gehen, muss wirklich jeder für seine Zwillinge entscheiden. Dabei sind sowohl das bisherige Verhalten der Zwillinge untereinander als auch das Sozialverhalten mit anderen Kindern zu berücksichtigen. Ebenso sind die äußeren Bedingungen zu beachten.

○ Wichtig ist auch der Kontakt zu den Erzieherinnen, mit denen man die Entwicklungsschritte der Kinder im Kindergarten und zu Hause austauscht. Nur so kann man flexibel sein für eventuelle Veränderungen. Für Sabine und Yvonne war wohl der Kindergartenstart in der gemeinsamen Gruppe bis jetzt vorteilhaft, weil sie daheim besser miteinander spielen und nun von sich aus eigene Wege in der Nachbarschaft gehen. Sollte sich an der bisherigen positiven Entwicklung der beiden Grundlegendes ändern, bin ich gerne bereit, sie dann nach Absprache in getrennte Gruppen zu geben.

○ Erzieherinnen ein Buch zum Thema geben, miteinander die Zwillingssituation besprechen. Immer im Kontakt mit Erzieherinnen bleiben.

○ Bei Kindern, die sich kaum unterscheiden und die in eine Gruppe gehen: Verschieden anziehen, wenn möglich mit 'Eselsbrücke' (Buchstabe im Namen = Buchstabe in der Farbe: rOt, rOsa trägt YvOnne).

○ Ein kleines Namensetikett aufnähen oder einen Anstecker an die Kleidung heften.

○ Anfänglichen Trennungsschmerz (beiderseits!) durchstehen, besonders, wenn berichtet wird, dass die Kinder mit dem Schreien aufhören, wenn die Mutter aus dem Blickfeld ist.

○ Wenn die Kinder jedoch unter der Situation leiden (weinend oder still in der Ecke sitzen), ist zu überlegen, ob sie überhaupt schon kindergartenreif sind.«

Zwillingsmutter Beate Götzmann-Försch hat sich für getrennte Kindergartengruppen entschieden:

»Meine beiden sind seit August im Kindergarten, und ich muss sagen, die Eingewöhnung hat recht gut geklappt. Die Kindergartenleitung ist meiner Bitte nachgekommen, die Zwillinge in zwei Gruppen zu geben und jedem einen Freund vom Krabbelkreis (also ein bekanntes Kind) zuzuordnen.

Zwillinge sind auch für unseren Kindergarten Neuland, und die Kindergärtnerinnen nutzen die Gelegenheit, zusammen mit mir die Situation zu meistern. Ich finde das sehr positiv.

In den ersten drei Monaten konnten sich Sebastian und Moritz jederzeit besuchen und auch zusammenbleiben. Danach durften sie sich für eine jeweils befristete Zeit besuchen, sollten aber danach in ihre Gruppen zurückkommen. Wir haben auch die Kindergartenzeit langsam von anfangs einer Stunde bis auf drei Stunden gesteigert.

Sebastian und Moritz hatten keine Probleme, im Kindergarten zu bleiben, sie wollten sich nur nicht trennen. Nach circa drei Wochen hatte sich zwar Moritz gut in seiner Gruppe eingelebt, Sebastian aber noch nicht Fuß gefasst, nicht zuletzt deshalb, weil sich sein Freund anderen Kindern zugewendet hatte.

Nach jetzt vier Monaten ist Moritz nicht mehr bereit, Sebastian in seiner Gruppe zu besuchen, und auch Sebastian hat sich inzwischen gut eingelebt, allerdings hat er noch keinen Freund gefunden. Ab und zu besucht er morgens seinen Bruder noch für etwa 15 Minuten. Ich bin insgesamt positiv überrascht, wie gut die Eingewöhnung geklappt hat. Meiner Meinung nach sollten einige Vorbedingungen erfüllt sein, um das Gelingen zu sichern:

○ die Kinder sollten auf die Situation vorbereitet sein, und die Eingewöhnung sollte behutsam vorgenommen werden;

○ die Kindergärtnerinnen sollten die Eingewöhnung unterstützen und immer im Gespräch mit den Eltern bleiben (anfangs täglich);

○ die Eltern sollten eine positive Einstellung zur Trennung der Zwillinge haben. Dies wird für die Kinder um so einleuchtender, je weniger ihr 'Zwillingsein' hervorgehoben wird, beispielsweise durch gleiche Kleidung oder immer nur gemeinsame Unternehmungen usw.;

○ die Trennung sollte für Eltern und Kindergarten aber auch kein Dogma sein. Leiden beide oder ein Zwilling unter der Situation, sollte man die Kinder nach einer angemessenen Versuchszeit doch in eine Gruppe geben. Eine fröhliche Kindergartenzeit für die Kinder sollte das wichtigste Ziel sein.

○ Ich glaube, dass das Alter, und somit die Reife der Kinder, eine große Rolle spielt. Sebastian und Moritz waren schon 4 1/4 Jahre und hatten (haben) schon genügend Selbstvertrauen, sich in einer neuen Situation zurechtzufinden.

Eines stört mich allerdings sehr: Die Kinder brauchen nach dem Kindergarten immer wieder Zeit, sich aneinander zu gewöhnen. Sie streiten sich oft und heftig. Jede Kleinigkeit führt zu Handgreiflichkeiten. Dass sie sich nach drei Stunden Trennung auf den Bruder freuen, ist eigentlich nicht festzustellen. Auch in den Weihnachtsferien brauchten sie einige Tage, um miteinander klarzukommen. Danach spielten sie wieder so wie vor der Kindergartenzeit. Ich hoffe allerdings, dass dies auch nur eine Entwicklungsphase ist und das gereizte Klima bald wieder vorbei sein wird.«

Zwillinge kommen in die Schule

Kleine Kinder, kleine Sorgen - große Kinder, große Sorgen? Da ist leider viel Wahres dran. In unserem Schulsystem sind heute Kinder von Anfang an einem großen Konkurrenzdruck und Leistungsstress ausgesetzt. Kein Wunder, dass für manchen die echten Probleme erst mit der Einschulung anfangen. Die zwillingstypischen Probleme sind dabei allerdings nicht unbedingt im Vordergrund.
Schwierigste Frage ist auch hier: Sollen die Zwillinge in eine gemeinsame Klasse gehen oder lieber zwei verschiedene Klassen besuchen?
Eine andere Frage ist allerdings auch: Sind Zwillinge später schulreif? Dieses Problem könnte vor allem bei Kindern auftreten, die extrem zu früh geboren wurden oder die deutliche sprachliche Defizite aufweisen. Und schließlich stellt sich folgende Problematik: Was ist, wenn Zwillinge zu verschiedenen Zeiten eingeschult werden, weil erst ein Kind schulreif ist? Und wie stecken es Zwillinge weg, die verschiedene Schularten besuchen müssen, weil es die unterschiedliche Begabung nur so zulässt?

Weiter auf Seite 178.

Zwillinge in Krippe, Kindergarten & Schule

Jahrelang schrieb Zwillingsmutter Rita Haberkorn über das Thema. Jetzt sind ihre Texte, aber auch zahlreiche neue Quellen in das neue Buch eingegangen. Und natürlich viele Erfahrungsberichte anderer Eltern. Eine gute Entscheidungsgrundlage für Ihre individuelle Entscheidung. Bestellbar im Buchhandel oder bei uns:

www.twins.de

Kein Zwang zur Trennung von Zwillingen

Cedric und Natalie sollten mit dreieinhalb Jahren in den Kindergarten gehen. Mein Wunsch war es, dass beide in einer Kindergartengruppe sind. Ich fühlte, sie brauchen sich in der neuen, fremden Umgebung.

Ich bekam also einen »Besichtigungstermin« ohne die Kinder und habe mir die Einrichtung zusammen mit der stellvertretenden Leiterin angesehen. Ich war angenehm überrascht von der Einrichtung der Gruppenräume, den Spielmöglichkeiten und der Sauberkeit dort. Im anschließenden Gespräch erfuhr ich, dass der Kindergarten Zwillinge grundsätzlich trennt und dass dies das Beste für die Kinder sei. So behinderten sie sich nicht in ihrer Entwicklung und würden sehr schnell selbständig und kämen besser zurecht. Aha. Ich hörte mir dies alles mit wachsendem Unbehagen an, äußerte mich aber zunächst nicht weiter dazu. Es war damals ohnehin noch etwa ein halbes Jahr hin bis zum Starttermin. Zu dieser Zeit war es so, dass Natalie Cedric im Spiel oft imitierte und wenig eigene Ideen zeigte. Ich schwankte hin und her und entschloss mich aber dann, der Maxime des Kindergartens zu folgen. Der Schnuppertag (mit mir zusammen) verlief sehr unspektakulär; die Kinder fanden alles prima, auch die beiden Gruppen waren in ihren Augen in Ordnung. Cedric sollte zur Gruppe der »Schmetterlinge« gehören und Natalie zu den »Schäfchen«.

Ich hatte außerdem zwei Kinderbücher über die Kindergartenzeit gekauft, die auch abends in der Kuschelecke interessiert angeguckt wurden. Ich kann heute noch jedes Wort daraus auswendig ... Am ersten Kindergartentag war alles soweit ruhig, bis ich mich dann verabschieden sollte. Der Protest von Cedric und Natalie war ohrenbetäubend. Es war sehr schwer zu gehen. Gestartet haben wir am ersten Tag mit 45 Minuten ohne Mama. Als ich zum Abholen kam, war mein Sohn sehr erleichtert, mich zu sehen, weinte aber nicht mehr. Meine Tochter saß zitternd und weinend auf einem Stuhl in der Ecke des Gruppenraumes. Sie war sehr aufgelöst. Ich tröstete sie und nahm beide mit.

In der Nacht wachte sie circa viermal schreiend und weinend auf. Am nächsten Tag dann das gleiche »Spiel«: ich gab Natalie in ihrer Gruppe ab und sie schrie alles zusammen. Sie entwischte dieses Mal sogar der Erzieherin aus dem Gruppenraum und hing schreiend an meinem rechten Bein. Cedric zerrte an meinem linken Arm, riss mir ein Loch in meinen Strickpulli und ich stand hilflos da und kämpfte selbst mit den Tränen. Die Erzieherin aus Cedrics Gruppe nahm sich seiner an und die Leiterin des Kindergartens kümmerte sich um Natalie.

So ging ich von dannen mit Tränen in den Augen und im Herzen und einem unendlich schlechten Gewissen. Nach 45 Minuten kam ich zum Abholen und die Situation war die gleiche wie am Vortag. Natalie war total aufgelöst, Cedric war erleichtert, mich zu sehen.

Da stand für mich der Entschluss fest: entweder sie kommen in dieselbe Gruppe oder sie gehen gar nicht in den Kindergarten. Ich war seit der Geburt der Kinder zu Hause und würde es auch bleiben, solange die Situation dies erforderte. Mein Wunsch war, dass sie gern und mit Freude in den Kindergarten gehen und danach sah es in diesem Moment gar nicht aus. Ein bisschen begann ja für die beiden auch der Ernst des Lebens und der sollte doch nicht derart schrecklich anfangen.

Zum Glück sprach mich die Leiterin der Einrichtung am nächsten Tag gleich an und schlug vor, dass beide Kinder in Cedrics Gruppe gehen könnten. Mir fiel ein ganzes Gebirge vom Herzen. Trotzdem lief die weitere Eingewöhnung nicht reibungslos und war oft tränenreich seitens der Kinder. Nach circa neun Wochen waren sie dann soweit und blieben von 8.30 Uhr bis 12.00 Uhr im Kindergarten - wenn sie nicht gerade krank waren ...
War eines der Kinder krank, blieb auch das andere zu Hause. Sie wollten nicht getrennt voneinander sein. Das war oft anstrengend, denn das kranke Kind benötigte natürlich Pflege und Zuwendung, das gesunde Kind war unausgelastet, störte oft und war meist frech.

Trotzdem würde ich es heute wieder so machen. Für mich war es undenkbar, meine Kinder zu zwingen, getrennt in den Kindergarten gehen zu müssen. Ganz klar ist das eine luxuriöse Situation, denn ich war nicht gezwungen, zu arbeiten. Wäre ich zu dieser Zeit berufstätig gewesen, hätten meine beiden vielleicht gar kein solches Theater veranstaltet. Ich habe oft festgestellt, was nicht zu ändern ist, wird akzeptiert ...

Cedric und Natalie gingen dann jeden Tag fröhlich und freudig los. Oft sangen sie auf dem Weg die im Kindergarten neu erlernten Lieder. Es gab nach dem schwierigen Start nie wieder Gezeter. Andere Kinder, die einen problemlosen Start »hinlegten« fingen nach einiger Zeit mit der Verweigerung an und wollten gar nicht mehr in den Kindergarten gehen.

Meine Zwillinge hatten nach der Eingewöhnungsphase jeder für sich einen eigenen Freundeskreis gefunden und sie spielten im Kindergarten selten miteinander. Cedric und Natalie besuchten den Kindergarten St. Crutzen in Weißkirchen (bei Oberursel) insgesamt zwei Jahre. (Helen Pfeifer)

Eine gemeinsame Klasse oder besser Trennung?

Soll man Zwillinge in verschiedene Klassen einschulen oder in eine gemeinsame? Wie so oft im Leben hat auch diese Entscheidung zwei Seiten. Aus meiner Erfahrung (nicht nur mit den eigenen Zwillingen Maximilian und Constantin, sondern aufgrund vieler Gespräche mit anderen Zwillingsmüttern und zahlreicher Zuschriften zum Thema, aber auch aus Gesprächen mit Lehrerinnen und Lehrern) bin ich eigentlich eher dafür, Zwillinge in verschiedene Klassen einzuschulen.

Die Vorteile der getrennten Einschulung

○ **Nur die eigene Leistung zählt.** Zwillingen, besonders denen, die sehr eng zusammenstecken, tut es gut, einmal etwas allein meistern zu müssen. Die bei Zwillingen in der Schule so oft beobachtete Arbeitsteilung (machst du das, mach' ich dies), fällt weg, wenn die beiden verschiedene Klassen besuchen. Jeder ist dann für seine eigenen schulischen Leistungen verantwortlich und kann sich nicht auf das Können des anderen verlassen. »Die Lehrer konnten uns nie auseinanderhalten. So fingen wir an, dies auszunutzen und achteten auch immer mehr darauf, dass wir uns aufs Haar glichen. Jeder hatte seine Stärken oder den Elan, zu lernen, in anderen Fächern. Deswegen lernte nur einer und schrieb natürlich auch beide Arbeiten; die Lehrer konnten uns nie etwas nachweisen ... Es gab eine Zeit, in der wir so gut wie keine Arbeit 'ehrlich' geschrieben haben.« (Denise in »Zwillinge erzählen ...«, S. 56)

○ **Keine Hemmung durch den Zwilling.** Jedes Kind hat die Chance, vom eigenen Zwillingsbruder oder der Zwillingsschwester unbeobachtet, am Unterricht teilzunehmen. Bei unserer Umfrage unter erwachsenen Zwillingen kam heraus, dass sich Zwillingskinder allein durch die Anwesenheit ihres Zwillingsgeschwisters so blockiert fühlten, dass sie lieber gar nichts sagten. Oder sie schämten sich für den Bruder/die Schwester, wenn er/sie eine dumme oder falsche Antwort gegeben hatte. »Erst in der Oberstufe, wo wir durch unterschiedliche Wahl der Kurse in fast allen Fällen getrennt waren, lernte ich die Vorteile kennen, die ein 'Einzel-Schüler-Dasein' mit sich brachte. Ich fühlte mich oft regelrecht befreit, brauchte nicht erst zu überlegen, was mein Bruder wohl von dieser oder jener Wortmeldung hielt. Ich wurde, was meine Beteiligung am Unterricht anging, freier und unbefangener.« (Ulrike in »Zwillinge erzählen ...«, S. 100)

○ **Keine Vergleiche durch die Lehrer.** Getrennte Klassen haben den Vorteil, dass die Zwillinge nicht auch noch durch die Lehrer miteinander verglichen werden. Zu Hause kann man den ständigen Vergleichen kaum

entrinnen - die Eltern oder Verwandten vergleichen die Kinder miteinander (das tut man ja auch in gewissem Maße bei Geschwistern verschiedenen Alters), und auch die Kinder selbst stellen ständig Vergleiche an.

Allerdings kann auch folgendes passieren: Unsere Zwillinge Maximilian und Constantin waren in verschiedenen Klassen. Maxis Lehrerin hatte aushilfsweise Aufsicht in Connys Klasse. Sie ließ ihn vorlesen und sagte dann später vor versammelter Klasse zu Maximilian: »Dein Bruder liest aber schlechter als Du!« Max hat diesen Kommentar natürlich brühwarm an Constantin weitergegeben. »Torpediert« wurde unser Trennungsversuch im dritten Schuljahr auch durch die geringe Stundenzahl, die Constantins Klassenlehrerin gab. Das Unterrichtsfach »Deutsch« teilte sie sich in Connys Klasse mit Maxis Klassenlehrerin. Eine Lösung, die für uns, da Conny gerade große Probleme in Deutsch hatte, katastrophal war.

○ **Eigene Freunde.** Schließlich bringen getrennte Schulklassen den unschätzbaren Vorteil mit sich, dass die Zwillinge Gelegenheit haben, eigene Freunde zu finden.

»In der Rückblende würde ich heute dafür plädieren, Zwillinge in Gruppen so früh wie möglich zu trennen, da eine Eigenentwicklung als 'Einzelkind' wesentlich früher möglich wird, auch deshalb, weil die Kindergartengruppe oder die Schulklasse *das Kind* als Mitglied empfindet und nicht *die Zwillinge*. Dann hörte ich von Schulfreunden: 'Du bist ja ganz anders als Dein Bruder, ich dachte immer, Du wärst genauso!'« (Ulrike in »Zwillinge erzählen ...«, S. 101)

Die Nachteile der getrennten Einschulung

○ **Extra-Rennerei für die Mutter (manchmal auch den Vater).** Der gravierendste Nachteil ist wohl der, dass verschiedene Klassen vor allem zu Schulbeginn für die Mutter Extra-Rennerei darstellen. Selten fängt der Unterricht zur gleichen Zeit an, selten haben beide zur gleichen Zeit Schluss. Schwierig schon allein die Situation am ersten Schultag: Wer geht mit welchem Zwilling mit? (Wir haben uns aufgeteilt und nach einer Weile abgewechselt, so dass jeder Zwilling eine Zeitlang vom Vater und eine Zeitlang von der Mutter »Beistand« hatte.)

○ **Elternabende mal zwei.** Schwierig ist auch die Entscheidung mit dem Elternabend, wenn er für beide Klassen gleichzeitig stattfindet. Auch da sind wir Eltern getrennt marschiert.

○ **Konkurrenz wird nur zu Hause ausgelebt.** Was wir durch unsere Entscheidung für getrennte Klassen auch nicht verhindern konnten, war die ungeheure Konkurrenz zwischen unseren Jungs. Sie fand - zum Nachteil der ganzen Familie - nicht in der Schule, sondern anschließend zu Hause statt. Wenn dann noch die Lehrerinnen unterschiedlich streng sind, sind Streit und Ärger programmiert.

Wie macht man es nun richtig? Ein Patentrezept gibt es leider nicht. Wir bevorzugten für unsere Kinder getrennte Klassen, weil wir glaubten, dass es vor allem unserem stets unterlegenen Zwilling Conny gut tat, sich ohne seinen Bruder entwickeln zu können. Die weitere Entwicklung gab uns Recht. Der Übertritt auf's Gymnasium, der nur Max gelang, war insofern kein Problem, weil Constantin gewohnt war, eine andere Klasse (Schule) zu besuchen. Constantin wechselte in die Hauptschule, ohne sich allzu sehr zurückgesetzt zu fühlen. Später - vor allem als der kleine Bruder mitmischte und frech zu Conny sagte: »Du blöder Haupti, kauf' Dir mal 'ne Tüte Deutsch« war es nicht mehr ganz so unproblematisch - wenn auch aus anderen Gründen.
Allzu verkrampft sollten Sie die Klasseneinteilung allerdings auch nicht sehen: Manchen Zwillingen tut die gemeinsame Klasse gut. Und wie immer ist Ihre Entscheidung in erster Linie von Ihren Kindern abhängig.

Einschulung - wie machen es andere Eltern?

Beispiel 1: »Wir hatten unsere Jungs schon lange vorher darauf vorbereitet, so war die Trennung für sie selbstverständlich. Der Rektor unserer Schule war von dieser Form nicht sehr angetan, legte uns aber keinerlei Steine in den Weg. Die Lehrer der beiden fanden die gewählte Form sehr gut. Die Trennung in der Schule bekommt David und Simon sehr gut ... Sie haben sich seit diesem ersten Schultag endlich einmal etwas zu erzählen, sie erleben den Schultag verschieden, und das gibt Gesprächsstoff. Sie suchen sich nun Freunde und müssen auch ohne den lieben Bruder zurechtkommen. Sie sehen sich in den Pausen und dürfen sich 'nach

Absprache' auch gegenseitig besuchen. Simon erzählte mir in der ersten Woche von seinem neuen Freund. Als ich David nach einem Freund fragte, sagte er nur, er hätte einen in der anderen Klasse. Auf meine Frage hin antwortete er: Simon!

Leicht fällt und fiel den beiden die Trennung sicher nicht, und auch uns Eltern tat es schon ein klein wenig weh. Doch wir sind glücklich, dass wir darum gekämpft haben, obwohl auch die Umwelt dies nicht so recht verstehen konnte. Die Eltern anderer Schüler waren alle sehr überrascht und fragten uns immer wieder nach dem Grund.«

Beispiel 2: »Wir sind sehr davon angetan, dass unsere Jungen in der Schule in verschiedene Klassen gekommen sind. Die Kinder werden nicht ständig in ihren Leistungen verglichen, sie können sich ohne Leistungsdruck durch den anderen Zwilling entwickeln und müssen nicht immer auf den Bruder schielen, ob der besser ist. Da die Schule schon seit einiger Zeit den Weg praktiziert, dass Zwillinge getrennt werden, wenn die Eltern es wünschen, konnten wir bisher noch keine negativen Reaktionen feststellen.

Wir würden anderen Zwillingseltern raten, ihre Kinder genau zu beobachten, denn nur die Eltern können letzten Endes feststellen, ob es für die Kinder besser ist, getrennt oder zusammen eingeschult zu werden, das ist von

Verwechslungsgefahr nicht ausgeschlossen

Als wir selber in der 13. Klasse waren gab es eine Aktionswoche. An einem Tag mussten alle mit Plakaten zur Schule kommen, auf denen eine Botschaft steht. Auf meinem Plakat stand »In Wahrheit bin ich Wiebke« und auf Wiebkes Plakat stand »In Wahrheit bin ich Frauke«. Dann bin ich in Wiebkes Unterricht gegangen und sie in meinen. Wiebkes Lehrerin hat es sofort gemerkt, aber den Spaß mitgemacht. Meine

Lehrerin hat erst nach einer ganzen Unterrichtsstunde gemerkt, wer da wirklich vor uns sitzt, obwohl sie uns auch beide aus der zehnten Klasse kennt. Zu allem Überfluss hat sie sogar als sie das Plakat gelesen hat zu Wiebke gesagt: »Ich weiß doch schon seit der zehnten Klasse, dass du Frauke bist.«

Fall zu Fall verschieden. Und wenn die Kinder gern allein in eine Gruppe oder Klasse gehen wollen, sollte man das berücksichtigen. Wir finden, dass Kinder in diesem Alter schon gut selbst entscheiden können, ob sie in eine gemeinsame Klasse wollen oder nicht.«

Beispiel 3: »Kai und Sven kamen mit knapp sechs Jahren in die Schule. Obwohl sie gerne zur Schule gehen, haben wir nun das Pech, eine Lehrerin zu haben, die Zwillinge als Einheit sieht, die man ab und zu durch Vergleich miteinander anzuspornen hat. Dies führt leider öfter zu Streitereien der Kinder untereinander und zu Diskussionen unsererseits mit der Lehrerin. Das war im ersten Schuljahr besonders oft der Fall und hat sich jetzt im zweiten Jahr etwas gebessert. Außerdem mussten wir feststellen, dass sich bei den Hausaufgaben auch immer mal einer auf den anderen verlässt, oder dass sich beide etwas völlig anderes als Hausaufgabe gemerkt haben.

Dies alles ließ uns den festen Entschluss fassen, dass ab der fünften Klasse auf jeden Fall beide in getrennte Klassen kommen.«

Beispiel 4: »Daniela und Sabrina waren im letzten Kindergartenjahr in einer gemeinsamen Vorschulgruppe. Für die gemeinsame Einschulung machte sich vor allem der Vater stark. Er wollte ihnen damals den Übergang und der Mutter den organisatorischen Aufwand erleichtern. Außerdem hielt er sie für so selbständig, dass sich auch eine gemeinsame Klasse nicht nachteilig auswirken würde.

Die beiden wurden in verschiedene Untergruppen eingeteilt. Das bedeutet, die Kinder hatten zwei bis drei Tage in der Woche zu unterschiedlichen Zeiten Schulbeginn und -ende, weil in diesen Randstunden nur jeweils die Hälfte der Klasse unterrichtet wird. Damit hatten Daniela und Sabrina in der Schulanfangsphase oft Gelegenheit, den Schulweg allein zu üben und trafen alleine auf die Mutter, der sie Wichtiges aus der Schule berichten konnten, ohne dass die Aufmerksamkeit der Mutter bereits durch die Schwester beansprucht war. Wenn sie gemeinsam nach Hause kommen, achtet die Mutter dennoch darauf, dass sie räumlich getrennt das berichten, was ihnen bedeutsam war. So fällt keine der anderen ins Wort, verbessert oder passt sich einfach der Schwester an.«

Beispiel 5: »Sämtliche Kindergartenfreunde kamen in eine Klasse, es wäre schlimm gewesen, eine hier herauszunehmen und in eine andere Klasse zu stecken. Die verschiedenen Unterrichtsstunden und Anfangszeiten sind auch nicht zu vergessen, sind ein Argument, warum sie zusammenbleiben sollten. Man hat es als Mutter einfach leichter, als wenn man viermal täglich zur Schule fahren muss.

Wir hatten eine Zeitlang eine Trennung nach der zweiten Klasse in Erwägung gezogen, zumal sowieso ein Lehrerwechsel anstand. Der Grund für unsere Überlegungen: Monika ist fixer als Sabine, kapiert etwas schneller, was die Schwester wohl registriert. Sabine ist verträumt und verspielt, aber langsamer in allem; sie litt unter dem größeren Erfolg Monikas, beide haben eben den unmittelbaren Vergleich, wenn sie in einer Klasse sind. Die Lehrerin hatte zeitweilig den Eindruck, Sabine würde deshalb resignieren - sie strengte sich plötzlich weniger an, träumte noch mehr vor sich hin, litt ganz einfach unter der Situation. Außerdem wurde sie schrecklich aggressiv ihrer Schwester gegenüber und schlug sie bei jeder sich bietenden Gelegenheit.«

Die Beispiele wurden dem ZWILLINGE-Sonderheft »Kindergarten & Schule« entnommen, das es nicht mehr gibt.

Beispiel 6: »Die Erzieherinnen waren der Meinung, dass nichts dagegen spricht, die beiden in eine Klasse zu geben. Darauf folgte dann auch ein Gespräch mit Lehrern der Schule, die uns sagten, dass gerade bei Zwillingen darauf geachtet wird, sie als Individuen und nicht als Einheit zu betrachten.

Außerdem wird die Klasse in zwei Gruppen unterteilt, die zu unterschiedlichen Zeiten Schwimmunterricht haben. Während die eine Gruppe beim Schwimmen ist, hat die andere Gruppe normalen Unterricht. David und Jonas sind in verschiedenen Gruppen eingeteilt worden.

Ein Teil des Unterrichts besteht aus 'freier Stillarbeit', das heißt, die Kinder dürfen sich dabei selbst aussuchen, was sie lernen wollen und sich an der so genannten Lerntheke das entsprechende Lernmaterial aussuchen.

Die Lehrer sagten uns aus ihrer Erfahrung heraus, dass sich die Kinder (nach einer Anlaufphase) wirklich das aussuchen, was ihren Neigungen entspricht.« (aus ZWILLINGE)

Tipps für den Umgang mit Schulkindern

Egal, ob Sie Ihre Zwillinge in eine gemeinsame Klasse oder getrennte Klassen einschulen, wichtig ist, dass Sie ihnen Gelegenheit geben, eigene Leistung zu zeigen und dafür Anerkennung zu ernten.

❍ Versuchen Sie beiden Kindern - einzeln - nach der Schule »Ihr Ohr zu leihen«. Lassen Sie sich von beiden - einzeln - aus dem Schulalltag erzählen.

❍ Bei unseren Zwillingen erzählte immer nur Max, was so alles in der Schule vorgefallen war. Constantin sprach ich daraufhin konkret an und fragte, was in seiner Klasse alles passiert ist.

❍ Vielen Kindern tut es gut, direkt nach Schule und Mittagessen eine

Weiter auf Seite 186.

Als meine beiden Söhne Lars und Sven drei Jahre alt waren, war für uns die Zeit, sie im Kindergarten anzumelden. Lange machte ich mir Gedanken darüber, ob meine Kinder in eine oder in zwei Gruppen gehen sollten. Ich las auch das Buch von Rita Haberkorn »Zwillinge gemeinsam oder getrennt in den Kindergarten oder in die Schule«. Gerade zuvor wurde in unserem Kindergarten eine zweite Gruppe eröffnet. Also ging ich mit der Erkenntnis los, meine Kinder in verschiedene Gruppen anzumelden. Die Leiterin gab es dort schon, als ich als Kind im Kindergarten war, und sie hat wahrscheinlich nicht gemerkt, dass ich inzwischen erwachsen geworden bin. Als ich meine Bitte vortrug, dass die Kinder in verschiedene Gruppen eingeteilt werden sollen, sagte sie: »Ich habe Zwillinge oder Geschwisterkinder noch nie getrennt und werde dies auch in Zukunft nicht tun.« Meine Antwort darauf war, dass bisher auch nicht die Möglichkeit bestand, da der Kindergarten bis vor kurzem nur eingruppig war. Auch legte ich ihr das Buch als Lektüre vor, wahrscheinlich hat sie es nicht einmal gelesen.

In den nächsten Wochen kam es immer wieder zu Diskussionen zwischen uns beiden, da sowohl sie als auch ich nicht von unserer Meinung abweichen wollten. Die Leitung erklärte mir, dass jede Gruppe für sich den Morgenkreis gestalte und am Mittag die Verabschiedung, ansonsten sei der Kindergarten offen und alle spielen zusammen. Außerdem ginge jede Gruppe getrennt zum Waldtag. Sie könne die beiden Kinder nicht wirklich räumlich trennen. Darum ging es mir auch nicht, gab ich ihr zu verstehen, Lars und Sven könnten doch trotzdem in zwei Morgenkreisen sitzen ... Wenn sich die Kinder anschließend treffen und miteinander spielen, ist das doch in Ordnung.

Es war nicht schön für mich, für die Kinder zu kämpfen, damit sie zu ihrem Recht auf individuelle Erziehung kommen. Ich sah für den Kindergarten keinen Nachteile, wenn meine Kinder in zwei Gruppen gingen. Also kämpfte und diskutierte ich weiter, überlegte sogar, die Kinder im Nachbarort im Kindergarten unterzubringen. Nach langen Diskussionen wurden wir uns so einig, dass meine Kinder getrennt wurden, aber in ihrer Statistik der Gruppeneinteilung standen sie in einer Gruppe. Na, wenn die Leiterin dann damit glücklich ist, soll sie schreiben was sie möchte, dachte ich mir. Meine Kinder haben sich anschließend nie richtig wohl im Kindergarten gefühlt, was wohl an dem Konflikt zwischen Erzieherinnen und mir lag. Also freuten wir uns, als die Kindergartenzeit zu Ende ging.

Wie es dann in der Schule gehen sollte, machte ich mir kaum Gedanken, sondern wartete ab. Bei der Schulanmeldung fragte die Lehrerin nach, ob die Zwillinge gemeinsam oder getrennt in die Klasse gehen sollen. Darauf hin fragte ich, wie das denn gehandhabt wird und was sie mir empfehlen würde. Die Lehrerin sagte, dass bei getrennten Klassen die Kinder oft selbständiger werden, aber die Entscheidung überlasse sie den Eltern, da

Doch wieder zusammen: Lars und Sven

wir die Kinder besser kennen würden. Ich dachte: »Welch' ein Wunder!« und freute mich, nicht nochmals im Sinne der Kinder kämpfen zu müssen. Jedes Kind durfte noch einen Freund oder Freundin angeben, der in seine Klasse sollte. Also gingen die Kinder in getrennte Klassen und freuten sich, dass jeder seine eigene Lehrerin hatte. Lars lernte zuerst die Schreibschrift und Sven die Druckschrift. Am Ende des ersten Schuljahres konnte jeder von ihnen die Schreib- und Druckschrift. Wandertage, Grillfeste und Abschlussfahrten machten beide Klassen zusammen, was ich als großen Vorteil sah, so kam kein Neid auf. Ein Lob auf die Grundschule Hasborn!

Dann stand der Wechsel auf eine weiterführende Schule an. Beide erhielten eine Realschulempfehlung und so wählten wir die Kurfürst Balduin Realschule in Wittlich. Mit den Kindern zusammen überlegten wir, ob sie gemeinsam oder getrennt gehen wollen. Leider gingen die Freunde der Grundschule auf andere Schulen. Sven sagte: »Ich möchte wieder eine Klasse für mich.« Und Lars sagte hingegen: »Ich möchte zusammen mit Sven in eine Klasse.« Nun hatten wir ein Problem, welches mein Mann mit der Schulleitung besprach, da auch diese Schule die Entscheidung den Eltern überlässt. Die Schulleitung willigte ein, dass wir die Kinder erst einmal in verschiedene Klassen einteilen und bei Schwierigkeiten eine Zusammenlegung möglich sei. Dies besprachen wir so mit den Kindern und alle waren zufrieden.

Nach einiger Zeit stellte sich heraus, das Sven in seiner Klasse kaum Anschluss hatte. Er fand seine Klassenkameraden zu laut. Oft ging er in der Pause zu den Klassenkameraden seines Bruders und spielte mit ihnen. Daraufhin wandten wir uns an die Schulleitung und vereinbarten einen Gesprächstermin. Das Gespräch verlief sehr positiv und so kam es, dass unser Sohn Sven zum 6. Schuljahr in die Klasse seines Bruders wechselte. Seit vier Monaten ist Sven nun in der neuen Klasse. Nach seinen Angaben fühlt er sich in der Klasse seines Bruders sehr wohl. Die Schulleitung ist sehr besorgt um das Wohl ihrer Schüler. Wir fühlen uns dort gut aufgehoben. (Monika Schlax) kleine Ruhepause einzulegen. Das bringt sie runter und macht den Kopf frei für die Hausaufgaben.

○ Hausaufgaben machten unsere Kinder nach Möglichkeit getrennt. Mit Constantin ging ich in sein - etwas vom familiären Trubel abgelegenes Zimmer; Max machte im Wohnzimmer seine Aufgaben.

○ Eventuell hilft es auch, wenn Ihre Kinder ihre Hausaufgaben zu verschiedenen Zeiten erledigen. Lesen-Üben können Sie nur getrennt mit Ihren Zwillingen.

○ Immer öfter machten wir auch ein Spielchen aus dem Üben: Einmaleins beim Mittagessen oder Buchstabieren. Da meist Conny etwas langsamer war, stellte ich jedem Kind einzeln eine Aufgabe. Vorlaute Antworten des anderen zählten nicht.

○ Da Maximilian oft weniger oder gar nichts auf hatte, gab ich ihm aus Gerechtigkeitsgründen manchmal eine kleine Aufgabe extra.

○ Besuchen Ihre Zwillinge eine gemeinsame Klasse und verlässt sich einer auf den anderen, machen Sie es wie die Mutter in einem weiteren Beispiel aus dem Sonderheft »Kindergarten & Schule«: Lassen Sie jedes Kind die Aufgaben machen, die es glaubt zu haben. Spätestens beim Hausaufgaben-Kontrollieren in der Schule kommt die Reue ... Das Sonderheft gibt es nicht mehr. Dafür haben wir das Buch »Zwillinge in Krippe, Kindergaten & Schule« neu im Programm. Bestellbar bei www.twins.de.

Sind Zwillinge später schulreif?

Unsere Zwillinge Maximilian und Constantin mussten acht Wochen nach der Einschulung zurück in den Kindergarten. Im September 1990 war es soweit: Aus unseren Zwillingen Maximilian und Constantin sollten endlich 'Schulkinder' werden. Gleich vom ersten Tag an gab es Hausaufgaben zu erledigen. Maxi heulte, er könne den geforderten Hasen nicht malen. Conny setzte sich hin und zog seine Striche, ohne zu meckern. Ich gewöhnte mich daran, Maximilian bei den Hausaufgaben zu unterstützen, Constantins Arbeit wenigstens auf Vollständigkeit hin zu überprüfen, zum Lesenüben nahm ich sie mir einzeln und nacheinander vor.
Unsere Hausaufgabensitzung dauerte jeden Mittag alles in allem anderthalb Stunden und setzte uns alle drei unter gehörigen Stress, denn nebenbei brüllte der Jüngste, die Arbeit ging weiter und auch der Haushalt sollte irgendwann einmal erledigt werden.
Nach etwa sechs Wochen rief Constantins Lehrerin an. Ich solle in die Sprechstunde kommen. Dort erfuhr ich, dass Conny mit dem Lesen Pro-

bleme habe. Er könne die Buchstaben nicht zusammenziehen (nach sechs Wochen?). Wir übten also. Die Hausaufgaben dauerten nun noch länger. Dann bat mich Maximilians Lehrerin ebenfalls in ihre Sprechstunde. Sie riet mir dringend, Maximilian aus der Schule zu nehmen, ihn zurückzustellen. Maximilian würde 90 Prozent dessen, was sie sagte, nicht aufnehmen, einfach nicht erfassen. Maximilian war noch nicht reif für die Schule.

Für mich war es undenkbar, nur Maximilian aus der Schule zu nehmen. Wie hätte er es verkraftet, dass Constantin weiter zur Schule geht und er als »Kindergartenbaby« zurückgestuft wird? Andererseits war gerade ich hundertprozentig der Meinung, dass Zwillinge zwei verschiedene Menschen sind, denen man auch nicht aus Gerechtigkeitsgründen den absolut gleichen Lebensweg aufzwingen darf.

Constantins Lehrerin wurde zu unserem Gespräch dazugebeten. Sie fand, dass Conny Fortschritte im Lesen gemacht hatte (wie hatten wir dafür selbst im Herbsturlaub gebüffelt!), er also vielleicht doch besser weiter zur Schule gehen sollte. Ich wollte die Sache überdenken.

In dieser Woche habe ich viel nachgedacht, mit vielen Freunden (die Lehrer, Sonderschullehrer, Erzieher, Zwillingseltern sind) über mein Problem gesprochen, ich habe mir Termine für Tests bei der Erziehungsberatung geben lassen und auch die Lehrerinnen gebeten, die Schulpsychologin einzuschalten.

Mal beschloss ich, Maxi bleibt drin, wir büffeln mit ihm, und notfalls muss er die Klasse wiederholen, dann hielt ich es für besser, Maxi rauszunehmen, Constantin in der Schule zu lassen, dann wiederum sollten beide aus der Schule genommen werden. Es war eine ganz schwere Entscheidung.

Am darauffolgenden Montag testete die Schulpsychologin beide Kinder. Sie hatten getobt und geheult, als ich ihnen sagte, sie würden vielleicht aus der Schule genommen werden. Der Test und ein langes Gespräch mit der Psychologin brachten Klarheit. Beide Kinder waren demnach nicht schulreif. Jeder auf seine Weise.

Maximilian und Constantin wurden noch Ende dieser Woche aus der Schule genommen. Sie besuchten die Vorschulgruppe eines anderen Kindergartens. Die beiden fanden sich nach wenigen Tagen gut mit ihrer Situation ab.

Und die Moral von der Geschicht: Beim zweiten Schulstart erwies sich vor allem das Sorgenkind Maximilian als Senkrechtstarter. Er war unter den Klassenbesten. Er macht seine Hausaufgaben absolut selbständig, kein Problem.

Das Gegenteil war Conny. Er litt vor allem in der ersten Schulzeit am »Null-Bock-Syndrom«. Es machte ihm zu schaffen, dass der einst so schlechte Schüler Max nun problemlos alle Aufgaben meisterte. Constantin war durch den wiedererstarkten Max total blockiert. Zu Beginn der zweiten Klasse legte uns seine Lehrerin nahe, ihn wegen Verdacht auf Legasthenie testen zu lassen. Der Test ergab keine Anhaltspunkte für diesen Verdacht. In einem langen Gespräch mit der Lehrkraft, die Conny getestet hatte, stellten wir gemeinsam fest, dass Constantin offensichtlich auf die anhaltende Konkurrenzsituation reagierte. Er fühlte sich durch Max und Max gegenüber zurückgesetzt und reagierte durch Frust, Ablehnung und Unkonzentriertheit.

Doch es kamen noch andere Aspekte hinzu. Über die lange Schulzeit hinweg kamen wir zu der Einsicht, dass Constantin eine Lese-/Rechtschreibschwäche hatte, die wir so gut wie gar nicht in den Griff bekamen. Und die gute Nachricht: Constantins Probleme haben sich inzwischen nahezu verwachsen. Er macht beim Schreiben nicht mehr Fehler als andere durchschnittlich begabte »Schreiber«, er liest wenig oder gar nicht (wie viele andere Männer auch) und seine schriftlichen Prüfungen zum Koch hat er einwandfrei bestanden. Seine handwerklichen sowieso. Er hat halt andere Talente.

Wie Sie feststellen können, ob Ihre Kinder schulreif sind

Damit Ihnen dieses Debakel erspart bleibt, hier einige Dinge, an die Sie beim Wechsel vom Kindergarten zur Schule denken sollten.

○ Geben Sie Ihre Kinder, wenn Sie am Ort Wahlmöglichkeiten haben, nur in einen Kindergarten, in dem die Kinder gefördert werden. Es ist Sache der Erzieherinnen, die Schulreife (oder -unreife) festzustellen und den Eltern im Vorfeld zu raten, die Kinder zurückzustellen.

○ Suchen und halten Sie Kontakt zu den Erzieherinnen Ihrer Zwillinge. Wenn Sie unsicher sind, ob Ihre Kinder schulreif sind oder nicht, sprechen Sie mit dem Kindergartenpersonal über Ihre Zweifel.

○ Bedenken Sie bei Zwillingen, dass die Kinder in diesem Alter noch möglicherweise einen Entwicklungsrückstand gegenüber einzeln geborenen Altersgenossen aufweisen. Zwillinge sind sich selbst oft genug (nicht nur die eineiigen!). Weil sie meist mit einem Kind der gleichen Altersstufe zusammen sind, fehlen Reize von älteren Kindern (und Erwachsenen, die froh sind, dass die Zwillinge so schön zusammen spielen). Das macht sich vor allem in der Sprachentwicklung bemerkbar.

○ Sind Sprachprobleme erkennbar, gehen Sie so früh wie möglich (und nötig) zu einem Logopäden, erkundigen Sie sich nach einem Sprachkindergarten. Nutzen Sie das Angebot von Erziehungsberatungsstellen.

○ Zwillinge sind durch ihre oft zu frühe Geburt nicht selten ein bisschen hinten dran. Kalkulieren Sie diese Wochen unbedingt mit ein!

(Maxi und Conny sind sieben Wochen zu früh geboren). Lassen Sie sich von Anfang an in Frühchensprechstunden, Risikokindersprechstunden, entwicklungspsychologischen Einrichtungen betreuen und beraten. Rechtzeitige Förderung kann große Erfolge erzielen.

Diese Problematik wurde auch auf einer Frühchentagung im November 2006 in München besprochen. Es gab einige teilnehmende Eltern, die beklagten, dass ihre ansonsten unauffälligen Frühchen in der Schule doch massive Probleme bekommen hatten. Auch die Fachleute waren sich einig: Eigentlich müsste jedes ehemalige Frühchen vor dem Schulbesuch noch einmal entwicklungsneurologisch getestet werden.

○ Übertherapieren Sie Ihre Kinder dennoch nicht. Kinder spüren, dass angeblich »etwas mit ihnen nicht in Ordnung ist«. Ich habe deshalb einen zweiten Testtermin für Maxi und Conny ausfallen lassen. Mir genügte es zu wissen, dass sie nicht schulreif sind.

○ Sollten Ihre Zwillinge eklatante Entwicklungsunterschiede untereinander aufweisen, so scheuen Sie sich nicht, die beiden unterschiedliche Wege gehen zu lassen. Sicher ist das eine ganz schwere Entscheidung, dennoch hat jedes Individuum ein Recht auf einen ganz individuellen Lebensweg.

○ Seien Sie nicht zu ehrgeizig »Mein Kind wird nicht zurückgestellt«. Eine Zurückstellung von der Regelschulpflicht ist kein Anzeichen für mangelnde Intelligenz des Kindes, sondern für seine (noch) fehlende

Frühgeborene in der Schule - ein wichtiges Buch

Karin Jäkel u.a.

Frühgeborene und Schule

Ermutigt oder ausgebremst?

Erfahrungen, Hilfen, Tipps

Landesverband „Früh- und Risikogeborene Kinder Rheinland-Pfalz" e. V. (Hrsg.)

Der Landesverband Früh- und Risikogeborene Kinder Rheinland-Pfalz eV. hat sich des Themas angenommen und ein sehr interessantes Buch dazu veröffentlicht. Das Buch enthält nicht nur Beiträge von Fachleuten aller Art, sondern auch Familiengeschichten. Ich empfehle jedem, der von Frühgeburt seiner Zwillinge betroffen ist, sich dieses Buch per e-mail zu besorgen. Es ist dankenswerter Weise kostenlos, allerdings werden 5 Euro für den Versand fällig. Man kann es auch auf der Seite des Frühchenvereins downloaden:

www.fruehgeborene-rlp.de

Reife. Wenn ein Kind schon in der Grundschule schlecht mitkommt, zieht es dies und schließlich den damit einhergehenden Frust durch das gesamte Schulleben.

Der umgekehrte Fall: vorzeitige Einschulung

Sind Zwillinge immer langsamer als andere Kinder? Nein, natürlich nicht. Zwillinge sind nicht grundsätzlich langsamer als andere Kinder in ihrer Entwicklung. Zwillingsmutter Leni Rommelspacher hat sogar gute Erfahrungen mit der vorzeitigen Einschulung gemacht.

»Unsere Zwillinge Michael und Thomas wurden vorzeitig eingeschult. Sie waren genau vier Wochen nach dem Stichtag geboren. Natürlich machten wir uns sehr viele Gedanken darüber, ob wir diesen Schritt wagen sollten. Der eigentliche Grund dafür war, dass die beiden, die in derselben Kindergartengruppe waren, bereits ein Jahr lang ziemlich ungern in den Kindergarten gingen. Ich versuchte es damit, dass ich sagte, ich würde sie begleiten, das klappte manchmal bis zur Kindergartentür, dann nahmen sie reißaus. Mit aller Gewalt konnte und wollte ich sie dann auch nicht in den Kindergarten zwingen. Auch Gespräche mit der Kindergärtnerin brachten nichts. Dass sie eine Zeitlang in getrennte Gruppen gehen sollten, fand die Kindergärtnerin nicht, da die beiden (wenn sie im Kindergarten waren) zu den anderen Kindern guten Kontakt hatten. Sie hatten ihre Freunde und spielten nicht einfach nur mit dem Zwillingsbruder. Wir vermuteten bald, dass den beiden im Kindergarten schlicht und einfach zu langweilig war. Sie waren einfach unterfordert und wollten mehr als nur spielen, nämlich in die Schule ...

Nach ausführlichen Gesprächen mit den Kindergärtnerinnen, die eine frühzeitige Einschulung bejahten, sowie Gesprächen mit dem Kinderarzt, der sie von der Entwicklung her und auch durch die Untersuchungstests gut kannte, wagten wir diesen Schritt. Michael und Thomas waren auch von der Größe und vom Durchsetzungsvermögen keinesfalls einem 'Einling' unterlegen. Wir meldeten sie daraufhin bei der Schule an, und sie mussten einen Schultest machen. Dieser Test dauerte über zwei Stunden, und die Mütter wurden nach Hause geschickt, zusammen mit einigen Bögen, die wir noch zur Beurteilung unserer Kinder ausfüllen mussten. Mir war dabei nicht ganz wohl, denn auf einmal taten mir die Kinder leid. Mir kamen Bedenken, was wir unseren Kindern da wohl zumuteten.

Doch als ich sie abholen ging, sprangen sie mit den anderen Kindern (insgesamt hatten sieben Kinder diesen Test machen müssen) vor dem Schulhaus herum und waren ganz vergnügt, denn sie waren ja in der Schule!

Der Vertrauenslehrer sprach noch ein paar Worte mit uns Müttern und sagte uns, dass wir nach der Auswertung des Tests einen Termin zur endgültigen Absprache erhalten würden. In der Zwischenzeit besuchte der Vertrauenslehrer noch die Kindergärtnerinnen und besprach die frühzeitige Einschulung mit ihnen.

Der Test fiel bei beiden Kindern gut aus. Mit dem Vertrauenslehrer wurden noch Details besprochen. Wir wurden gefragt, ob wir sie trennen wollten oder nicht. Michael und Thomas wurden also für schulreif befunden.

Wir haben die beiden in dieselbe Klasse getan, weil sie unbedingt zusammenbleiben wollten. Da keiner den anderen unterdrückt, sondern mal der und dann der andere den Ton angibt, sahen wir dabei kein Problem. Unserer Meinung nach hat der Besuch derselben Klasse auch Vorteile, da die Anfangszeiten der ersten Klasse sehr unterschiedlich sind, der Stoff der einzelnen Fächer nicht parallel behandelt wird und die Kinder dann doch Vergleiche anstellen und der eine etwas 'Besseres' macht. Außerdem finden wir, dass sich die beiden auch gegenseitig anspornen.

Seit Michael und Thomas zur Schule gehen, sind sie ausgeglichener, sie werden gefordert und haben eine Aufgabe. Sie gehen jeden Morgen selbstverständlich zur Schule. Bis jetzt gab es noch keinen Tag, an dem sie sich (wie damals in der Kindergartenzeit) geweigert hätten.

Die Hausaufgaben werden von Michael gleich nach dem Mittagessen erledigt. Thomas dagegen spielt öfter erst noch mit Lego und braucht Ruhe.

Mit dem Lesen klappt es bei beiden viel besser als bei ihrer Schwester damals in der ersten Klasse. Ich lese erst mit einem der Zwillinge und dann mit dem anderen, bzw. Michael holt schon mal sein Lesebuch und beginnt für sich zu lesen. Thomas muss manchmal dazu aufgefordert werden, aber es klappt dann auch bei ihm.«

Auch Ute Jacobs hat festgestellt, dass Zwillinge nicht unbedingt später schulreif sind. Ihren Entschluss, die Zwillinge Christina und Carolin vorzeitig einschulen zu lassen, musste sie allerdings erst einmal rechtfertigen.

»Meine Zwillinge - Christina und Carolin - sind bezüglich Schule zu einem sehr ungünstigen Termin geboren, nämlich am 11. Juli. Sie sind unsere ersten und einzigen Kinder, keine Frühgeburten, und haben sich eigentlich bis jetzt immer prächtig entwickelt.

Da mein Mann und auch ich Lehrer mit halber Stelle an einer berufsbildenden Schule sind, wurden wir eigentlich sehr bald auf das Problem der Einschulung aufmerksam: Lina und Tina waren sogenannte 'Kann-Kinder', da bei uns in Rheinland-Pfalz der 1. Juli Stichtag für die Schulanfänger ist.

Wären sie - wie ja bei Zwillingen häufig - früher als nach neun Monaten plus fünf Tagen geboren, so wären sie sogenannte 'Muss-Kinder', das heißt, sie wären in jedem Fall 'schulpflichtig' gewesen.

Es gab für uns eigentlich viele Punkte, warum wir beide - obwohl ja nicht zwingend vorgeschrieben - in die Schule schicken wollten: Die Freunde aus der zweijährigen Kindergartenzeit würden alle eingeschult werden, in der Schule stand eine mütterliche und keine fordernde Lehrerin für die erste Klasse an, und die körperliche und sprachliche Entwicklung unserer beiden war auch weit fortgeschritten. Hinzu kam, dass auch unser Kinderarzt der Meinung war, dass Carolin und Christina schulreif wären.

Dem stand allerdings die 'öffentliche Meinung' entgegen. Von allen Seiten wurde ich regelrecht angefeindet, was für eine Rabenmutter ich doch wäre, meinen Kindern das Jahr 'Freiheit' zu nehmen. Auch im Kindergarten wurde an mein Gewissen appelliert, denn der Schulreifetest wäre ja so schlecht ausgefallen. Wir haben Carolin und Christina trotzdem in die Schule geschickt, und wir haben es nicht bereut. Bei jedem Elternsprechtag lasse ich mir berichten, ob man an ihrem Verhalten und ihrer Leistung feststellen kann, dass sie mit Abstand (ein Junge ist fast zwei Jahre älter!) die Jüngsten der Klasse sind. Doch ich erfahre jedesmal, dass unsere beiden keine Auffälligkeiten in dieser Hinsicht zeigen.«

Wenn Zwillinge zeitlich versetzt eingeschult werden

Zwillinge können sich - auch was die Schulreife anbelangt - in unterschiedlichem Tempo entwickeln. Für die betroffenen Eltern und Kinder manchmal ein ziemliches Dilemma. Wie Sie in unserer eigenen Geschichte über den missglückten Schulstart unserer Zwillinge lesen konnten, wussten wir einige Zeit lang nicht, ob wir nur einen Zwilling zurückstellen lassen sollten. Doch wie sollten wir Maximilian aus der Schule nehmen und gleichzeitig Constantin, den augenscheinlich etwas »reiferen« Zwillingsbruder, in der Schule belassen? Das hätten wir niemals vor den Kindern rechtfertigen können. Uns war natürlich klar, dass Zwillinge zwei verschiedene Menschen sind, denen man nicht zwangsweise einen identischen Lebenslauf verpassen kann und soll. Doch können sechseinhalbjährige Kinder, die so ehrgeizig sind wie Maximilian und die so miteinander konkurrieren wie unsere beiden, begreifen, dass sie zu ihrem eigenen Besten unterschiedlich behandelt werden? Damals habe ich mich auch lange mit Rita Haberkorn, Autorin dreier Zwillingsbücher und Mutter von Zwillingen, über mein Problem unterhalten. Sie riet mir dazu, Constantin nicht um Maximilians Willen aus der Schule zu nehmen. Doch dazu konnte ich mich nicht durchringen. Ob meine Entscheidung richtig war, habe ich in dem einen Jahr Pause nie bezweifelt. »Soll ich beide Kinder zur gleichen Zeit einschulen, oder sollte Kim ein Jahr vor ihrem Zwillingsbruder Niels eingeschult werden?« Das fragte sich auch Elke Mertens. »Kim Ragna war schon immer ihrem Bruder 'geistig' voraus, konnte eher und gewandter sprechen, war gelenkiger, malte früher erkennbar gegenständlich und schreibt nun seit einem Jahr ihren Namen (freiwillig) und mehr.« Von Niels schreibt Elke Mertens, die außer den sechsjährigen Zwillingen noch ein weiteres Zwillingspaar und einen Einling hat, er sei wesentlich größer als seine Schwester und vielleicht dadurch schon immer ungelenkiger. Er ist kräftiger als Kim und sehr mutig. Er hat Schwierigkeiten mit dem Gleichgewichtssinn und einige Muskeln sind zu schlapp, deshalb muss er seit einiger Zeit Krankengymnastik machen. »Vor einem Jahr, bei der U8, fiel auch auf, dass er nicht mehr in der Lage war (und sich beim Üben mit mir stur stellte), bestimmte Laute (Sch, U, Kl ...) zu sprechen«, erinnert sich die Doppelzwillingsmutter. Nach einem halben Jahr bei der Logopädin war jedoch alles okay. Niels merkt natürlich, dass er ein wenig zurück ist. »Mutti, ich bin doch dumm, nech?« fragte er seine Mutter auf der Fahrt zur Logopädin. »Ich war natürlich sehr bestürzt und fragte ihn, wieso er das dachte«, schreibt Elke Mertens. Dann kam natürlich: »Kim kann so vieles besser als ich.« Elke Mertens beschwichtigte ihren Sohn und lobte Niels dafür, dass er netter zu seinen Freunden sei. Tatsächlich scheint er »sozialer« zu sein als seine Schwester.

Jetzt befürchtet Kims und Niels' Mutter, dass Niels nicht zusammen mit Kim eingeschult werden kann. »Ich hätte nichts dagegen, wenn er noch ein Jahr in den Schulkindergarten ginge, aber das würde natürlich seine Meinung von sich selbst bestätigen«, glaubt Elke Mertens. Andererseits sieht sie nicht ein, wieso Kim zurückgestuft werden sollte. »Ich denke, Kim wird die Herausforderung Schule brauchen.« Wie sollen wir uns jetzt verhalten? Können wir Niels spielerisch fördern? Und wenn ja, wie? Das sind die drängendsten Fragen, die Elke Mertens jetzt hat. »Die angesprochenen Erzieher sind in dieser Zwillingssituation hilflos und meinen 'abwarten'«, ärgert sich die Zwillingsmutter. Einer anderen Mutter habe ich in einer ähnlichen Situation versucht, zu einer zeitlich getrennten Einschulung zu raten. Hier lag der Fall so: Ein Zwilling hatte durch eine leichte Beeinträchtigung des Gehörs deutliche Entwicklungsrückstände. Der andere Junge war absolut schulreif. Nach Gesprächen mit den Lehrern, der Schulpsychologin und der Erzieherin des speziellen Sprachförderungskindergartens, den der leicht behinderte Zwilling noch ein weiteres Jahr besuchen sollte, entschied sich die Mutter, das Kind tatsächlich erst später einzuschulen.

Die Zwillinge nahmen es gelassen auf. Die Mutter hatte versucht, den Kindern ihre Entscheidung möglichst plausibel zu erklären. Sie konnte dem Kind, das noch ein Jahr warten musste, jetzt mehr Zeit widmen, so dass es die Zurückstellung nicht als »Strafe«, sondern als »Belohnung« empfand. Auch Zwillingsmutter Anette Stephanus-Queins berichtete in der Zeitschrift ZWILLINGE über die zeitversetzte Einschulung ihrer Zwillinge: »Unsere Zwillinge wurden fünf Tage nach dem 'Muss-Stichtag' der Einschulung sechs Jahre alt und gehörten zu den sogenannten 'Kannkindern', die vorzeitig eingeschult werden konnten. Wir haben einen Jungen, Robert, und ein Mädchen, Marina. Marina war ein sehr pfiffiges und wissbegieriges Mädchen, das immer wieder versuchte, bei ihrer älteren Schwester Angela, die ein Jahr vorher eingeschult worden war, mitzulernen. Außerdem langweilte sie sich schon einige Zeit im Kindergarten und ihre beste Freundin wurde auch zu diesem Zeitpunkt eingeschult. Robert war eher etwas träge, fand es ganz toll im Kindergarten und hatte überhaupt keine Lust, Dinge aus dem Schulbereich zu lernen. Also was tun? Wir überlegten allerlei Versionen: Beide Kinder im nächsten Jahr einschulen, würde bedeuten, dass Marina sich weiterhin ein Jahr lang im Kindergarten langweilen würde und sie dort total unterfordert gewesen wäre. Robert zu diesem Zeitpunkt einzuschulen, wäre fatal gewesen, da er dort total überfordert gewesen wäre. Was also tun? Unsere ersten

Bemerkungen bei Freunden und Verwandten hatten zur Folge, dass sich die meisten Leute darüber aufregten, dass wir Zwillinge in unterschiedlichen Jahren einschulen wollten. Würde Robert uns das irgendwann mal vorwerfen? Würde er im Kindergarten alleine klarkommen? Würde Marina es in der Schule schaffen? Nur ganz wenige Bekannte meinten, dass es wohl die richtige Entscheidung sein könnte. Wir haben Marina dann zum Einschulungstest angemeldet, den sie mit Bravour meisterte. Ebenso den Test, den 'Kannkinder' dann auch noch überstehen mussten. Die Rektorin der Grundschule meinte auch, dass Marina in jedem Fall eingeschult werden sollte. Robert war auch damit einverstanden, dass er noch ein weiteres Jahr im Kindergarten bleiben sollte, zumal sein bester Freund auch nicht eingeschult werden sollte.

Am Einschulungstag war es für Robert doch etwas schwer, dass seine Schwester jetzt zur Schule gehen sollte und er keine Tüte bekommen sollte. Doch wir hatten auch für ihn eine kleine Tüte vorbereitet und alle meinten, dass er ja im nächsten Jahr seine eigene Einschulung haben würde. Damit konnte man ihn etwas beruhigen.

Die folgende Zeit im Kindergarten war für Robert der reinste Entwicklungsschub. Er war jetzt mit seinem Freund der Älteste und die Schwester, die wohl immer belastend für ihn gewesen sein musste, war plötzlich nicht mehr da, so dass er jetzt glänzen konnte. Marina machte sich in der Schule sehr gut und hatte überhaupt keine Probleme.

Nach einem Jahr wurde Robert dann auch eingeschult und so hatte auch er stolz seinen eigenen Einschulungstag. Die Entwicklung in diesem einen Jahr war enorm, so dass auch Robert keinerlei Probleme in der Schule mehr hatte.

Marina ist jetzt im dritten Schuljahr und hat gerade fünfmal 'sehr gut' und den Rest nur 'gut' im Zeugnis stehen. Auch Robert seine Beurteilungen können sich sehen lassen. Wir haben unsere Entscheidung nicht bereut und können anderen Zwillingseltern nur Mut zu diesem Schritt machen. Die Kinder haben keinerlei Probleme, eher die Lehrer, die meinen, dass Robert wohl ein Jahr zurückgestellt worden wäre. Aber das ist ein anderes Problem.« (aus ZWILLINGE).

Zeitlich getrennte Einschulung - ein Problem der Eltern?

Rita Haberkorn sieht die zeitlich versetzte Einschulung vor allem auch als Problem der Eltern. Sie schrieb in der Zeitschrift ZWILLINGE: »Zwillinge sind zwei unterschiedliche Menschen, selbst wenn sie sich durch identische Anlagen zumindest äußerlich kaum unterscheiden. Ihre Ähnlichkeiten im Wesen haben auch damit zu tun, wie ähnlich sie von ihren Eltern erzogen werden. Die Erwartungen der Eltern an das Verhalten der Kinder, die Reaktionen der Umwelt tragen entscheidend zur Ausprägung individuellen Verhaltens bei. Wir wissen auch, dass wir Eltern besondere Aufmerksamkeit auf uns lenken, wenn die Kinder deutlich als Zwillinge zu erkennen sind. Je weniger sich Menschen unterscheiden, umso eher glaubt man ihnen dadurch gerecht werden zu können, dass man sie gleich behandelt. Das scheint auf den ersten Blick Aufwand und Aufmerksamkeit zu erleichtern. Aber nur auf den ersten Blick. Denn dass dadurch individuelle Bedürfnisse, Entwicklungen und Profilierungen zu kurz kommen, scheint einleuchtend.«

Wie können Eltern ihren Zwillingen die zeitlich versetzte Einschulung erleichtern? (Rita Haberkorn)

⭕ Zunächst sollten wir Eltern uns an folgender Frage orientieren: Wie würde ich entscheiden, wenn es nur ein Kind gäbe, das betroffen wäre. Also möglichst für jedes Kind individuell entscheiden und beide als Paar erst im zweiten Schritt im Blick haben. Wir kennen doch mittlerweile viele Beispiele, in denen Zwillinge individuelle, auch zeitlich versetzte Eingewöhnungsphasen im Kindergarten hatten. Eben ihrem eigenen Bedürfnis und Rhythmus entsprechend. Da sie aber nicht alleine sind, müssen wir natürlich auch beachten, was es für jedes der beiden bedeutet, nicht gemeinsam eingeschult zu werden.

⭕ Es ist sicher einschneidend, wird auch von Seiten der Umwelt auf viele Fragen stoßen und von den Eltern viel Argumentationskraft erfordern. Je überzeugter die Eltern von diesem vielleicht notwendigen Schritt sind, umso eher werden ihn die Kinder auch akzeptieren. Das Problem ist weniger von den Kindern, als von den Eltern zu bewältigen. Es muss nicht nur im Kopf, sondern auch als Haltung klar sein, dass der gewählte Schritt der richtige ist. Denn wenn Unterschiede so offensichtlich sind, gibt zum Beispiel auch eine zeitlich unterschiedliche Einschulung den beiden Kindern das Signal: So wie Ihr seid, ist es in Ordnung, wir begleiten Euch in Eurer Individualität und akzeptieren Euch, so wie Ihr seid Das kann die Basis für eine sehr positive und auch entlastende Beziehung der beiden Kinder untereinander und zu den Eltern sein.

⭕ Sollen Eltern dem zurückgestellten Kind eine Art 'Alternativprogramm' wie etwa die Mitgliedschaft in einem Sportverein oder die Teilnahme an einem Malkurs anbieten? Wenn das ein Alternativprogramm zum 'Trost' sein soll (für das Kind oder für die Eltern?), rate ich davon ab. Sicher aber werden Eltern Aktivitäten für jedes Kind finden, wenn sie überlegen, was jedes Kind in der Situation braucht, wo die Interessen und Stärken liegen. Das Schulkind wird eher ausgelastet sein, während das andere Spielräume für die Weiterentwicklung von Vorlieben hat. Dabei sind Kurse ein Teil. Vielleicht wäre es auch wichtig, dieses Kind dabei zu unterstützen, von dem Geschwisterkind unabhängig mehr Freundschaftskontakte aufzubauen.

Unterschiedliche Schulreife - ein Drama für unsere Kinder

Ich habe hier unser Drama aufgeschrieben, wie man es nur erleben kann, wenn man das große Glück hat, Zwillinge zu haben. Wir haben nämlich ein großes Problem, was die Ein- oder Nicht-Einschulung unserer Zwillinge im Sommer 2011 betrifft. Wir, das ist die Familie Paul/Kaiser aus Beckedorf mit unseren Zwillingen Lilly und Leon, die im Juli 2005 geboren wurden. Dank der Verschiebung der Einschulungsgrenze sind die beiden leider schon in diesem Sommer schulpflichtig geworden.

Für uns brach eine Welt zusammen, als wir erfuhren, dass nur ein Zwilling für schulreif befunden wurde! Damit hatten wir nicht gerechnet! Und auch nicht damit, dass wir von seiten der Schule und des Kindergartens keinerlei Verständnis und Unterstützung bekamen.

Wir haben gegen den Bescheid der Schule Widerspruch eingelegt und nun werden unsere Kinder doch zusammen eingeschult! Ob das letztendlich die richtige Entscheidung war, wird sich wohl erst später rausstellen. Aber wir sind der festen Überzeugung, dass alles gut geht. Wir freuen uns jedenfalls auf eine gemeinsame Einschulung!

Und das ist die ganze Geschichte. Ein Zwilling soll nach Einschätzung des Kindergartens und der Schule (Grundschule Lindhorst - Soziale Integrationsschule mit dem Slogan »Wir unterrichten Kinder mit unterschiedlichen Voraussetzungen und Begabungen«) noch nicht eingeschult werden, da das Kind nach Meinung der Schule und des Kindergartens nicht schulreif ist.

Das würde für dieses Kind bedeuten, dass wir es von seinem Zwilling wegreißen müssten, aus seiner ihm gewohnten Umgebung in Beckedorf nehmen müssten und es in eine ihm völlig fremde große Schule in den Vorschulkindergarten Lindhorst, wo es niemanden kennt, schicken sollen. Um es dort dann ein Jahr später, wenn es sich dort vielleicht gerade halbwegs eingelebt hat, wieder rauszureißen, um es dann in Beckedorf einschulen zu lassen.

Schon allein die Vorstellung, unsere Zwillinge zu trennen, ist für uns (Eltern) grauenvoll. Wir sind der festen Überzeugung, dass dieser Weg für unsere Kinder nicht gut sein kann! Im Gegenteil. Wir glauben, dass dieses mehr Schaden anrichten als Nutzen bringen würde. Unserer Meinung nach könnte unser Kind sehr wohl eingeschult werden. Und im Anbetracht der Tatsache, dass die erste Grundschulklasse hier in Beckedorf höchstens 17 Kinder haben wird, müsste es doch möglich sein, einem Kind, das vielleicht ein wenig mehr Aufmerksamkeit benötigt als die anderen, gerecht zu werden. Bei einer Integrationsschule sind ja für solche Kinder auch Förderstunden üblich.

Wenn man diesem Kind dadurch den Beginn eines neuen Lebensab-

schnitts erleichtern könnte, sollten die Zwillinge nicht auseinander gerissen werden. Es zerreißt uns das Herz, wenn wir sehen, mit welcher freudigen Neugier und mit wieviel Stolz für unsere Tochter feststeht, dass sie mit ihrem Bruder Hand in Hand in die Schule geht.

Und geschulte Leute (Pädagogen, Kindergärtnerinnen und der Schulleiter) sehen das Wohl unseres Kindes darin, ihm schon heute die Schmach zu ersparen, vielleicht das erste Schuljahr an unserer kleinen Dorfschule wiederholen zu müssen - doch, wer weiß, was in einem Jahr ist?! Dann lieber heute schon eine kleine

Trennen, was zusammengehört?

Kinderseele kaputt machen. »Weil Kinder solche Erfahrungen machen müssen ... und schnell neue Kontakte knüpfen.« Wie sie sagen ...

Bin ich einfach nur zuviel Mutter, dass ich das anders sehe? Wo bleibt mein/unser Mitspracherecht? Andersherum steht im Schulrecht, es reicht aus, kaum oder halbwegs Deutsch zu sprechen, um das Recht zu haben, eingeschult zu werden!

Bei unserem Kind werden sogar Entwicklungsberichte aus dem SPZ (Sozial Pädiatrisches Zentrum in Hannover auf der Bult) angezweifelt und als falsch und unwahr abgetan.

Was uns am meisten belastet, ist die Tatsache, dass uns als Eltern das Entscheidungsrecht für unsere Kinder genommen wird. Wem steht es zu, solche schwerwiegenden Entscheidungen zu treffen außer den Eltern? Wie kann es sein, dass eine Schule über die Zukunft unserer Kinder entscheiden darf und wir als Eltern kein Mitspracherecht haben? Das man uns sagt: »Letztendlich haben wir (die Schule) das letzte Wort!« Wenn wir dann in Betracht ziehen, beide Kinder noch ein Jahr zurückzustellen, weil sie noch sehr jung sind, weil sie viel zu früh geboren sind und eigentlich erst im September geboren wären, wirft man uns (Eltern) vor, die Zukunft unserer Kinder zu verbauen. Wir fühlen uns machtlos und alleingelassen! (Andrea Paul)

Pärchenzwillinge - sind Mädchen früher schulreif?

Auch dazu hat Rita Haberkorn in ZWILLINGE Stellung genommen: »Wir wissen, dass die Entwicklung im biologischen Bereich über viele Jahre zeitversetzt zugunsten des Mädchens verläuft. Übrigens scheinen die Mädchen schon im vorgeburtlichen Zustand die besseren Karten zu haben. So sind bei Totgeburten häufiger Jungen betroffen als Mädchen. Auch bei der Anpassungsgabe der Mädchen an die Erwartungen der Umwelt stehen sie zunächst als anpassungsfähiger da.

Im Rückblick wissen wir aber längst, dass dies nicht nur Vorteile hat, wenn man früh gelernt hat, sich den Erwartungen anzupassen, um geliebt zu werden, das 'Nein' eher dem Bruder zu überlassen und durch die Identifikation mit der Mutter dem Bruder oft zu einer Mutter-Schwester zu werden. Ob dies sich so entwickelt und in welchem Maß, auch was dies für den Jungen bedeutet, hängt entscheidend auch davon ab, wie sehr beide mit ihrem Geschlecht in der Familie akzeptiert sind und welche Identifikationsmuster sie vorfinden.

In unserer Familie gibt es derzeit einen gravierenden Unterschied zwischen beiden, denn Hannah ist mitten in der Pubertät und der 12 jährige Zwillingsbruder beobachtet zunächst als 'Nichtbetroffener' die Entwicklung seiner Schwester und weiß, er wird eben zeitversetzt ein junger Mann, so wie er es von seinem großen Bruder kennt. Die Beziehung der beiden zueinander ist anders geworden, aber das Interesse und Mitteilungsbedürfnis ist geblieben. Die Beziehung ist eben ständigen Wandlungen unterworfen.

Ein Beispiel heute erwachsener Zwillinge beschreibe ich in meinem Buch 'Zwillinge' (Rowohlt Verlag, leider inzwischen vergriffen), in dem Gertrud, das Mädchen, Rücksicht nehmen musste auf den etwas langsameren Bruder. Sie hat es den Eltern lange übel genommen, dass sie mit ihrer Entwicklung nicht ernst genommen wurde und sich an den Bruder anpassen musste. Wenn, wie in der Frage, wirklich für beide die Entscheidung einer Zurückstellung ansteht, gibt es doch keinen Grund, dem gerecht zu werden.«

Weiterführende Schule - nur für einen Zwilling?

Auch wenn es um die mögliche Wahl einer weiterführenden Schule geht, wird die Entscheidung für viele Zwillingseltern schwierig. »Natürlich ist es notwendig, Über- und Unterforderung aufgrund falsch verstandener Gleichschaltung zu verhindern. Deshalb: jedem Kind den ihm adäquaten Schultyp«, schreibt Rita Haberkorn in ihrem Buch »Zwillinge - gemeinsame und eigene Wege in der Paarbeziehung«. »Wenn Eltern deutlich machen, dass Schulleistung nicht gleich Geliebt- und Akzeptiertsein bedeutet, wird der Besuch verschiedener Schulen leichter akzeptiert werden können.« Bei den heute erwachsenen Zwillingen Klaus und Norbert brachte die -

allerdings relativ späte - Entscheidung ihrer Eltern, einen Sohn aufs Gymnasium, den anderen »nur« auf die Realschule gehen (vom Gymnasium wechseln) zu lassen (mit anschließendem Besuch einer Fachoberschule) die Lösung. Die Zwillinge, bisher im Klassenverband als aggressive Störenfriede aufgefallen, konnten endlich gemäß ihren Fähigkeiten gefordert werden und unabhängig von einander lernen.

In unserem heutigen Bildungssystem gibt es so viele Wege, dass für jede Begabung und jedes Kind eine Möglichkeit gefunden werden kann. Wenn Sie sich nur vor Augen halten, dass Ihre Zwillinge zwei Individuen sind, die mit unterschiedlichen Fähigkeiten ausgestattet sind, sollte es Ihnen nicht schwer fallen, Ihre Entscheidung für zwei verschiedene Schultypen auch für Ihre Kinder nachvollziehbar und akzeptabel zu machen.

Auch im Hause Haberkorn stand unlängst die Wahl einer weiterführenden Schulart zur Debatte (zitiert aus ZWILLINGE): »Bei Hannah war es klar, sie kann mit ihren Freundinnen in das nahe gelegene Gymnasium wechseln. Auch viele von Jonathans Freunden wechselten dorthin. Es wäre für ihn ein leichter Übergang gewesen, aber langfristig mussten wir mit Problemen rechnen. Sehr früh also sagte ich beiden, dass jeder die Schule bekommt, die ihm am ehesten entspricht. Und das ist eben oft nicht die gleiche Schule. Mit viel Anstrengung haben wir es geschafft, Jonathan auf einer besonders attraktiven integrativen Gesamtschule anzumelden, die als Unesco-Modellschule eine überzeugende Pädagogik lebt und deshalb sehr gefragt ist. Obwohl aus unserem Stadtteil noch nie ein Kind dort landen konnte, haben wir es geschafft. Darauf konnte auch Jonathan stolz sein, denn er selbst hat einiges dazu beigetragen. Aber diese Lösung verlangte zunächst viel von ihm: Busfahrt durch die ganze Stadt, kein bekanntes Kind, keine bekannten Lehrer. An den ersten Abenden mussten lange Gespräche am Bett helfen, den Mut wieder zu sammeln und die Richtigkeit dieses Wegs erneut deutlich zu machen. Meine Überzeugung war schließlich ausschlaggebend, sie übertrug sich auf ihn und bereits nach zwei Wochen hatte er einen neuen Schulfreund. Aber auch für mich war der Weg zu dieser Entscheidung ein langer, nicht einfacher Suchprozess. Sowohl für jedes der beiden Kinder, als auch für ihre Paarbeziehung ist ein guter Weg beschritten, der auch in vieler Hinsicht entlastend für mich als Mutter ist.«Anders die immer noch anzutreffende Zuordnung mancher Eltern und Pädagogen: »Erfahrungsgemäß ist es zum Beispiel bei Paarzwillingen für die Eltern leichter, eher das Mädchen in die Real- oder Hauptschule einzustufen und den Jungen ins Gymnasium als umgekehrt. Immer noch gilt der Junge als künftiger Ernährer der Familie, auch wenn die Familienrealitäten dieses einseitige Bild zumindest relativieren«, schreibt Rita Haberkorn.Da seit der ersten Auflage dieses Buches doch einige Jährchen ins Land gegangen sind, habe auch ich inzwischen Eigenerfahrung zum Thema. Maximilian und Constantin wechselten nach der Grundschule ins Gymnasium, bzw. in die Hauptschule. In den Wochen vorher machte sich Max große Sorgen, ob er es im Gymnasium schaffen würde. Der ehemals so robuste Kerl wurde plötzlich von Selbstzweifeln geplagt. Mir fiel es sehr schwer, Max einerseits zu pushen und Constantin andererseits zu vermitteln, dass »nur« Hauptschule für mich auch vollkommen o.k. wäre. Ich verlegte das Debattieren auf Einzelgespräche. Constantin wechselte auf die Hauptschule ohne große Probleme, da er die ganze Schulzeit schon ohne Max in einer eigenen Klasse war. Durch einen Umzug von Landsberg-Ost nach Landsberg-West hatten beide Jungs sowieso neue Schulen mit neuen Räumen. Beide wurden an ihren benachbarten Schulen von neuen/alten Freunden aus der Eishockeymannschaft empfangen. Also alles kein Problem. Maximilian schaffte das Gymnasium mit durchschnittlichen Noten und mit einigen Tiefen und wenigen Höhen. Einige Lehrer und allen voran der Direktor schienen ziemlich blasiert zu sein und trichterten dem Jungen ein, ein Gymnasiast wäre »etwas Besseres«. Das hatte einige kleine Negativwirkungen auf unser Familienleben, dem ja auch ein ganz normaler Hauptschüler, nämlich Constantin angehörte. Constantin schaffte die Hauptschule mit Ach und Krach und ohne viel Lust. Ich war mit seinen Lehrern in engem Kontakt und alle gaben sich viel Mühe mit ihm. Frau Kutka, beispielsweise in der siebten Klasse. Ich sprach ihr gegenüber davon, Conny sei mein »Sorgenkind«. »Sorgenkind?« echote sie, »da gibt es ganz andere Kinder, die ihren Eltern wirklich Sorgen machen. Sie müssen auch die kleinen Erfolge sehen!« Frau Kutka war es, die mir den Gang zur Kinesiologin empfohlen hatte, deren Therapie kurzzeitig soviel bewirkt hatte, nämlich, dass Constantin fast fehlerfreie Diktate schreiben konnte. Während der Hauptschulzeit musste Constantin zwei Praktika machen und entschied sich für den Kochberuf. Eine Lehrstelle fand er in einem Hotel in Murnau, 70 Kilometer entfernt von zu Hause. Nach drei Jahren Lehrzeit schaffte er einen guten Abschluss und wurde vom Chef übernommen. Da Conny sich in dieser Zeit gänzlich von seiner Abhängigkeit von uns freigestrampelt hatte (im allerpositivsten Sinn), blieb er nicht lange im Ausbildungsbetrieb, sondern ging in der ersten Wintersaison nach Ischgl ins Hotel Madlein. In dem 4-Sterne-Hotel lernte er viel dazu, wenn er nicht gerade mit dem Snowboard auf den Skipisten unterwegs war. Danach verbrachte er eine Sommersaison bei Heinz Winkler am Chiemsee. Ein harter Job. 14 bis 16 Stunden pro Tag wurde beim 3-Sternekoch geschuftet, um fünf Uhr früh ging es zum Einkaufen zum Großmarkt in München. Dann arbeitete Conny bei KÄFER in München, wurde mit fast 23 noch von der Bundeswehr »entdeckt«, machte seinen Zivildienst in einer Gautinger Klinik ... und arbeitete drei Jahre lang als Koch auf Mallorca. Nach einem Jahr als Küchenchef in einem Bad Nauheimer Restaurant, hat er im Sommer 2011 sein erstes eigenes Restaurant in Bad Homburg (bei Frankfurt) aufgemacht. Aus einem Zwilling, der als Kind stets die zweite Geige spielte, ist ein sehr selbstbewusster junger Mann geworden. Er war jahrelang erwachsener als Max, sein Zwillingsbruder, der derzeit in Hamburg sein Betriebswirt-schaftstudium mit einem Master abschließt und auch schon einen ersten Job angetreten hat.

Mit anderen Worten: Alles hat sich zum Guten gewendet. Viele Sorgen waren umsonst. Und doch war es sicher nicht umsonst, dass wir uns so um unsere Kinder gekümmert haben.

Ein Negativbeispiel zum Thema »Schulwahl« habe ich bei den Recherchen zum Buch »Zwillinge erzählen ...« auch gefunden: »Ich sollte laut Grund-schuldirektor zur Realschule, da ich stiller war, und 'Mädchen ja doch später heiraten und zu Hause bleiben'. Mein Vater ging nach Enttäuschung, Tränen und Aufstand bei mir ('ich bin doch nicht dümmer als André!') zum Direktor und erklärte das Zwillingsthema des Sich-zurückgesetzt-Fühlens und des Minderwertigkeitsgefühls. Daraufhin erklärte sich der Direktor bereit, auch mir das o.k. fürs Gymnasium zu geben.« (Ulrike in »Zwillinge erzählen ...« S. 100)

Wenn Zwillinge älter werden ...

Hören die Probleme auf, wenn Zwillinge älter werden? Wohl kaum. Mit älteren Kindern haben Eltern andere Probleme, die Probleme haben andere Dimensionen als in der Anfangszeit.

Ich muss immer schmunzeln, wenn mir Leser der Zeitschrift ZWILLINGE schreiben, ihre Kinder (vielleicht gerade ein Jahr alt) seien »aus dem Gröbsten raus«. Wann sind Kinder aus dem Gröbsten raus? Kinder bleiben Kinder für uns und aus dem Gröbsten kommen sie wohl nie raus, denn wir Eltern werden uns ein Leben lang um sie sorgen.

Das heißt natürlich nicht, dass Zwillinge ein Leben lang unser Händchen halten wollen (oder das des Zwillings), um unbeschadet durch's Leben zu gehen. Erziehung soll ja gerade das Gegenteil bewirken. Durch unsere Erziehung versuchen wir, die Kinder reif für ein unabhängiges Leben zu machen. Zwillingseltern sind hier - was die Erziehung ihrer Kinder zu unabhängigen, individuellen Wesen anbelangt - besonders gefragt.

Wie empfinden es Zwillinge, Zwilling zu sein?

Alles, was wir Zwillingseltern so über Zwillinge im Allgemeinen denken und sagen ist letztlich doch sehr theoretisch. Denn wie es ist, ein Zwilling zu sein, das wissen nur die Zwillinge selbst.

Geradezu sauer reagierte ein Teilnehmer meiner Umfrage zum Buch »Zwillinge erzählen ...« auf die Frage, »Wann wurde Ihnen bewusst, Zwilling zu sein?« Er antwortete: »Wann wurde Ihnen bewusst, dass Sie zwei Ohren haben?« Wahrscheinlich spätestens, als ich in der dritten Klasse zwei saftige Ohrfeigen von meiner damaligen Lehrerin, Fräulein! Weiß, verpasst bekam. Nein, im Ernst. Für Zwillinge existiert nur die eine Wirklichkeit. Sie sind Zwillinge und kennen es nicht anders.

Aber, lassen wir sie doch einfach einmal selbst zu Wort kommen:

»Dass ich ein Zwilling bin, habe ich schon sehr früh erkannt. Wir wurden gleich angezogen, mussten gleichzeitig ins Bett, alle Bekannten und Verwandten fragten jedesmal: 'Bist Du Elke oder Karin?' Zum Blumenstreuen oder zu Geburtstagen wurden wir immer zusammen eingeladen und selbstverständlich bekamen wir die gleiche Frisur. Wir waren mit diesen Dingen nicht einverstanden, konnten uns aber nicht wehren. Oft haben wir gar nicht gesagt, wer wer ist.« (Elke, »Zwillinge erzählen ...«, S. 61)

»Ich bin gern Zwilling, weil man immer jemanden hat, auf den man sich verlassen und dem man trauen kann ... Mich stört, dass uns viele verwechseln oder dass sie denken, wir sind genau gleich.« (Eineiiger Zwilling, 13 Jahre, in ZWILLINGE)

»Zwilling zu sein ist so, als ob man ständig einen Spiegel hätte. Selbst, wenn man sich nicht ein bisschen ähnlich sieht, machen einen die Leute gleich ...« (Zweieiiger Zwilling, 14 Jahre, in ZWILLINGE)

Was rät ein Zwilling in Sachen Erziehung?

Inge Hansen ist als eineiiger Zwilling aufgewachsen und hat sich Gedanken darüber gemacht, was Sie Zwillingseltern raten würde:
»Beim Betrachten von Urlaubsdias spiegelte sich ein Bild meiner kleinen Tochter Susanne, die *kein* Zwilling ist, in der beleuchteten Schrankvitrine. Ich sah zweimal Susanne - und erschrak heftig!
Erschrak ich nun, weil ich mich selbst auf einmal wieder als kleines Kind sah? Ich selbst bin eineiiger Zwilling, und meine Tochter sieht ein bisschen so aus, wie ich früher ausgesehen habe.
Vielleicht ist diese Verdopplung allerdings das beste Mittel, um sich in das Zwillingsein einfühlen zu können? Jeder 'Einling' - so nenne ich alle, die nicht als Zwillings- oder Mehrlingskinder geboren wurden - nehme also ein Foto von sich und klebe ein gleichartiges oder sehr ähnliches daneben. Und dann machen Sie sich mit Ihrem »Zwilling« vertraut. Lassen Sie das Doppelbild auf sich wirken und schreiben Sie dabei einmal auf, welche Gefühle Ihnen dabei in den Sinn kommen.

Vorteile und positive Gefühle:

○ Freude darüber, dass man ein so ähnliches Wesen hat, das, wenn es schon so ähnlich aussieht, bestimmt auch ähnlich denkt und einen deshalb gut versteht;

○ Vorteile, weil einem der Zwilling auch mal Unangenehmes abnehmen kann usw.

Nachteile und negative Gefühle:

○ Dauernd verwechseln mich die Leute, das passt mir nicht.

○ Wenn mein Zwilling etwas ausgefressen hat, glauben die anderen womöglich, dass ich das gewesen sei.

○ Dauernd lobt man meinen Bruder/meine Schwester für Dinge, die ich gemacht habe usw.

○ Dauernd vergleicht man uns beide miteinander.

Wenn Ihre Kinder schon älter sind, können sie Ihnen bestimmt schon helfen, Gefühle herauszufinden und auch zu benennen. Eine solche Übung könnte Ihnen einen Einstieg geben, um sich ins Zwillingsein besser einfühlen zu können. Andererseits glaube ich aber, dass es auch umgekehrt schwer ist, sich als Zwilling vorzustellen, ein 'Einling' zu sein. Meine ältere Schwester meinte in einer Diskussion einmal: 'Wieso, Barbara ist Barbara, und Du bist Du!' So klar und selbstverständlich für sie die Trennung unserer beiden Personen war, war sie für uns Zwillinge aber leider nicht.

Als Zwilling hatte ich große Last, meine eigene Identität zu finden. Ich war fast schon erwachsen, als ich lernte, dass ich nicht so sein müsste wie meine Schwester und auch nicht so wie andere Klassenkameradinnen, die ich beneidete, sondern so wie ich, nämlich Inge, und dass ich mir meinen eigenen Stil und meine eigene Weltanschauung aufbauen musste.

Da ich selbst so große Schwierigkeiten hatte, meine Identität zu finden, liegt mir viel daran, zu verhindern, dass es anderen Zwillingen ebenso ergeht. Ganz wichtig erscheint es mir, dass man deshalb alles Mögliche für die Unterscheidung der Zwillinge tut. Zunächst einmal äußerlich: Unterschiedliche Kleidung, andere Haartracht, Förderung des eigenen Geschmacks in Kleidung, Schmuck, Handtasche usw.

Aber auch innerlich: Förderung von Vorlieben, eigenen Interessen, die der Bruder oder die Schwester nicht hat, und Förderung eigener Fähigkeiten. Die Kinder auf ihre eigenen Fähigkeiten einzeln stolz zu machen, ist, glaube ich, ein sehr gutes Mittel, die Entwicklung der Eigenständigkeit zu fördern.

Wenn ich mir heute vorstelle, dass meine Schwester und ich tatsächlich fast bis zum Schulende wie zwei gleiche Leute herumliefen und meist auch noch nebeneinander in einer Bank saßen, dann ist mir dabei gar nicht wohl. Da war einfach kein Spielraum, etwas Eigenes zu wählen.

Wir grenzten uns ab, indem ich Mathe liebte, und meine Schwester zum Trotz dann Mathe hasste. Unser Zeugnisdurchschnitt war fast gleich. Wenn ich in Deutsch etwas nicht wusste, fragte die Lehrerin gleich meine Schwester. Und wenn einer von uns krank war, hieß es: 'Ach, ist wieder einer von den Hansens krank.' Ich glaube, dass man dadurch zwangsläufig seinen Zwilling auch manchmal verwünscht, wird man doch fast nie wirklich als Einzelperson betrachtet.

Schon der Versuch von uns Erwachsenen, die positiven Unterschiedlichkeiten unserer Zwillinge herauszufinden, hilft ihnen, weil wir uns dann gesondert mit ihren individuellen positiven Eigenschaften befassen. So sollten auch alle anderen Leute - Lehrer, Nachbarn usw. - sich bemühen, die Zwillingsmenschen möglichst nicht gleich zu behandeln. Der Fehler liegt wahrscheinlich schon darin, dass man automatisch gleich von ihnen denkt. Um das zu verhüten, ist sicher noch eine ganze Menge Aufklärungsarbeit zu leisten.

Gewaltsam trennen würde ich Zwillinge allerdings nicht, aber das muss man im Einzelfall entscheiden. So wie bei Geschwisterkindern halte ich andererseits erst recht bei Zwillingen eine zeitweise Trennung für wichtig. In der Regel hat ja das Erstgeborene Vater und Mutter eine Weile für sich ganz allein, so lange bis das zweite Kind geboren wird. Zwillingskinder haben diesen Vorzug nie! Deshalb finde ich es gut, wenn Vater oder Mutter oder auch die Oma einen Nachmittag, einen ganzen Tag oder auch mehrere Tage mit einem von den beiden allein verbringen. Dann kann das Zwillingskind lernen, sich auch ohne Zwilling vollständig zu fühlen. Denn dann wird man nicht immer gefragt: Wo ist denn ...? Oder, wie geht es Deinem Zwilling? Und auch das ständige miteinander verglichen werden fällt weg.

Interessanterweise entdeckt die Zwillingsforschung bei getrennt aufgewachsenen Zwillingen Gleichheiten, wie sie nie in demselben Maß bei zusammen aufgewachsenen Zwillingen gefunden werden. Denn diese müssen sich zwangsläufig anders entwickeln, wenn sie sich gegeneinander abgrenzen wollen. Diese Abgrenzung zu fordern und nicht durch Gleichmacherei zu behindern, halte ich für die wichtigste Aufgabe aller Menschen, denen Zwillinge anvertraut sind.«

Zwillinge in der Pubertät

Eine schwierige Phase - das Erwachsenwerden. Zwillinge haben es oft doppelt schwer, sich abzunabeln: Von den Eltern und vom Zwillingspartner. Ist die Pubertät eine besondere Phase für Zwillinge? Ja und nein. Ähnlich, wie jede Erziehungsphase gerade auch für Zwillinge (oder besser deren Eltern) besonders schwierig sein kann, so kann sie auch genauso unproblematisch ablaufen.

Ähnlich wie die Trotzphase, die im Alter zwischen zwei und drei Jahren bei vielen Kindern auftritt, kann die Pubertät bei Zwillingen, die ja auch mit Abnabelung zu tun hat, für Zwillingseltern doppelt stressig sein.

Aber es kann in dieser Phase des Erwachsenwerdens gerade bei Zwillingen noch eine weitere Dimension geben. In einer Zeit der Abnabelung von der Familie ganz allgemein tritt das Problem auf, dass Zwillinge sich voneinander abnabeln müssen. Sind sie nicht schon längst verschiedene Wege gegangen, so wird es jetzt höchste Zeit und ist umso schmerzvoller. In der Pubertät ist es ganz wichtig »cool« zu wirken, bloß keine zu Emotionen zeigen. Nicht ganz einfach für Zwillinge, die doch in der Öffentlichkeit gern bestaunt werden. Wie kann man cool bleiben, wenn alles mit dem Finger auf einen zeigt: »Guckt mal, Zwillinge!«

Ganz klar, sie möchten nicht mehr die »niedlichen kleinen Mädchen oder Jungen« sein, sondern auch einmal als Einzelperson wahr- und ernstgenommen werden. Eltern können das unterstützen, indem sie auch einmal dafür plädieren, dass die beiden nicht immer nur alles zusammen unternehmen.

»Das größte Problem gab es eigentlich, als wir 19 Jahre alt waren. Wir waren bis zu diesem Zeitpunkt eine komplette Einheit. Danach kam die Phase, in der wir beide unser eigenes 'Ich' suchten. Bei Zwillingen ist das aber ziemlich schwer realisierbar, da man doch immer jemanden neben sich hat, der gleich aussieht, den gleichen Geschmack und die gleichen Ideen hat und man einfach kein Individuum ist.« (Denise, »Zwillinge erzählen ...«, S. 54)

Schwierig wird es, wenn ein Zwilling bereits bereit ist, sich vom anderen zu trennen, der andere aber noch an Zwillings Rockzipfel hängt, und Hemmungen hat, auch einmal allein etwas zu unternehmen.

Bei einem Rundfunkinterview, das ich zusammen mit erwachsenen Zwillingen beim Münchner Sender Radio Xanadu besucht hatte, gaben beide Zwillingspaare zu, dass erst eine erzwungene (das heißt, jeweils ein Zwilling zwang sich dazu) räumliche Trennung über eine relativ große Distanz hinweg, zur nötigen und erwünschten Selbständigkeit in der Zweierbeziehung geführt hatte. Beide Zwillingspaare - einmal eineiige Jungs und das andere ein Pärchen - waren erstaunt, wie sich die Abnabelungsprozesse glichen. Das heißt, auch das Pärchen brauchte eine Art Zwangstrennung um endlich vom anderen - im positiven Sinne - »befreit« zu sein.

Zwillinge, die in die Pubertät kommen, finden es ganz einfach »ätzend« immer miteinander verglichen zu werden. Wenn dann die Verwandtschaft anrückt und wieder sollen sich beide nebeneinander aufstellen, das nervt ganz einfach.

»Das größte zwillingstypische Problem war für uns das ewige Vergleichen miteinander. Bei Vergleichen wird man ständig zur Schau gestellt«, sagt auch Sandra Sterbstreit, eineiiger Zwilling, »man musste sich nebeneinander stellen, damit die anderen - Verwandte hauptsächlich - einen genau betrachten konnten.« (Sandra in »Zwillinge erzählen ...«)

Den beiden Zwillingsschwestern hat vor allem missfallen, dass bei diesen ständigen Vergleichen zwangsläufig einer schlechter abschnitt. (»Du hast aber dickere Backen!«) Heute mit 23 Jahren lassen sich Sandra und Jasmin solche Vergleiche nicht mehr gefallen. »Wir weisen die Leute streng darauf hin, dass wir diese Vergleiche nicht wollen, dann sagen wir, stellen Sie sich mal vor, wie Sie dabei wegkommen würden, wenn es zwei von Ihrer Sorte gäbe!« Das hat zwar zunächst Unverständnis hervorgerufen, dann aber doch dazu geführt, dass Sandra und Jasmin in Ruhe gelassen wurden.

In der Pubertät fängt auch das an: Erste Freundschaften zum anderen Geschlecht. Fehlt, wie bei Zwillingen, die »normale Altershierarchie« kann's folgende Probleme geben: Ein Zwilling hat schon einen Freund oder eine Freundin, der andere ist noch nicht so weit oder findet schwieriger Anschluss.

»Ich habe sehr darunter gelitten, dass meine Schwester immer als die schönere, die hübschere von uns beiden galt«, erzählt auch Sabine Laubers, die heute längst selbst erwachsene Kinder hat, »meine Zwillingsschwester sah einfach besser aus als ich.« (aus ZWILLINGE)

weiter auf Seite 210

Freut Euch darauf, dass die Kinder erwachsen werden!

Unsere Kinder sind nun fast erwachsen. Zwillingsprobleme gibt es nur noch am Rande. Unsere »Kurzen« sind inzwischen 1,98 m und 1,90 m groß. Ich möchte allen Eltern von kleineren Kindern Mut machen. Freut Euch auf die Zeit mit den größeren Kindern. Freut Euch auch auf die Zeit der Pubertät. Klingt ein bisschen komisch - ich weiß! Aber wenn die Kids schon den 12. Geburtstag hinter sich haben, ist es einfach wunderbar, an ihrem Leben teilhaben zu dürfen, sie zu begleiten und ihnen die Welt erklären zu können. Mitzuerleben, wie sie ihre ersten Schritte in die Welt der Erwachsenen machen.

Erziehung kommt jetzt nicht mehr an. Beratung ist gefragt. Und die wird immer anspruchsvoller. Glücklicherweise. Ein Beweis für die Weiterentwicklung. Von Eltern mit bereits großen Kindern hört man gelegentlich schlimme Dinge, die in der Pubertät ablaufen bzw. passieren. Ich kann dies bis heute nicht bestätigen. Vielleicht habe ich aber auch einfach nur Glück gehabt. Ich habe zwei wunderbare Söhne, die auch einmal Mist machen. Die auch manchmal großen Mist machen. Aber wir haben ein sehr vertrauensvolles Verhältnis untereinander. Uns ist es bis heute gelungen, im Dialog zu bleiben und gegenseitiges Vertrauen aufzubauen. Die Jungs wissen, dass sie sich auf mich absolut verlassen können.

Umgekehrt kann ich das auch. Verabredungen werden eingehalten oder eine SMS bzw. Telefonat klärt die Verspätung auf. Sie rauchen und trinken nicht. Auch Drogen sind kein Thema. All das kommt sicher nicht von ungefähr. Es war ein hartes Stück Arbeit.

Den Kontakt zu halten zu ihrer Lebenswelt ist nicht immer einfach. Aber es lohnt sich total. Viel geholfen hat der Sport. Die Jungs spielten früher intensiv Tennis und heute mit großer Begeisterung und einigermaßen erfolgreich Basketball. Durch die vielen Termine, die oft nur durch Chauffeurdienste von Mama oder Papa zu bewältigen sind, habe ich immer wieder Berührungspunkte gefunden. Hier konnten wir uns im Dialog treffen und austauschen – miteinander reden.

Es gab Phasen, da war es schwierig, an sie ran zu kommen. Es gab auch immer wieder Phasen, in denen sie sich nur in ihrem Zimmer verkrochen haben. Ich habe aber immer wieder versucht, sie mit in unser aller Leben einzubeziehen. In den schwierigeren Zeiten eben nur sporadisch und in kleinen Dosen. Aber so haben wir den Draht zueinander nie ganz verloren. Zugegeben manchmal eine harte Zeit für uns Eltern.

Die Erinnerungen an meine eigene Pubertät und was mich am meisten genervt hat, waren immer wieder hilfreich. Auch wenn diese Zeit bei mir schon ziemlich lange zurück liegt.

Ich möchte noch ein wenig darüber erzählen, wie sich die Kinder und das Verhältnis der beiden untereinander entwickelt haben.

Carsten und Nils Köster haben aufgehört zu streiten. Sie unterstützen sich und sind erwachsen geworden.

Carsten und Nils sind im Oktober 1990 geboren. Sie sind eindeutig zwei-eiig. Innerlich und äußerlich absolut unterschiedlich. In den ersten Jahren haben sie sehr viel gestritten. Es gab immer wieder richtige Schlägereien. Der eine hatte einen Legostein in der Hand, der andere ein Matchbox-Auto. Schlimmeres konnte ich glücklicherweise verhindern. Aber das ständige Theater zu Hause (und nur zu Hause) war nur sehr schwer zu ertragen. Also waren wir sehr viel unterwegs. Hier waren die »Süßen« abgelenkt und ziemlich zufrieden. Es war eben um sie herum etwas los.

So etwa ab dem zweiten oder dritten Schuljahr wurde es besser. Sie waren in getrennten Klassen und haben festgestellt, dass der Bruder auch mal bei den Schularbeiten helfen kann. Insgesamt sind sie ab diesem Zeitpunkt ruhiger geworden. Man konnte schon ganz gut mit ihnen reden und deshalb gab es nicht mehr so viele Streitpunkte.

Seitdem die Pubertät begonnen hat (circa ab dem 12. Geburtstag) wird es immer besser. Ich bin unheimlich erstaunt, unsere Söhne immer öfter gemeinsam zu erleben. Einträchtig sitzen sie vor dem Fernseher und disku-tieren über eine Sendung. Gemeinsam sitzen sie bei mir im Wohnzimmer und erzählen von ihren Erlebnissen des Tages.

Sie helfen sich gegenseitig bei Problemen mit Freunden, in der Schule oder auch mit uns Eltern. Ich bin besonders froh darüber, dass jeder Bruder auf den anderen aufpasst. Gibt es ein ernstes Problem mit anderen Schülern zum Beispiel, sind sie füreinander da. Geht der eine ins Kino, fragt er meistens den Bruder, ob er auch mit will. Sie hängen nicht ständig zusammen, aber sie respektieren und akzeptieren sich und können auch die Vorteile eines gleichaltrigen Bruders genießen.

Sie sind inzwischen auch in der Lage, ohne Einmischung von außen zu diskutieren und zu entscheiden wie der Geburtstag ablaufen soll. Mit Feier oder doch lieber ohne. Wenn eine Feier - wo soll sie stattfinden und wer soll welche Vorbereitungen erledigen?

Ich bin sehr froh, dass es uns gelungen ist, diese Situation zu erreichen. Die Pubertät bringt also keineswegs nur Chaos und Zoff. Wenn die Kids genug Ruhe und Zeit haben, wenn man sie unterstützt und nicht ständig an ihnen herum mäkelt und sie nervt, entwickeln sie sich offenbar doch etwas ruhiger. Sie gewinnen an Selbstwertgefühl und werden im Laufe dieser Jahre immer sicherer. Ihre Persönlichkeit beginnt sich völlig zu entfalten und weiter zu entwickeln.

Wir haben jetzt, kurz vor dem 17. Geburtstag, zwei ausgeglichene Söhne, die auf dem Weg ins Erwachsenenleben ein ziemliches Tempo vorlegen. Ein Beispiel: Carsten hat, weil ziemlich faul gewesen, in diesem Jahr die Versetzung nicht geschafft. Natürlich haben wir viel darüber gesprochen. Bei Nils war die Versetzung längere Zeit auch nicht sicher. Er hat aber die 10. Klasse hinter sich gelassen und geht jetzt auf das technische Gymnasium. Ich muss dazu sagen, dass Carsten ein sehr selbstbewusster Junge ist und bisher der Meinung war, ihm kann nichts passieren weil er Carsten heißt. Unsere Warnungen hat er in den Wind geschlagen.

Nun war das Kind doch in den Brunnen gefallen und unser Sohn in ein ziemlich tiefes Loch. Ich habe mir ein wenig Sorgen gemacht. Ich war nicht sicher, ob er diese »Niederlage« auf die richte Art und Weise verarbeiten wird. Mein Mann und ich haben versucht, ihn aufzufangen und ihm Halt zu geben. Wir haben versucht, ihm zu zeigen, dass die Nichtversetzung unserer Liebe zu ihm keinen Abbruch tut.

Besonders die ersten Wochen in der neuen Klasse waren sehr schwer für ihn. Was mich aber sehr froh macht, ist die Tatsache, dass sein Bruder sich in den Ferien sehr um ihn gekümmert hat. Er wollte ihm offenbar helfen, mit der Situation fertig zu werden. Wenn mir das einer vor zehn Jahren prophezeit hätte, hätte ich ihn wahrscheinlich ausgelacht.

Also - keine Angst vor der Pubertät. Manchmal ist es schwierig und es ist auch ein hartes Stück Arbeit, aber insgesamt geht es bergauf. Und eigentlich wird es immer besser. Auch jetzt merkt man in Abständen von circa sechs Monaten Veränderungen. Bei unseren Jungs sind diese überwiegend positiv zu bewerten. Ich freue mich, dass ich weiterhin mithelfen darf, ihren Weg ins Leben zu finden. Ich bin auch froh, dass ich sie auf diesem Weg weiter begleiten darf. Es ist zwar altmodisch und vielleicht ein wenig überholt. Aber ich bin stolz auf meine »großen Jungs«. (Kerstin Köster)

»Da meine Schwester sehr viele Verehrer hatte, und ich keine, ging ich jede freie Minute in den Sportverein. Gott sei Dank war ich dort erfolgreich und ich fand also Anerkennung und Bestätigung.« (Ursula in »Zwillinge erzählen ...«, S. 40)

An solche Szenen kann ich mich auch erinnern, obwohl meine Schwester Bettina zwei Jahre jünger ist als ich. Bettina war allerdings groß gewachsen und sah älter aus, als sie war. Ja sogar älter als ich. Bettina hatte das, was Jungen mochten und was ich nicht hatte: Lange blonde Haare. Da spielte es keine Rolle, dass sie kein Französisch sprach. »Zum Küssen braucht man kein Französisch«, stellte sie lapidar fest. Ich, die ich als »Dolmetscherin« fungiert hatte, bis ich nicht mehr vonnöten war, vergoss in diesem Urlaub an der Cote d'Azur bittere Tränen.

So ähnlich muss es manchen Zwillingen auch gehen. Und mancher bekommt's sogar erst Jahre später mit. Ich erinnere mich an den Schwank aus dem Leben zweier Brüder. Der eine, Hotelbesitzer in Schladming, wo das Österreichische Zwillingstreffen stattfand, der andere »machte in Holz« und war extra aus Kanada angereist. Zur Gaudi der vielen anwesenden Zwillingspaare aus aller Welt erzählte der kanadische Zwilling folgende Geschichte: Sein Bruder hatte eine Verabredung mit einem schönen Mädchen, das er auf der Nachhausefahrt von der Arbeit im Zug kennengelernt hatte. Sein Pech: Er erzählte seinem Zwillingsbruder von der Verabredung. Der machte sich den Jux, etwas früher am Bahnhof zu stehen und das Mädchen abzufangen. Der Zwillingsbruder, der vergebens auf seine Errungenschaft wartete, hatte sich immer wieder gefragt, wieso das Mädchen nicht gekommen war. Und anlässlich dieses Zwillingstreffens mehr als 40 Jahre danach, klärte sich die »Schandtat« des Bruders auf - sehr zum Entzücken aller Anwesenden.

Was so lustig klingt, ist aber keineswegs immer so lustig, wenn man mittendrin steckt. Elke und Karin, heute schon über 30, erinnern sich auch an diese Phase: »Die ersten Beziehungen zu Männern endeten so, dass derjenige jeweils den anderen Zwilling haben wollte.« (aus ZWILLINGE)

Auch Ute und Birgit haben auf diesem Gebiet ein Negativerlebnis: »Bis auf eine Ausnahme hatten wir zum Glück nie Interesse an ein- und demselben Jungen. Wir waren 17 und diese 'Ausnahme' entschied sich für mich, was bei Birgit weniger Liebeskummer, aber Enttäuschung und Ärger hervorrief.« Für Birgit war diese Zeit der Pubertät sicher eine schmerzvolle Zeit. »Sie sagt selbst, dass sie diese Phase nicht wiederholen möchte.« (aus ZWILLINGE)

Schmerzvoll hat auch Sabine diese Zeit erlebt. »Als Martina ihren jetzigen Mann kennenlernte, waren wir 17, kurz danach bin ich von zu Hause ausgezogen. Am Wochenende, wenn ich nach Hause kam, habe ich erwartet, dass meine Zwillingsschwester Zeit für mich hatte, weil wir uns so selten sahen. Aber ihr Freund wollte, dass sie für ihn da war. Da entstand langsam Eifersucht.« Auch heute noch hat Sabine kein besonders gutes Verhältnis zum Schwager, allerdings inzwischen wieder ein besseres zur Zwillingsschwester, weil sie eben nicht mehr so aneinanderhängen. (aus ZWILLINGE)

»Der Mann, der sich zwischen uns drängte … heißt Michael. Natürlich sehe ich das jetzt, aus Distanz betrachtet, anders und mag ihn sogar richtig gern. Damals nicht. Aber welcher Zwilling kennt das Gefühl der Eifersucht nicht? Wenn plötzlich die enge Bindung zur Schwester gestört wird, weil sich jemand dazwischen stellt und versucht, den ersten Platz zu erringen, der bereits vergeben ist.

Auf einmal verbrachten wir weniger Zeit miteinander und distanzierten uns voneinander. Ich verstand nicht, wie jemand außer mir den gleichen Stellenwert bei meiner Schwester einnehmen konnte und versuchte, ihr diesen Michael bei jeder Gelegenheit auszureden. Zwecklos - unsterblich verliebt.« (Miriam Blattert, ZWILLINGE)

Miriam Blattert mit ihrer Zwillingsschwester und Freundinnen. Der Mann im Leben ihrer Schwester musste erst einmal akzeptiert werden. Eine ganz normale Situation.

Nicht immer jedoch wird die Pubertät von Zwillingen so negativ erlebt. Ulrike erinnert sich gern an ihre damals wie heute gute Beziehung zu ihrem Zwillingsbruder André: »Während der Pubertät waren wir uns gegenseitig das, was man den 'besten Freund' nennt. Wir unterhielten uns über eventuelle Freunde und Freundinnen, übten Küssen, mein Bruder erteilte mir Ratschläge, wie ich mein Aussehen verbessern könnte, nahm aber nur wenig Anteil an meiner körperlichen Entwicklung.« (aus ZWILLINGE) Die Pubertät unserer eigenen Zwillingsjungs war nicht besonders stressig, sieht man mal davon ab, dass Max und Conny bereits als 16jährige einem ausgeprägten Nachtleben (wie die Freunde auch) frönten. Da war es mir eine Beruhigung, dass die beiden aufeinander aufpassen konnten. Das fehlt mir heute bei Nicolai, dem Bruder. Diese Aufpasser-Situation ist allerdings für viele Zwillinge Stress. Sie hassen es, »des Bruders Hüter« zu sein, vor allem, wenn einer von beiden ein rechter Draufgänger ist. Die wirklich schlimmen Dinge passierten bei uns übrigens, wenn die beiden nicht zusammen unterwegs waren (zum Beispiel ein Autounfall mit Totalschaden).

Wie können Eltern ihren Kindern in der Pubertät helfen?

○ Seien Sie da für Ihre Kinder, um Probleme zu besprechen.

○ Machen Sie nicht nur einen Zwilling für Probleme verantwortlich, sondern versuchen Sie, zu gemeinsamen Lösungen zu kommen.

○ Unternehmen Sie auch weiterhin einmal etwas als Familie. Unabhängigkeit bedeutet ja nicht, dass der Familienzusammenhalt ganz zerbricht. Einfacher ist die Situation, wenn Sie und Ihre Kinder ein gemeinsames Hobby haben (sportliche Aktivitäten sind bestens geeignet!).

○ Ermutigen Sie Ihre Zwillinge, auch einmal allein - also ohne den jeweils anderen Zwilling - etwas zu unternehmen.

○ Fördern Sie unterschiedliche Interessen und zeigen Sie Verständnis dafür, dass die beiden auch mal getrennte Wege gehen. Zwillinge sind schließlich zwei Menschen und müssen nicht wie die Kletten aneinander kleben.

○ Bedauern Sie nicht nur immer denjenigen, der »zurückbleibt«, wenn ein Zwilling allein etwas unternimmt und schon selbständiger ist. Machen Sie diesem Kind/diesem Jugendlichen besser etwas Mut.

○ Vergleichen Sie Ihre Zwillinge nicht und bitten Sie auch andere - Verwandte, Bekannte, Lehrer - um diesen Gefallen.

○ Lassen Sie sich nicht unterkriegen, wenn diese Phase schwierig wird. Sie geht - wie alle Phasen Gott sei Dank! - irgendwann vorbei.

Getrennte Wege, eigene Freunde

Wann fängt es an, dass Zwillinge eigene Freunde haben (und brauchen)? Eigentlich schon recht früh, wie Sie in früheren Kapiteln gelesen haben. Es gibt Zwillinge, die schon im Vorschulalter spezielle Vorlieben für ein Kind haben und es gibt Zwillinge, die erst in der Schule Einzelkontakte zu anderen Kindern knüpfen und es gibt Zwillinge, die haben mit dreizehn noch immer gemeinsame Freunde.
»Es gibt auch bei Zwillingen sicher einmal Versuche, sich selbst einen Freundeskreis aufzubauen und das geht eigentlich recht schwer, da andere immer mit der Schwester genausogut auskommen, selbst wenn sie sie kaum kennen, einfach nur aus der Vorstellung heraus, dass Zwillinge ganz gleich sind.« (Denise in »Zwillinge erzählen ...«, S. 55)
Bei unseren Kindern war es Maximilian, der eigene Freunde hatte. Con-

stantin war meistens auch mit von der Partie, allerdings auch einmal ausgeschlossen. Dann hing er zu Hause herum, war unzufrieden und aggressiv. Der Versuch, ihn zu eigenen Verabredungen zu ermuntern scheiterte damals. Seine Lehrerin meinte, das könnte daran gelegen haben, dass er sich keinen Korb holen mochte.

Später - wie bereits beschrieben - war Conny ebenso wie Max in einer großen Clique völlig integriert. Und Kinderprobleme vergessen.

Bis zu einem gewissen Alter, können Mütter auch durchaus für Verabredungen sorgen. Ab einem Alter von vielleicht zehn Jahren, wird es allerdings eher peinlich.

Wie kann man eigene Freundschaften von Zwillingen fördern?

○ Zwillinge sollten - wie andere Kinder auch - schon früh die Möglichkeit haben, mit anderen Kindern zusammenzukommen. Natürlich spielen sie auch oft schön zusammen, Kontakte zu anderen sind dennoch wichtig und sei es, damit sie nicht kontaktscheu werden.

○ Wie so oft werden Sie feststellen, dass sich ein Zwilling leichter tut, Kontakte zu finden. Solange die Kinder noch klein sind, ist das nicht weiter bedenklich. Im Kindergartenalter macht es auch noch nichts, deutet aber möglicherweise schon darauf hin, dass der weniger beliebte Zwilling eines Tages Probleme damit bekommen wird. Deshalb sollten Sie bereits im Kindergartenalter versuchen, sanft entgegenzuwirken. Wie? Zum Beispiel durch getrennte Nachmittagseinladungen.

○ Einfacher lassen sich verschiedene Freunde/Freundinnen finden, wenn Ihre Zwillinge getrennte Kindergartengruppen besuchen und später auch verschiedene Schulklassen. Doch wie in vorherigen Kapiteln bereits beschrieben, sollten solche getrennten Aktivitäten nicht im Krampf ausarten.

○ Melden Sie Ihre Kinder in einem Sportverein an: Besser in zwei verschiedenen Gruppen/Vereinen. Auf jeden Fall erweitert diese Mitgliedschaft die Möglichkeit, eigene Freunde zu finden.

○ Steuern Sie, solange es noch geht, die Freizeitaktivitäten Ihrer Zwillinge. Treffen Sie Verabredungen für einen Zwilling außer Haus, erlauben Sie dem anderen, gleichzeitig ein Kind zu sich nach Hause einzuladen.

○ Solange Ihre Kinder noch nicht zu alt sind, können Sie auch ruhig nachhelfen, wenn Verabredungen nicht von allein klappen. Ich zum Beispiel hatte mir damals vorgenommen, die Mutter eines Klassenkameraden von Conny anzurufen, um einmal etwas auszumachen. Constantin hatte nämlich kein Kind aus seiner Klasse, das in unserer Nähe wohnte (und wir konnten auch niemanden fragen, wie die Hausaufgaben lauteten, falls Conny sie mal vergessen hatte) und so kamen Kontakte in der Freizeit nur mühselig zustande.

Beobachtete ich meinen Sohn Constantin im Umgang mit anderen Kindern, so konnte ich nicht feststellen, dass er wirklich Probleme hatte im Kontakt mit anderen Kindern. Er machte genauso wie sein dominierender Bruder Spielvorschläge (die auch akzeptiert wurden), er war meistens mit dabei, selten ausgeschlossen. Er wurde sogar von manchen Kindern bevorzugt, eben weil er nicht so dominierend war.

Zwillinge, Liebe und die Ehe

Ist von erwachsenen Zwillingen die Rede, so fällt einem sofort ein, dass gerade bei eineiigen Zwillingen das Zusammenleben mit einem (Ehe-) Partner überdurchschnittlich oft scheitert. Immer wieder hat es Untersuchungen gegeben, die diese Tendenz belegen. Und das Problem liegt auf der Hand: Wenn sehr eng miteinander verbundene Zwillinge heiraten, wird die vertraute Zweisamkeit gestört.

»Als ich heiratete und später mein erstes Kind bekam, war Karin ganz deprimiert. Sie nahm mich als Vorbild für das, wie es im Leben sein sollte. Und jetzt hatte sie keinen Mann und kein Kind. Sie hatte Schwierigkeiten, sich an einen Mann zu binden.« (Elke, »Zwillinge erzählen ...«, S. 63) Doch nicht nur die Zwillinge haben es schwer, auch der jeweilige (Ehe-) Partner. In einer Liebesbeziehung sind die jeweiligen Partner einander am vertrautesten. Und jetzt muss so ein (Liebes-)Partner gegen den langjährigen noch vertrauteren Zwillingspartner antreten. Für Ehemänner und Ehefrauen von Zwillingen ist es nicht leicht, sich damit abzufinden, dass die Beziehung unter den Zwillingen meist stärker ist. Dass für jede Entscheidung erst einmal der Zwilling konsultiert wird. Dass eine größere Vertrautheit zwischen den Zwillingen herrscht. Dass sie schlimmstenfalls ausgeschlossen sind. Da kommt schnell Eifersucht auf.

»Unsere Ehepartner hatten es nicht leicht, mit uns Zwillingen fertig zu werden, denn sie erhoben zu Recht den alleinigen Anspruch auf ihre Frau, wohingegen wir Schwestern unsere Zusammengehörigkeit nie ganz verleugnen konnten. Eifersucht war die Folge.« (Elisabeth in »Zwillinge erzählen ...«, S. 29.) Ihre Zwillingsschwester sieht das genauso:»Unser Zwillingsein war für beide Ehemänner problematisch, so dass wir eigentlich nie den ganz engen Kontakt pflegen konnten. Es war längere Zeit für mich unmöglich, die Waage zu halten zwischen meiner Schwester und meinem Mann, denn die Schwierigkeiten wuchsen nach dem Tode ihres Mannes.«

Einander sehr eng verbundene Zwillinge haben es auch nicht gelernt, sich mit einem Partner auseinanderzusetzen. So bleiben sie in sprachlichen

Auseinandersetzungen auf der Strecke, aber auch in harmonischeren Zeiten, wenn ein klärendes Gespräch allein schon helfen könnte.

»Für meinen Ehepartner ist mein Zwillingsdasein eher belastend. Dafür bringen wir auch Verständnis auf, obwohl man unsere tiefen Bande nicht einfach durchtrennen kann. Jeder Ehepartner sieht wohl das Recht, an erster und engster Stelle einer Ehe zu stehen. Wir geben uns jedoch alle erdenkliche Mühe, ihn miteinzubeziehen. Der Erfolg bleibt aus.

Bewusst der Schwierigkeit, lässt sich auch manches erklären, was für uns Zwillinge in der zwischenmenschlichen Beziehung noch erlernt werden muss. So bleiben Gespräche, die sein sollten, oft auf der Strecke, weil man gewohnt war, dass Dich Dein Zwillingspartner auch ohne Worte versteht und fühlt, was Du meinst. Man muss es echt lernen, sein Inneres in Worte zu fassen, weil es all die Jahre nicht nötig war und somit nicht erlernt wurde.« (Angela, »Zwillinge erzählen ...« S. 38)

Wer einen Zwilling heiratet, muss sich darüber im Klaren sein, dass er sich meist auch auf die Zwillingsschwester (oder den Zwillingsbruder) einlässt, einlassen muss.

»Für unsere Ehepartner ist es oftmals unverständlich, wie wir zusammenhängen. Nach meiner Heirat ist meine Schwester nach Wiesbaden gezogen; sie hat neun Monate später auch unerwartet schnell geheiratet. Die Entfernung zu mir machte ihr aber derart zu schaffen (psychosomatische Beschwerden), dass ihr Mann schließlich nicht anders konnte, als mit nach Lübeck zu ziehen. Heute wohnt sie mit mir in der gleichen Straße und wir sehen uns täglich und telefonieren dauernd.« (Sonja in »Zwillinge erzählen ...«, S. 74)

»Unser absoluter Wunschtraum war jedenfalls immer, leider lässt es sich schwer realisieren, eineiige Zwillinge zu heiraten.« (Denise in »Zwillinge erzählen ...«, S. 59)

Das wäre vielleicht eine Lösung des Dilemmas. Andererseits gibt es genügend Fälle, in denen Zwillinge mit verschiedenen Partnern ganz ohne Zwillingsproblem verheiratet waren und sich alle vier (ein weiteres Problem: Die jeweiligen Partner sollten einander ebenfalls verstehen) gut verstanden haben.

Für interessant, aber weniger wünschenswert, halte ich folgende Kombination. Ich hatte - aufgrund einer Recherche für ein Buch - mit einer Frau Kontakt, die zusammen mit ihrem Mann, einem gemeinsamen Kind und mit ihrer Zwillingsschwester zusammenlebte. Die Schwester hatte geschworen, nie zu heiraten, um immer mit ihrer verheirateten Zwillingsschwester zusammenbleiben zu können.

Und ich lernte - zumindest per E-mail - eine Konstellation kennen, die noch brisanter war: 28jährige Zwillingsschwestern, die sich den Freund, mit dem sie zusammenlebten, teilten.

Marion Dörflinger, Initiatorin der leider längst wieder in der Versenkung verschwundenen Zwillingsrunde Frankfurt e.V. hatte einen (weiblichen)

Zwilling kennengelernt, der heute sein Leben mit einer anderen Frau eingerichtet hat. »Über drei Ecken lernten wir uns kennen. Jetzt trafen wir uns in einem kleinen Lokal, um Näheres voneinander zu erfahren. Sie war interessiert, wie Eltern heute mit Zwillingskindern zurechtkommen. Ich wollte von ihr wissen, inwieweit sie die Tatsache beeinflusst, eine eineiige Zwillingsschwester zu haben.

Elke, eine flotte Erscheinung und sympathisch, war gerne bereit, Auskunft zu geben; spielt doch bis heute ihr Zwillingsdasein eine große Rolle.

Elke und Helga wurden im August 1939 geboren. Die Mutter stellte sich schnell auf ihre Zwillinge ein und setzte alles daran, die beiden als 'Zwillinge' großzuziehen. Elke und Helga besuchten zusammen den Kindergarten, die Schule, die Berufsschule. Sie waren immer gleich gekleidet und saßen immer zusammen in einer Bank.

Elke hatte das Sagen (so die Mutter), Helga war zarter, als Kind auch kränklicher und wurde wohl auch von der Mutter verzärtelt. Darauf war Elke wohl eifersüchtig und erinnerte sich, dass sie sich als Kind auch einmal krankstellte, um gewisse Vorzüge zu genießen.

Elke gab vor, was wie gemacht wurde, die Schwester zog nach. Manchmal wollte Helga etwas nicht mitmachen, und auch Elke hat immer wieder versucht, sich von ihrem Spiegelbild zu befreien. Die Mutter jedoch bestand darauf, dass die beiden gleiche Wege gingen.

Beispiel: Einmal ließ sich Elke eine Frisur mit Scheitel einfallen, um endlich einmal anders als die Schwester auszusehen. Helga sah das und wollte ebenfalls einen Scheitel. Die Mutter war über die neue Frisur entsetzt und verlangte, beide Mädchen sollten wieder die gewohnte Tolle tragen.

Elke war der geschickt für beide sprechende 'Außenminister' und nicht so sportlich. Helga jedoch war sehr sportlich und schützte/verteidigte ihre Schwester - wenn es sein musste sogar mit Prügeln. Sie spielte auch gern Fußball. Heute sagt man eher, dass Elke von beiden der weichere Typ sei. In der Pubertät hatte Elke mehr Interesse an Jungs als Helga. Die Mutter aber bestand darauf, dass Helga mit ausging, auch wenn sie keinen Spaß an diesen Vergnügungen hatte. Vielleicht sollte sie den Aufpasser spielen? Streit um Freunde gab es nicht. Nur einmal, so erinnerte sich Elke, tanzte sie mit Helgas Freund. Mutter und Schwester reagierten deshalb etwas säuerlich. Elke bekundete jedoch kein weiteres Interesse an 'ihm'. Allerdings war der junge Mann dann auch kein Thema mehr für Helga.«

Zwillinge und Beruf

Wenn Zwillinge zusammen aufwachsen, gemeinsam die Schule besuchen, dann liegt es doch nahe, dass sie auch beruflich in dieselbe Richtung gehen. Beispiele dafür gibt es auch jenseits prominenter Zwillinge, wie Alice und Ellen Kessler, genug.

»Wir arbeiten im gleichen Büro, allerdings in verschiedenen Abteilungen.

Ich ging nur deshalb in das gleiche Büro, weil ich nicht wusste, was ich studieren sollte. Außerdem konnte ich meine Schwester jeden Tag sehen.« (Sandra in »Zwillinge erzählen ...«, S. 112)

Auch die amerikanische Louisville Twin Study hat sich mit dem beruflichen Werdegang von Zwillingen befasst. Herausgefunden haben die Forscher dabei, dass sowohl ererbte Fähigkeiten, wie auch die Prägung durch die Umwelt und als dritter Faktor das enge Aufwachsen mit dem Zwilling dazu führen, dass Zwillinge auch beruflich in die gleiche Richtung gehen. Ist es wünschenswert, wenn Zwillinge auch im Berufsleben zusammenarbeiten oder sollten Eltern auch da lieber gegensteuern? Das lässt sich so ohne weiteres nicht beantworten. Für die meisten Zwillinge ist das Arbeiten im Team eher positiv zu sehen. Das zeigen auch ihre Antworten, fragt man sie nach dem Für und Wider einer gemeinsamen Karriere (siehe unten).

Stacey und Diane Clark, 21jährige eineiige Zwillinge, arbeiten beide bei INTEL Corporation in Santa Clara. Da die Firma groß ist, wissen die meisten Mitarbeiter gar nicht, dass Stacey oder Diane eine Zwillingsschwester haben. Da sie nicht in der gleichen Abteilung arbeiten, ist das Erstaunen der anderen stets groß, wenn die beiden mal gemeinsam zum Mittagessen in die Kantine kommen. »Es ist schön, zusammen zu sein«, sagt Diane. Ein Erfolg für die eine am Arbeitsplatz ist immer auch ein Erfolg für beide: »Wir freuen uns für den anderen«, sagen Stacey und Diane. (TWINS Magazine)

Susan Corner und Sharon Sharpnack, heute 49, hatten schon als Kinder immer die gleichen Interessen: Tiere. Sie studierten später gemeinsam Veterinärmedizin und heirateten Studienkollegen. Nachdem sie durch die berufliche Laufbahn ihrer Männer bedingt, einige Jahre getrennt lebten, sind sie heute wieder zusammen und betreiben eine Tierklinik. Sie schätzen es, dass sie sich bei schwierigen Fällen beraten können, dass komplizierte Diagnosen nie ohne den Rat der Schwester gestellt werden müssen und dass sie ganz einfach wundervoll zusammenarbeiten können, weil eine die andere so gut kennt, genau weiß, wie sie reagieren wird und was sie sagen wollte. (TWINS Magazine)

Was aber können Eltern tun, wenn es besser erscheint, ihren Zwillingen einen eigenen beruflichen Weg zu ermöglichen? Zunächst einmal können sie sie so erziehen, dass sie die Möglichkeit haben, individuelle Fähigkeiten zu entfalten. Dann ergeben sich vor allem bei zweieiigen Zwillingen schon von ganz allein andere berufliche Perspektiven.

Und was, wenn die Zwillinge partout die gleichen Interessen haben? Die Mutter sechzehnjähriger, eineiiger Zwillinge schilderte mir ihre Bedenken, da beide Söhne unbedingt eine Lehrstelle in der gleichen Firma wollten. Auch der Meister hatte beim Einstellungsgespräch empfohlen, dass doch einer eine andere Ausbildung machen sollte. Nein, beide wollten unbedingt eine Ausbildung zum Automechaniker machen.

Warum sollte das eigentlich nicht gutgehen? Natürlich kann die Arbeit am gleichen Arbeitsplatz auch einfach nur positive Aspekte mit sich bringen, vor allem dann, wenn beide Zwillinge sich ihrer eigenen Person bewusst sind. Wenn allerdings eine bestehende Abhängigkeit weiter ausgelebt werden soll (weil ein Zwilling glaubt, ohne den anderen nicht bestehen zu können), finde ich den gleichen beruflichen Werdegang eher hinderlich als förderlich auf dem Weg in ein selbstbestimmtes Leben.

Das denken sich sicher auch die Zwillinge Markus und Peter Lauter aus einem kleinen Ort bei Augsburg. Die beiden absolvierten ihre Gesellenprüfung zum Kfz-Mechaniker mit Auszeichnung. Beide sind Innungsbeste. Das ist natürlich der Idealfall, wenn Zwillinge sich so ähnlich sind, dass auch die Noten identisch sind und keiner zurückstehen muss.

Wir haben halt die gleichen Interessen ...

Mittlerweile sind wir beide in einer Lehre als Hochbauzeichner. Alex hat diese demnach ja als erstes begonnen, irgendwann wollte ich dann auch Hochbauzeichner werden, obwohl er es mir eigentlich »verboten« hatte, da wir uns halt unterscheiden wollten. Dies war jedoch eher mehr als Spaß gemeint, denn die Interessen waren ja immer schon dieselben.

In der Berufsschule können uns die Lehrer jedoch immer noch nicht unterscheiden, obwohl wir nicht in der gleichen Klasse sind und nur die gleichen Lehrer haben. Komischerweise werde ich (Lorenz) immer mit Alex verwechselt, aber nie umgekehrt.

Mittlerweile haben wir auch wieder dieselben Kollegen, da wir oft zusammen ausgehen und sich Hochbauzeichner im allgemeinen alle kennen. Auch von den früheren Klassen sind wir eigentlich beide mit allen befreundet. Oft gibt es auch klassenübergreifende Projekte, dies nutzen wir dann auch jeweils auf unsere Art und Weise aus (Scherze usw.) So langsam kommt auch wieder die Zeit, in der wir es wieder ein wenig ausnutzen, dass wir Zwillinge sind.

Alex (links) und Lorenz streben den gleichen Beruf an. Es macht ihnen halt Spaß, zu zeichnen.

Bei Markus und Peter war das so. Schon beim Quali-Hauptschulabschluss erreichten sie beide sehr gute Noten. Das wurde auch nicht durch den Mathelehrer verhindert, der die beiden auseinandersetzte, weil er dachte, die Brüder schreiben voneinander ab. »Danach hatten wir genau den gleichen Fehler im Rechenweg und auch das gleiche falsche Ergebnis«, erinnern sich die Zwillinge, die dann auch den gleichen Berufswunsch hatten.

Sie bewarben sich bei den gleichen Firmen und dachten: »Wenn sie uns beide nehmen, ist es gut, und wenn nur einer von uns die Stelle kriegt, ist es auch o.k.« Interessant war, dass einige Firmen die beiden nur haben wollten, wenn sie im Doppelpack zu haben wären. Das legt den Schluss nahe, dass die Personalchefs wussten, dass Zwillinge gemeinsam stärker sein können, vor allem dann, wenn sie einander sehr nahe sind, sich gut verstehen, in eine Richtung denken und arbeiten.

Die Lauterjungs entschieden sich für die Augsburger Stadtwerke und lernten hier drei Jahre lang zusammen. Für die beiden ist es ganz normal, zusammen zu arbeiten. »Man versteht sich halt ein bisschen besser als mit den anderen»«, bringt es Zwilling Markus auf den Punkt. (aus ZWILLINGE)

Zwillinge - Probleme und kein Ende?

Jetzt haben Sie eine Menge über Erziehung gelesen. Und vielleicht sind Sie ganz verwirrt. Sind Zwillinge tatsächlich so kompliziert, dass wir Eltern sie anders »erziehen« müssen als andere Kinder? Nein, natürlich nicht! Zwillinge sind zwar ein bisschen anders als andere Kinder, aber eben nur ein bisschen. Sie sind nicht schlechter, sie sind nicht besser, sie sind nicht bräver, nicht unfolgsamer, sie sind nicht weniger intelligent und nicht weniger normal. Das Zusammenleben mit ihnen ist vor allem deshalb etwas schwieriger, weil viele Anforderungen doppelt kommen und weil die Zwillinge in vielen Fällen eine viel intensivere Beziehung zueinander haben, als andere Geschwisterkinder.

Beziehen Sie deshalb nicht jedes hier angesprochene Problem auf sich, auf Ihre Kinder.

Und wenn Sie allerdings ein wirkliches Problem haben, scheuen Sie sich bitte nicht, eine Erziehungsberatungsstelle aufzusuchen. Dort steht Ihnen fachlich geschultes Personal zur Verfügung und es ist keine Schande, zuzugeben, hier weiß ich nicht weiter, hier suche ich mir Hilfe.

Haben Zwillinge nicht auch erzieherische Vorteile?

Viele Zwillingseltern berichten auch, dass ihre Zwillinge schon früh gelernt haben, sich »sozial« zu verhalten. Sie lernen bereits von Anfang an zu teilen, (auch wenn sie es nicht immer besonders schön finden, alles teilen zu müssen). Selbstverständlich bittet der eine auch für den anderen um einen Keks oder etwas zu Trinken. Unsere Zwillinge, so erbittert sie sich auch streiten konnten, hatten schon sehr früh das Wort »beide« im Wortschatz. Und später dachte der eine an den anderen, wenn eine Süßigkeit gekauft wurde. Dann wurde eben auch noch »ein Lutscher für Conny« oder ein »Kaugummi für Maxi« mitgenommen.

Und »Zwillinge bewahren einen davor, sich allzu verrückt zu machen«, schrieb mir einmal eine Mutter, »man kann nicht immer nachgeben, man muss irgendwie strenger sein und das kommt den Kindern auch wieder zugute.«

Die Kinder lernen auch voneinander, spornen sich gegenseitig an - im positiven Sinne.

Erziehung also in einem Aufwasch? Das wohl nicht. Aber ganz so kompliziert oder gar negativ, wie Ihnen die Zwillingserziehung nach der Lektüre dieses Buches vorkommen mag, ist sie nicht.

Brauchen nicht eher die Eltern etwas Erziehung?

Wie man ein Kind erzieht, das haben die wenigsten von uns »gelernt«. Und »richtige Erzieher« tun sich oft sehr schwer, weil sie eigentlich gelernt haben, mit Kindern umzugehen und weil sie durch die hohen Ansprüche an sich selbst (»bloß nichts falsch machen«), gerade mit den eigenen Kindern oft nicht so gut zurecht kommen.

Viele Zwillingseltern sorgen auch heute noch viel zu wenig dafür, dass sich ihre Zwillinge individuell entwickeln können. Sicher, wir sind uns ja alle einig, Zwillinge sind zwei verschiedene Menschen. Aber wieso sind sie dann immer, wenn man ihnen begegnet, gleich angezogen? Ob auf den von uns veranstalteten Zwillingstreffen in München oder unterwegs in Landsberg, München oder sonst wo - mindestens die Hälfte aller Zwillinge, die ich treffe, werden von ihren Eltern gleich gekleidet. Und das nicht nur im Kleinkindalter. Die meisten Zwillinge, die ich zufällig kenne, weil sie zum Beispiel in der Nähe wohnen, besuchen gleiche Kindergartengruppen oder gemeinsame Schulklassen. Deren Eltern haben oft nicht einmal ansatzweise darüber nachgedacht, ob sie ihre Kinder nicht lieber trennen sollten. Manchmal glaube ich schon, dass man da ein wenig nachhelfen müsste und den Eltern selbst etwas »Erziehung« gut täte. Sensibilisierung für das Zwillingsproblem - heißt das Zauberwort. Sind die Eltern sich erst einmal dieser Verantwortung bewusst, können sie ihren Kindern im Umgang mit anderen (die von Zwillingsproblemen nichts wissen) auch besser helfen.

Habe ich meine Zwillinge besser erzogen? Ich weiß es nicht. Vieles, was ich meinen eigenen Kindern an Erziehung angedeihen ließ, habe ich wohl intuitiv richtig gemacht. Von Anfang an habe ich versucht, Max und Conny individuell zu erziehen, ihnen eigene Wege und Entwicklungen zuzugestehen - (ohne allzuviel Krampf aufkommen zu lassen).

Natürlich habe ich auch jede Menge Fehler gemacht. Schließlich bin ich auch nur ein Mensch und war gerade in den ersten Jahren meines Zwillingsmutterdaseins manchmal hoffnungslos überfordert.

Und ich bin fast immer an meine Grenzen gestoßen, wenn ich versuchte, unserem »ewigen Zweiten« zu etwas mehr Selbstbewusstsein zu verhelfen. Constantin war nun einmal der Zurückhaltende, der sich gegenüber seinem Zwillingsbruder (und anderen Kindern) nie so durchsetzen konnte. Umso mehr freut es mich, dass ich in dieser dritten und völlig überarbeiteten Auflage des Buches »Erziehungstipps für Zwillingseltern« berichten kann, dass sich Constantin aus dieser Rolle von ganz allein freigestrampelt hat, dass sich beide Kinder (und auch der jüngere Bruder) zu jungen Männern entwickelt haben, die ihren eigenen Weg gehen und die uns - derzeit - wirklich nur Freude machen. Und so einen »Erziehungserfolg« wünsche ich Ihnen auch.

Kirchweihtal, im Juli 2012 - Marion von Gratkowski

... **Erziehung gelungen?**

Empfehlenswerte Literatur für Zwillingseltern

Allgemeine Ratgeber

001 »Zwillinge - doppelt so schön & halb so schlimm«, Marion von Gratkowski, LvG-Verlag, € 24,90.
Inhalt: Ohne Übertreibung kann man auch dieses Buch eine „Bibel" nennen, nämlich ein fundiertes Standardwerk zum Thema Zwillinge. Mir war es wichtig, alle möglichen Probleme vorzustellen und natürlich noch viel mehr: alle denkbaren Lösungen dafür. Es beginnt mit Schwangerschaft + Geburt, Alltag bis ins Kindergartenalter. Völlig überarbeitet und auf dem allerneusten Stand.

005 »Zwillinge - die doppelte, süße Last«, Lydia Hauenschild, Verlag für die Frau, € 10,90.
Inhalt: Immer sind es Betroffene, die zur Feder greifen. Und so ist auch diese Autorin Mutter von Zwillingen. Sie gibt viele praktische Tipps. Das Buch richtet sich an Schwangere und Mütter von Zwillingen, die bis zu ein Jahr alt sind.

011 »Zwillinge! Gut durch Schwangerschaft, Geburt und erstes Lebensjahr«, Petra Lersch, Dorothee von Haugwitz, Trias Verlag, € 24,99.
Inhalt: Allgemeiner Ratgeber zu allen Zwillings-Themen rund um Schwangerschaft, Geburt und erstes Lebensjahr.

204 »Hoppla Zwillinge«, Dr. Susanne Holst, Dr. Sabine Klonk, Trias Verlag, € 14,95.
Inhalt: Viele Fotos, wenig Neues - eher ein kompaktes Buch für die erste Information. Wer mehr zum Thema wissen will, tut gut daran, sich wenigstens einen anderen Ratgeber zuzulegen.

Erziehungsratgeber

801 »Zwillinge spielend fördern«, Natalie Schmitz, Edition Kirchweihtal, € 22,90.
Inhalt: Wie kann man Zwillinge von 0 bis 3 Jahren sinnvoll und gleichzeitig beschäftigen? Viele Anregungen und Spielideen für alle Sinne. Spaß, aber auch Förderung. Wie lässt sich Streit vermeiden? Wie lernen Zwillinge abwarten? Welche Spiele eignen sich für zwei? Buch- und Spielzeugempfehlungen im Anhang.

168 »Zwillinge finden ihren eigenen Weg«, TWINMEDIA Verlag, € 9,75.
Inhalt: Sind die Zwillinge aus den Windeln raus, plagt Eltern der Gedanke, sie könnten sich nicht individuell entwickeln und seien zu sehr aufeinander fixiert. Die Broschüre hilft Zwillingseltern bei der Erziehung und bei der Unterstützung ihrer Zwillinge auf dem Weg in mehr Selbständigkeit.

210 »Zwillinge in Krippe, Kindergarten und Schule - auf dem Weg in ein eigenes Leben«, Verlag von Gratkowski, € 19,90.
Inhalt: Auf 240 Seiten finden sich Erfahrungsberihte von Erzieherinnen und Lehrern und auch von Eltern und erwachsenen Zwillingen. Eine gute Grundlage für eine eigene Entscheidung.

Erfahrungsberichte

002 »Zwillingsmütter berichten ... über Schwangerschaft, Geburt und Alltag«, Marion von Gratkowski (Hrsg.), € 12,90.
Inhalt: Um Buch 001 zu schreiben, reichten natürlich nicht nur die Erfahrungen der Autorin. Also wurden über 80 Frauen befragt (und 1 Mann!), deren Antworten auf einen umfangreichen Fragebogen hier zusammengefasst wiedergegeben sind. Tauchen Sie ein in die faszinierenden Lebensgeschichten anderer Zwillingseltern.

012 »Zwillinge erzählen ... aus Kindheit, Jugend und ihrem Leben«, Marion von Gratkowski, Verlag von Gratkowski, € 7,80.
Inhalt: Wie haben erwachsene Zwillinge ihre Kindheit, ihre Jugend und ganz allgemein ihr Leben erlebt? Sind sie mit den Erziehungsversuchen ihrer Eltern einverstanden? Haben sie dieses viel beschriebene besondere Band oder sind sie nur Geschwister mit dem zufällig gleichen Geburtsdatum? Ein ideales Buch auch für erwachsene Zwillinge.

004 »Zwillinge - machen, kriegen, haben«, Mike Neumann, € 9,90.
Inhalt: Muss man denn immer alles so bierernst nehmen? Zwillinge einmal von der heiteren Seite - das sollte in diesem kleinen Büchlein zusammengestellt werden. Situationen, die viele Zwillingseltern kennen - von der Zeugung, aus dem Kreißsaal und im Alltag. Wenn nicht für die eigene »Bibliothek«, so ist der Comic eine schöne und lustige Geschenkidee für alle Zwillingseltern.

140 »Waschechte Geschichten ... mit Moritz und Mareike«, Annette Dossmann-Vette, Hubert Mönnig Verlag, € 10,20.
Inhalt: Lustige Geschichten über den manchmal weniger lustigen Alltag mit Zwillingen. Eine ideale Geschenkidee für werdende Zwillingsmütter oder zur Geburt.

201 »Geboren - getrennt - gefunden«, HEPELO-Verlag, Ulrike Reichenbach, Cornelia Holzbrecher, € 19,80.
Inhalt: Welche Tragik. Zwillinge werden getrennt und wachsen ohne Wissen voneinander in der DDR und in der BRD bei Pflegefamilien auf. Nach der Wende suchen und finden sich Ulrike und Cornelia wieder.
Ein spannendes Buch für alle, die mit Zwillingen zu tun haben.

601 »ZWILLINGE - das Buch - das Beste aus 25 Jahren Zeitschrift ZWILLINGE«, LvG-Verlag, Hrsg. Marion von Gratkowski € 24,90. **Inhalt:** Der Titel sagt's: Wir haben interessante Themen aus der Zeitschrift ZWILLINGE erneut zusammengefasst und präsentieren sie als Buch. Natürlich konnten wir nicht 25 Jahrgänge »ausschlachten«, aber die von 2000 bis 2005. 256 Seiten, viele Themen von Schwangerschaft über Alltag, Stillen, Füttern bis Zwillingsbeziehung und Schule - für jeden was dabei.

Spezielle Bücher

244 »Der verlorene Zwilling«, Evelyne Steinemann, Kösel Verlag, € 14,95. **Inhalt:** Viele Schwangerschaften fangen als Doppelschwangerschaften an. Doch dann geht eine Anlage ab. Oft merkt die Schwangere nicht einmal etwas davon. Und doch, so ein verlorener Zwilling, kann das Leben des übrig gebliebenen Menschen beeinflussen. Dieser interessanten These geht die Autorin in ihrem Buch anhand vieler Beispiele nach.

202 »Das Drama im Mutterleib - Der verlorene Zwilling«, Alfred R. Austermann/Bettina Austermann, € 15,90. **Inhalt:** Ähnlich wie das zuvor genannte Buch beschäftigen sich die Autoren mit doppelt angelegten Schwangerschaften, bei denen ein Kind verschwindet. Wie geht der verbliebene Zwilling damit um, ist die zentrale Frage. Spannend wie ein Krimi.

304 »Das große Zwillingsbuch«, Beltz Verlag, Coks Feenstra u.a., € 24,95. **Inhalt:** Das Buch ist umfassend und eher ein Lexikon, denn ein Handbuch, das man - wie die Bezeichnung schon sagt - gern zur Hand nimmt. Der Teil Schwangerschaft ist sehr ausführlich. Die praktischen Tipps fehlen ein bisschen (die Autorin ist keine Zwillingsmutter) und sind nicht auf deutsche Verhältnisse zugeschnitten.

203 »Auf einmal zwei - Leben mit Zwillingen«, Angela Grigelat, Goldmann-TB, € 8,95. **Inhalt:** In einer unheimlichen Fleißarbeit hat die Autorin alles zum Thema Zwillinge aus Literatur und anderen Quellen zusammengetragen. Dabei alles, was aus unserem Verlag kommt, ignoriert. Das Buch ist wenig dröge zu lesen, aber wer es durchgeackert hat, hat eine Menge zum Thema Zwillinge erfahren.

401 »Hurra, wir sind Zwillinge«, Birte Pröttel, Tomus Verlag, 7,80 €. **Inhalt:** Sie kennen jemanden, der Zwillinge bekommen hat? Dann ist dieses Glückwunschbüchlein genau das Richtige. In alphabetischer Reihenfolge sind die wichtigsten Highlights, die man mit Zwillingen so erleben kann, dargestellt. Mit vielen witzigen Zeichnungen.

400 »Sind Zwillinge wirklich anders? Geschwister in der Pubertät«, Dr. Meike Watzlawik, Tectum Verlag, 29,90 €. **Inhalt:** Der Text ist eher wissenschaftlich. Wen wissenschaftliche Texte nicht abschrecken, der hat hier eine höchst interessante Lektüre, die sich sicher auch auf den eigenen Alltag beziehen lässt.

300 »Das doppelte Mäxchen«, Regina Maseracchia/Insa Wiegand, Verlag Edition Riedenburg, 14,90 €. **Inhalt:** Charlottes Mutter Isabel bekommt Zwillinge und das ist ganz schön spannend! Wie entstehen Zwillinge, und was ist so besonders an ihnen? Die Familie und Hebamme Andrea begleiten Isabel in der Schwangerschaft und bei der Hausgeburt, die in der Badewanne stattfindet. Nachdem Max und Marvin geboren sind, steht das ganze Familienleben Kopf. Das erste Kinder-Sachbuch zum Thema.

305 »Gefühlsspagat - wenn ein Mehrling während der Schwangerschaft stirbt«, Claudia Müller-Fluri, Twinmedia Verlag, 14,50 €. **Inhalt:** Taschentücher bereithalten! Sehr einfühlsam schildert die Autorin ihre eigene Geschichte, ihr Hoffen und Bangen und den Abschied von ihrem totgeborenen Kind.

Stillen von Zwillingen

222 »Zwillinge Stillen - Wege zu einer harmonischen Stillbeziehung«, Susanne Wittmair, Editon Kirchweihtal, € 19,90. **Inhalt:** Stillberaterin und Zwillingsmutter Susanne Wittmair hat nicht nur selbst die nötige Erfahrung, sondern auch jede Menge Kontakt zu ratsuchenden Müttern. In ihrem Büchlein hat sie alles Wissenswerte zur Sondersituation 'Zwillinge stillen' zusammen getragen, die gängigsten Positionen, Hilfsmittel und Problemlösungen vorgestellt. Neue Themen sind: Schlafen, Umstellung auf feste Nahrung und Berufstätige Mütter.

167 »Muttermilch - das Beste für Zwillinge«, TWINMEDIA Verlag, in Deutschland nur bei uns, € 11,50. **Inhalt:** Gerade, wenn Sie Zwillinge stillen möchten, sind doch viele Unwägbarkeiten und ist doch viel Unsicherheit im Spiel. Hier finden Sie Rat für die Sondersituation Zwillinge stillen.

Drillinge & mehr

144 »Mehrlinge - und plötzlich ist alles anders«, Barbara Felber-Suter, Kurt von Siebenthal, Edition ZHS, € 17,90. **Inhalt:** Hier wird einmal nicht der schöne Schein beschworen, sondern die ungeschminkte Wirklichkeit gezeigt. In dem sehr interessanten Buch sind die Schicksale von Mehrlingsfamilien dargestellt. Es geht um Drillinge und Vierlinge, die besonderen Anforderungen, aber auch um Behinderungen und andere Probleme.

199 »Drillinge - Wissenwertes für Leute von heute«, Helga Grützner-Könnecke, Gründerin des ABC-Clubs, Bissinger Verlag, € 18,90.
Inhalt: Wenn Buch 001 die Bibel für Zwillingseltern ist, dann ist dieses Buch die „Bibel" für alle, die mit Drillingen zu tun haben - sei es als Eltern, Großeltern, Erzieher, Lehrer usw. Helga Grützner hat hier ein außerordentlich interessantes Werk zusammengetragen und ihre lange Erfahrung als Vorsitzende des von ihr gegründeten ABC-Clubs einfließen lassen.

205 »Drillinge. Eine besondere Geschwisterbeziehung«, Dr. Christine Disselkamp, Tectum Verlag, € 24,90.
Inhalt: Die Autorin weiß, wo- von sie schreibt. Sie ist Drillingsmutter. Für ihre Doktorarbeit hat sie die Beziehung ihrer Kinder untereinander durchleuchtet, aber auch eine umfangreiche Fragebogenaktion ausgewertet.

Allgemeine Erziehungsbücher

068 »Das neue Kinder brauchen Grenzen«, Jan-Uwe Rogge, rororo-TB, € 9,99.
Inhalt: Anziehen, Aufräumen, Fernsehen, Mithelfen daheim ... viele Möglichkeiten Konflikte zwischen Eltern und Kindern zu erzeugen. Jan-Uwe Rogge zeigt in diesem Buch Möglichkeiten auf, wie das Miteinander besser klappt, ohne dass Eltern gleich zum totalitären Erziehungsstil greifen müssen.

069 »Eltern setzen Grenzen«, Jan-Uwe Rogge, rororo-TB, € 8,99.
Inhalt: Auch in diesem Buch sagt uns Jan-Uwe Rogge, wie wir mit Kinder umgehen können, um sie zu erziehen, ohne gleich total autoritär, sondern eher im vernünftigen Miteinander zu agieren.

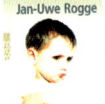

207 »Wenn Kinder trotzen«, Jan-Uwe Rogge, rororo-Verlag, € 8,99.
Inhalt: Das berühmte Trotzalter ... und das mal zwei, wenn Sie Zwillinge haben! Was tun? Autor Jan-Uwe hat überraschende Vorschläge parat, wie Eltern damit umgehen können.

288 »Nein aus Liebe«, Jesper Juul, Kösel Verlag, € 12,95.
Inhalt: Die Kunst 'Nein' zu sagen vermittelt Autor Jesper Juul, der sich auf Erziehungsthemen spezialisiert hat. Ein Buch für Eltern, die nicht zu den ewigen Ja-Sagern gehören und ihre Kinder vernünftig erziehen wollen.

Noch mehr Buchtitel unter www.twins.de, wo Sie auch alle anderen hier vorgestellten Bücher bekommen.